L'ABBÉ
JEAN-MARIE DE LA MENNAIS

FONDATEUR

DES FRÈRES DE L'INSTRUCTION CHRÉTIENNE

DE PLOERMEL

ET

DES FILLES DE LA PROVIDENCE

DE SAINT-BRIEUC

SES GRANDES IDÉES

ET

SES GRANDES ŒUVRES

PAR

E. HERPIN

PLOERMEL

IMPRIMERIE SAINT-YVES

NOTE DE L'AUTEUR

La présente étude a pour but principal de satisfaire la piété filiale des Frères de l'Instruction chrétienne et des Filles de la Providence de Saint-Brieuc. — Ces deux Congrégations, en effet, attendent impatiemment le travail que prépare depuis longtemps, dans le but d'une vie définitive de Jean-Marie DE LA MENNAIS, le Très Révérend Père Laveille, de l'Oratoire, à L'Haÿ par Bourg-la-Reine (Seine).

Nous croyons pouvoir annoncer que cette vie ne tardera pas à paraître; nous considérons comme un devoir de la recommander, dès maintenant, à tous les amis des deux Instituts.

Si, en parcourant les trois études que nous avons réunies en volume, quelque lecteur retrouvait dans sa mémoire ou dans des Archives de famille, soit un souvenir, soit un document de nature à éclairer les recherches du R. P. Laveille, nous serions heureux d'avoir ainsi contribué à la perfection du monument qui va s'élever à la mémoire du « Vénéré Père. »

E. HERPIN.

L'ABBÉ
JEAN-MARIE DE LA MENNAIS

L'ABBÉ JEAN-MARIE DE LA MENNAIS

ANCIEN VICAIRE GÉNÉRAL DE SAINT-BRIEUC, DE NEW-YORK, DE ROUEN
DE LA GRANDE AUMONERIE DE FRANCE ;
CHANOINE HONORAIRE DE S-DENIS, DE RENNES, DE SÉEZ, DE TARBES, DE S-BRIEUC ;
CHEVALIER DE LA LÉGION D'HONNEUR ;
FONDATEUR DES FRÈRES DE L'INSTRUCTION CHRÉTIENNE DE PLOERMEL
ET DES RELIGIEUSES DE LA PROVIDENCE DE SAINT-BRIEUC ;
NÉ A SAINT-MALO (ILLE-ET-VILAINE), LE 8 SEPTEMBRE 1780 ;
DÉCÉDÉ A PLOERMEL LE 26 DÉCEMBRE 1860.

L'ABBÉ

JEAN-MARIE DE LA MENNAIS

FONDATEUR

DES FRÈRES DE L'INSTRUCTION CHRÉTIENNE

DE PLOERMEL

ET

DES FILLES DE LA PROVIDENCE

DE SAINT-BRIEUC

———

SES GRANDES IDÉES

ET

SES GRANDES ŒUVRES

PAR

E. HERPIN

PLOERMEL

IMPRIMERIE SAINT-YVES

DÉCLARATION DE L'AUTEUR

L'auteur déclare se conformer filialement aux décrets du Saint-Siège, au sujet des appellations de saint et autres semblables, qui sont employées dans cet ouvrage suivant leur sens usuel, et non pour prévenir en aucune façon le jugement de l'Église.

———

Mon très Révérend Frère,

Voulez-vous bien permettre à un enfant de Saint-Malo, compatriote de votre Vénéré « PÈRE », de vous dédier cet humble livre?

Voulez-vous bien, au nom de tout votre Institut, en agréer le très respectueux hommage?

Ce livre, d'ailleurs, est vôtre. Je l'ai composé, en grande partie, chez vous, dans le recueillement de votre bibliothèque, cette belle bibliothèque toute remplie encore, du pieux souvenir de l'abbé Jean de la Mennais.

Oh! votre saint Fondateur! combien vraiment, il doit être heureux, de voir aujourd'hui, votre pieux Institut aussi agrandi et aussi florissant, grâce à votre sage et intelligente direction.

Oui, certes, comme le disait si justement M. le Chanoine Daniel, dans l'éloquent discours qu'il prononçait, le 7 octobre 1886, à l'occasion de vos noces d'or : « les actes sont là qui parlent assez haut! » Et ces actes, après les avoir énumérés, M. l'Archiprêtre de Dinan ajoutait, combien justement : « Ai-je dit tout ce qui résume ce laborieux et fécond généralat d'un quart de siècle!

« Un quart de siècle! Dieu a fait à votre Institut, cette grâce insigne que je veux mettre en relief, de lui conserver longtemps une direction qui, par la continuité de la même pensée et du même effort, lui a donné sa forme définitive.

« M. l'abbé Jean de la Mennais est votre premier Père. Votre second Père : le voici!

« Révérend et cher Frère Cyprien, c'est Dieu qui a fait cela. A Dieu, l'honneur! »

Oui. A Dieu, l'honneur! Honneur pur et sans alliage; honneur qui rejaillit sur votre cher Institut!

Honneur aussi, qui rejaillit sur le vieux rocher de Saint-Malo, le berceau du « SAINT » Jean de la Mennais, — glorieux berceau bien digne, assurément, des grandes vertus et des grandes idées de votre vénéré « Père »!

N'est-ce pas de ce même berceau, en effet, que sont aussi sortis le valeureux Porcon de la Barbinais, le Régulus malouin; André Desilles, le héros de Nancy; Duguay Trouin et Surcouf, les hardis corsaires; Mahé de la Bourdonnais, le releveur du nom français dans les Indes; Chateaubriand, l'immortel auteur du « GÉNIE DU CHRISTIANISME »...

N'est-ce pas encore de ce même berceau qu'est sorti le glorieux Jacques Cartier?

Jacques Cartier et Jean de la Mennais! Tenez! Révérend Frère, voilà bien encore nos deux gloires les plus nobles et les plus pures; et, entre eux deux, vraiment, quelle curieuse et touchante ressemblance!

C'est que tous deux, ils ont eu la même foi, le même cœur, le même objectif.

Lui, Jacques Cartier, il s'en va, le premier, porter la croix sur les rives lointaines de « l'autre France ». Lui, votre « Père, » il fonde l'Institut de Ploërmel et les *Filles de la Providence de Saint-Brieuc*; et, de notre Bretagne, à leur tour, les Frères *et les* Sœurs de la Mennais, *partent pour le Canada « où loin d'une patrie qui semble vouloir « rejeter des enfants dévoués, ils retrouvent, » disait-on aussi le jour de vos noces d'or, « une autre France, avec toute la saveur du vieux langage, des vieilles mœurs et de la vieille foi »...*

Tel qu'il est, cet humble livre, veuillez donc bien l'accepter, mon Révérend Frère.

Veuillez l'accepter parce que je l'ai écrit avec toute ma foi, tout mon cœur, toute ma profonde sympathie pour votre cher Institut; parce que je l'ai écrit aussi, avec tout mon amour pour mon vieux rocher de Saint-Malo, glorieux berceau de votre « Père ».

Veuillez recevoir, mon très Révérend Frère, l'assurance de mon entier dévouement et de mon profond respect.

E. HERPIN

S¹ Malo, le 8 décembre 1896.

Le 14 juillet dernier, s'est pieusement endormi, dans la paix du Seigneur, le Révérend Frère Cyprien, auquel nous avions fait l'hommage respectueux de notre livre.

Sur son bureau, au moment de sa mort, se trouvait la lettre suivante, qui, hélas ! ne sera jamais achevée :

Monsieur HERPIN, avocat a Saint-Malo

Excellent Monsieur Herpin,

Je ne saurais vous remercier dignement du travail si consciencieux que vous avez entrepris, pour honorer votre illustre et glorieux compatriote, Monsieur l'abbé Jean-Marie de la Mennais, Fondateur des Frères de l'Instruction chrétienne, dits de Ploërmel.

Permettez-moi, seulement, d'ajouter que son très modeste successeur se trouve un peu confus d'apparaître, subitement, auprès de cette éclatante lumière.

Il ne m'appartient pas de faire l'éloge de ce livre qui sera certainement goûté du public. . . . . .

. . . .

Au très révérend Frère ABEL

Supérieur général des Frères de la Mennais

Saint-Malo, le 29 novembre 1897.

Mon Révérend Frère,

Le Chapitre solennellement tenu par votre Congrégation a déposé, entre vos mains, le pieux et magnifique héritage du Révérend Frère Cyprien, ce saint religieux dont vous étiez le fils très aimé, tout comme lui, il avait été le fils de prédilection de l'abbé Jean-Marie de la Mennais, votre vénéré Fondateur.

Dans ce pieux et magnifique héritage, fait de tant de bonnes œuvres dont vous avez été, souvent, l'intrépide semeur, se trouve une très humble fleurette, modeste comme le brin de ravenelle qui pousse entre les pierres du vieux mur.

Je veux parler de ce livre dont votre bienveillant prédecesseur avait daigné agréer l'hommage, dans sa paternelle et indulgente bonté.

Par là-même, n'est-ce pas, ce livre a reçu droit de cité, dans votre cœur?

D'ailleurs, n'est-il pas vôtre? N'est-ce pas votre science éclairée qui en a été le principal guide? Votre inépuisable amabilité ne l'a-t-elle pas enrichi de tous les précieux documents qui en constituent le plus grand mérite.

A votre tour, veuillez donc bien en accepter l'hommage et recevoir mon Révérend Frère, la sincère assurance de tous mes plus respectueux sentiments.

E. HERPIN.

INTRODUCTION

Le 8 septembre 1780, fête de la Nativité de la très sainte Vierge, naquit à Saint-Malo, Jean-Marie Robert de la Mennais.

Il naquit, rue Saint-Vincent, dans un superbe hôtel de granit, type parfait de notre fastueuse architecture locale, au temps des corsaires.

Le père de Jean était armateur. Il était allié aux familles Surcouf, (1) Mahé de la Bourdonnais, (2) Hercouët, Blaize de Maisonneuve (3) et appartenait, par ses aïeux, à cette fière et riche bourgeoisie

---

(1) Surcouf, célèbre corsaire.

(2) Mahé de la Bourdonnais, colonisateur de Bourbon et de l'Ile de France.

(3) M. Louis Blaize de Maisonneuve épousa Mlle de la Mennais, sœur de Jean-Marie et de Félicité. Associé à M. de la Mennais père, il fut anobli en même temps que lui, tous deux, ayant sauvé Saint-Malo de la famine, en vendant, à vil prix, à vingt lieues à la ronde, les approvisionnements considérables de grain, qu'ils avaient fait venir, en prévision de cette famine.

malouine qui joua, à l'époque de la « Course », (1) ce
role si prestigieux, qu'au bout d'un siècle à peine, il
nous semble déjà du beau domaine de la légende.

Quand, sur notre rocher de Saint-Malo, se leva l'ère
rouge de l'affreuse Révolution, Jean était donc encore
un tout petit enfant.

Alors, à Saint-Malo, c'était le proconsulat de Le
Carpentier.

Notre belle cathédrale, contemporaine de Charlemagne, était fermée et son insigne Chapitre avait été
banni. Les vieux couvents étaient clos. La Vierge de
la Grand'Porte, miraculeuse gardienne de la cité,
avait été renversée et profanée. Noguette, la cloche
sainte et glorieuse, rapportée de Rio par M. Duguay,
l'héroïque Corsaire, ne sonnait plus le patriarcal et
paisible couvre-feu : elle ne sonnait plus que les
Décadis et les fêtes grotesques, en l'honneur d'une
fille de la rue du Pot-d'Etain, devenue déesse de
la Raison.

De saints et vénérés prêtres du pays, parmi lesquels
l'abbé Engerrand, l'abbé Manet, l'abbé Vielle, l'abbé
Le Joliff... se cachaient dans les greniers ; ou, pour
fuir les perquisitions domiciliaires, s'enfuyaient, de
toit en toit, par les gouttières des petites rues.

C'est dans les mansardes, à coté des cachettes con-
temporaines des guerres d'autrefois ; c'est dans les

---

(1) La *Course* — On appelle ainsi la période de notre histoire
durant laquelle les navires de commerce, montés par les
« Corsaires », étaient armés en guerre et enrichissaient, fort
souvent, les armateurs, par les « prises » considérables, faites
sur l'ennemi.

caves voûtées ou dans les cours des séculaires maisons de bois, que se célébrait, à la clarté des torches, le saint sacrifice de la Messe...

Sur la « Grande Grève », au pied de la « Croix de pierre », on fusillait les prisonniers vendéens. La guillotine était en permanence sur la place du Château et le vieil hôtel d'Asfeld regorgeait de nobles, de prêtres, d'armateurs, de saintes filles que Le Carpentier envoyait, par charretées, juger et exécuter à Paris.

Lugubre et infamante époque ! époque faite de sacrilèges, d'apeurement, de larmes, de sanglots, de sang, d'assassinats et de deuils !

Lugubre et infamante époque ! faite aussi d'admirables sacrifices et d'inoubliables vertus !

Lugubre et infamante époque ! d'où se dégage, chez nous, au dessus de tout, au dessus de tous les plus beaux dévouements et de tous les plus nobles héroïsmes, d'où se dégage, dis-je, rosée céleste, fleur du Paradis, l'âme prédestinée d'un tout petit enfant appelé JEAN-MARIE ROBERT DE LA MENNAIS.

C'est Jean, qui est, à Saint-Malo, le choriste attitré des prêtres cachés.... C'est lui qui s'en va, de mansarde en mansarde, leur répondre la messe. C'est lui aussi, aidé d'une enfant de quatorze ans, la petite Amélie Sauvage, qui fait leur correspondance, leur sert d'intermédiaire, leur rend tous les services qui sont en son pouvoir.

« Un soir, (1) il se promenait sur le Sillon, non loin de la demeure de son père, quand un jeune homme vêtu en matelot, l'aborde timidement. — « Qui êtes-vous? dit l'enfant, avec grâce, et quels sont vos desseins? » Le jeune homme répondit d'une manière évasive; mais Jean-Marie fixant sur son interlocuteur ce regard dont la vivacité extraordinaire survécut à l'âge : « Vous êtes prêtre, lui dit-il, ne me trompez pas? On vous attend chez mon père. Venez-y vite, je vous en prie; surtout ne vous embarquez pas, restez avec nous : je servirai votre messe. »

« Le jeune étranger était bien, en effet, un prêtre proscrit. Il venait de Noyon où il était né et où il s'était voué à l'enseignement ecclésiastique. Sur le témoignage de plusieurs de ses compatriotes, confesseurs de la foi comme lui, il s'était dirigé vers Saint-Malo, comptant sur l'hospitalité généreuse des Malouins et espérant ainsi trouver des moyens plus faciles de passer à l'étranger. Il avait vingt-sept ans et se nommait l'abbé Vielle...

« Parfois, raconte M. Blaize de Maisonneuve, la famille se réunissait à minuit dans une mansarde et pendant que la fidèle Villemain, la vieille gouvernante, si dévouée à ses maîtres, veillait au dehors, deux cierges brûlaient sur la table transformée en autel et M. Vielle, assisté de Jean-Marie, célébrait la messe.

(1) *L'abbé J.-M. de la Mennais,* page 16 et suivantes. — Procure de l'Institut des Frères à Ploërmel.

« Avant l'arrivée de M. Vielle à Saint-Malo, Jean-Marie servait aussi, habituellement, la messe à M. l'abbé Engerrand, chanoine du diocèse, resté secrètement dans la ville; et dès le point du jour, l'enfant se rendait chez lui.

« Un matin, trompé par un effet de lune et se croyant en retard, il quitte la maison paternelle et se dirige vers l'asile du vénérable chanoine.

« Tout à coup un *qui vive!* retentissant le fait tressaillir : c'est la patrouille...

« Citoyens! demande-t-il, d'un air dégagé, pourriez-vous me dire l'heure qu'il est? — Une heure. — « Merci et salut, citoyens! » La patrouille n'en demanda pas davantage... ni Jean non plus... »

Dans cette pieuse et héroïque enfance de l'abbé Jean de la Mennais, rappelons encore les si touchants souvenirs qui enguirlandent l'émouvante fête de sa première communion.

« On était (1) déjà en pleine période révolutionnaire : l'évêque de Saint-Malo songeait à prendre le chemin de l'exil. Il pensait que grâce à des correspondants courageux et fidèles, il pourrait, de l'étranger, garder son troupeau dans la foi. C'est à M. de la Mennais qu'il confia le soin d'organiser son départ.

« Un soir, Mgr de Pressigny se rendit donc à la Chesnaie, maison de campagne située à dix kilomètres de Dinan, où l'attendait M. de la Mennais, avec toute sa famille. L'évêque témoigna le désir de célébrer la

____

(1) *L'abbé J.-M. de la Mennais,* pages 13, 14, 15. — Procure des Frères de l'Instruction chrétienne, année 1894.

messe, le lendemain. « Mais qui la servira, dit le prélat? — Moi! » répond Jean-Marie, resté silencieux dans la chambre. Il n'avait pas encore dix ans.

« Tu sais donc bien servir la messe, mon enfant? dit avec bonté Mgr de Pressigny. — Oui, Monseigneur. — Et ton catéchisme, le sais-tu bien aussi? — Oui, Monseigneur, je le sais tout entier. » Alors, les yeux du premier pasteur se reposèrent, avec attendrissement, sur le jeune enfant.

« Écoute, mon petit Jean, lui dit-il, après l'avoir interrogé, je vais partir : je ne sais s'il me sera donné de revenir jamais. Puisque tu sais si bien ton catéchisme, prie le bon Dieu, et je te confirmerai, demain matin, avant ma messe. » Le lendemain, en effet, Jean-Marie reçut, avec le pardon de ses fautes, le Pain qui donne la vie, et l'Onction sainte qui rend parfait chrétien. La suite montra combien l'évêque avait été bien inspiré.

« Mgr de Pressigny faisait en toute hâte ses préparatifs de départ. Tout à coup, M. de la Mennais s'aperçoit que son fils est absent; cependant il ne veut pas que l'enfant soit privé de la dernière bénédiction de son évêque. Il l'envoie chercher, il l'appelle : Jean-Marie se fait un peu attendre. Il arrive enfin, portant sous le bras quelques vêtements et ses livres de classe.

« Où vas-tu donc, mon fils? — Je vais avec Monseigneur. — Mon enfant, il ne faut pas tant de monde pour conduire Monseigneur; on ferait trop de bruit. — Ce n'est pas pour le conduire que je pars, c'est pour rester avec lui; Monseigneur va chez les protestants;

il ne trouvera personne pour lui répondre la messe. »
Jean-Marie parlait devant l'évêque de Saint-Malo,
vivement ému par ce dialogue : « Mon cher enfant,
dit-il, enfin, je te remercie ; mais vois-tu, je ne sais
quand je reviendrai ; je te remercie, je ne t'em-
mènerai pas. »

« Alors, ce fut le tour de Jean-Marie de pleurer :
« Mais, Monseigneur, avec vous, je n'aurai point
peur.... J'irai avec vous : je serai votre enfant de
chœur ; vous m'apprendrez le latin, vous me ferez
prêtre et je ne vous quitterai jamais... »

« L'évêque ouvrit ses bras au généreux enfant et le
tint longtemps embrassé. Puis, d'une voix grave et
comme prophétique, il ajouta : « Mon enfant, si j'ai
besoin de quelqu'un, je te promets de te demander de
préférence à tout autre. En attendant, apprends bien
le latin : applique-toi bien à toutes les études, et quand
je reviendrai, je te ferai prêtre. »

Telle fut l'enfance, vraiment prédestinée, de Jean
de la Mennais. Telle fut, à son aurore dans la vie, son
âme de petit enfant ; âme déjà avide de bien, de sacrifice et d'héroïsme ; âme qui ne songe qu'à la gloire de
l'Église et à l'abnégation de soi-même.

Mais cette âme prédestinée de petit enfant qui renferme ainsi, dès le berceau, toutes les semences de la
vertu et de la sainteté, que va-t-elle devenir avec le
cours des années?

Certes, pour se répandre et dépenser ses forces,
jusqu'à la dernière goutte, le champ est bien vaste !

Voyez!

La Révolution vient enfin de sonner, dans le sang, son dernier glas.

Partout, que de ruines! que de désastres! que de misères!

La génération qui grandit n'a connu la religion du divin Crucifié que pour avoir vu se rendre, à la guillotine, au chant des cantiques, ses religieuses et ses prêtres.

Sur le bord des routes et des carrefours, gisent, renversées, de leurs socles, les belles croix naïvement enguirlandées des vieux saints séculaires de la catholique Bretagne.

Les porches des églises ont été mutilés, à grands coups de marteaux.

La foi sommeille ; la religion a perdu, tout à la fois, ses autels et ses ministres.

Lors, Jean de la Mennais se lève et, dès l'aurore de notre siècle de renouvellement, il montre du doigt, avec une irrésistible conviction, la cause de tant de ruines accumulées par la Révolution qui a tout détruit. Sa voix, inspirée par une foi pure, proclame la nécessité de ramener la France, égarée par les erreurs gallicanes, au dogme méconnu de l'infaillibilité pontificale.

Les années ont passé, et, il nous est particulièrement doux, au déclin de ce siècle expirant, de rappeler que l'abbé Jean de la Mennais a eu l'insigne honneur d'être, en notre pays, le premier apôtre du mouvement qui a préparé le Concile du Vatican !

Jean de la Mennais se lève... Et de paroisse en

paroisse, il s'en va prêchant les missions, plantant les croix, fondant les congrégations et les œuvres pieuses, destinées, toutes, à susciter la rénovation de la foi disparue.

Et pour renover cette foi disparue; pour la faire, plus pure et plus vive qu'autrefois, jaillir des cœurs ensommeillés, il s'adresse surtout à l'enfance. Et, sous ses pas, naissent les écoles paroissiales, les collèges, les petits-séminaires, les pensions de jeunes filles.

Encore sous-diacre, il fonde, au commencement du siècle, le petit séminaire de Saint-Malo; de 1824 à 1834, il devient, comme supérieur général de la congrégation de Saint-Méen, l'âme et le conseil du Petit Séminaire de cette ville; le 22 mars 1816, il rétablit le Séminaire de Tréguier; puis, restaure celui de Plouguernevel. En 1837, il fonde les deux collèges de Malestroit et de Dinan. Enfin, en 1850, il établit à Ploërmel, dans la Maison-Mère, le collège Saint-Stanislas-Kostka, devenu, en 1870, le Petit Séminaire de N.-D. des Carmes.

Il fonde la congrégation des Filles de la Providence de Saint-Brieuc; il fonde, surtout, l'Institut des Frères de l'Instruction chrétienne de Ploërmel, dotant alors la Bretagne d'écoles qui seront non seulement les vraies gardiennes de l'enseignement religieux, mais seront encore les instigatrices d'un nouvel enseignement : « l'*Enseignement de l'agriculture à l'Ecole primaire* ».

Et, de la Bretagne, le mouvement scolaire, dû à

Jean de la Mennais, va s'étendre au reste de la France et passant les frontières, aller jusqu'aux Colonies.

Et cet homme admirable dont les œuvres, aujourd'hui, proclament partout la foi et le génie, dira pourtant avec son humilité de saint : « Je n'ai jamais avancé les œuvres de Dieu que par des culbutes. » (1)

C'est que « si perspicace que soit la prudence, il est des temps où les événements déjouent toute sagesse, et il faut, aux plus expérimentés, abandonner leurs saints désirs, à la conduite supérieure de la divine Providence qui cache l'accomplissement de ses desseins les plus miséricordieux, sous les ordres des Césars les moins occupés de la seconder. » (2)

Jean de la Mennais, en effet, dans l'accomplissement de ses œuvres apostoliques aura à lutter, à maintes reprises, contre les pouvoirs publics qui entraveront ses œuvres, fermeront ses collèges et ses écoles.

Et ainsi l'auréole du sacrifice fera, plus belle et plus pure encore, irradier sa grande âme. Et pour sauver l'âme de Féli, Jean se fera *littérateur*.

Et c'est comme tel qu'il saura arrêter, par ses ouvrages, le schisme menaçant l'Église de France. C'est, comme tel, qu'il saura remettre au point les fameuses libertés de l'Église gallicane.

Pour nous, afin de mieux analyser les belles idées, les grandes et merveilleuses œuvres qui jaillissent

(1) *Vie de la Révérende Mère Marie-Anne de le Fruglaye*, tome Ier page 154. A. M. D. G.
(2) Ibid.

ainsi de l'âme inspirée de notre saint compatriote et dont nous venons d'esquisser, au vol de la plume, les plus grandes lignes, nous nous sommes efforcé de sortir du cadre des biographies habituelles, sans oser espérer toutefois, avoir réussi complètement dans notre tâche si difficile.

« Il nous à été donné » (1) dit, en effet, le R. P. Laveille dont le talent est si remarquable et la connaissance des œuvres du « Père » si complète, « de converser, à Ploërmel, avec quelques vieillards formés par ses soins à la vie religieuse. Aucun d'eux ne peut prononcer, après trente-cinq ans, le nom du « Bon Père », sans verser des larmes d'attendrissement : « Qu'on essaie tant que l'on voudra, nous disait le vénérable Supérieur général, de tracer, de notre Fondateur, une image fidèle; on n'arrivera pas à le faire revivre. Pour le peindre exactement, il faudrait l'avoir vu à l'œuvre, avoir tressailli, à l'accent de sa voix, avoir surtout éprouvé la tendresse infinie de son cœur. Nul ne redira l'ascendant immense qu'il exerçait, sur nous tous, grâce à son zèle ardent, tempéré par un tact plein de finesse et une admirable douceur. »

Et, en quelques lignes le Père Laveille trace alors de main de maître, le portrait du vénéré « Père ». (2)

« Simple et grave sans raideur, il avait cette bienveillance qui bannit la crainte, sans encourager la fami-

<hr>

(1) *Jean-Marie de la Mennais* par le Père Laveille. — *La Correspondance catholique* N° 34, 23 mai 1895 page 407.

(2) *J.-M. de la Mennais* par le R. P. Laveille, précité.

liarité. Une rare intelligence des hommes et des
choses, un tact exquis, une conception vive, un bon
sens imperturbable, une fermeté à toute épreuve,
jointe à une bonté sans mesure, le rendaient éminemment propre aux grandes affaires, tandis que
les agréments de sa conversation, ses fines ré-
parties, un aimable enjouement, qu'égayait un rire
tout gaulois, le faisaient rechercher de tous.

« On se sentait, à la fois, attiré par la douceur
répandue sur ses traits et contenu par le respect
qu'inspirait l'austérité de sa vie. Il abordait sans
trouble les questions les plus délicates, sachant que
la droiture de caractère et la rectitude de jugement
réussissent souvent mieux que toutes les habiletés.
Il avait le don de se mouvoir, avec une égale aisance,
au milieu des occupations les plus diverses, sans
que rien pût lasser sa patience ou troubler son
calme... »

Telle est la grande figure, tel est le « saint », dont
nous avons voulu retracer les traits les plus saillants,
l'envisageant, tour à tour, comme LITTÉRATEUR ET
APOLOGISTE, comme ÉDUCATEUR DE L'ENFANCE, comme
PRÉDICATEUR ET MISSIONNAIRE.

Puissions-nous avoir réussi et puisse Jean de la
Mennais, puisse le « Père », en retour de notre
bonne volonté, épandre sur nous et les nôtres, la
rosée de ses bénédictions, la grâce de ses prières,
le radieux reflet de ses admirables vertus !

E. HERPIN.

Saint-Malo, le 8 Décembre 1896.

PREMIÈRE PARTIE

L'ABBÉ J.-M. DE LA MENNAIS

LITTÉRATEUR

ET

APOLOGISTE

CHAPITRE PREMIER

Interview avec le Frère Donat. — Ses idées sur la collaboration littéraire de Jean et de Féli de la Mennais.

Il y a quelques mois — c'était le lundi de Pàques — j'allai, suivant une habitude que je me plais à renouveler plusieurs fois par an, faire visite à l'Institut des Frères de Ploërmel.

L'Institut des Frères de Ploërmel est, on le sait, l'Institut qui a été fondé, au mois de septembre 1817, par notre saint compatriote l'abbé Jean-Marie de la Mennais.

En entrant à la porterie, je rencontre le Frère Donat.

Le Frère Donat est, je vous l'assure, une curieuse et intéressante physionomie.

Son visage est placide, large, éclairé par des yeux fins.

D'une piété remarquable, le Frère Donat se plaît à lire son *Livre d'heures* ou à réciter son chapelet, et alors, certes, il ne faut pas le déranger dans ses pieux exercices.

Frère Donat a dix-sept ans. Dix-sept ans, cela signifie soixante-dix-sept ans. A Ploërmel, en effet, comme dans une grande partie du Morbihan, le vieillard arrivé à soixante ans recommence à compter ses années, tout comme s'il venait de naître. C'est qu'à soixante ans, il estime qu'il vient de naître à la vieillesse.

Frère Donat est le type de ces Bretons d'autrefois, à la fois dévoués à leurs prêtres et si attachés aux choses du passé.

Le passé auquel songe toujours, dans le demi-jour recueilli de sa porterie, le bon Frère Donat, c'est le temps où il vivait dans l'intimité du « Père » (1).

Frère Donat, en effet, était son Frère de confiance, ne le quittant jamais, ni jour, ni nuit.

C'est lui qui, vite, attela la vieille berline familiale, quand Jean apprit tout à coup que, là-bas, à Paris, privé des secours de la religion, Féli, son bien-aimé frère, allait mourir.

C'est lui qui, dans la vieille berline, accompagna le Père à Rennes, et quand, à Rennes, le Père apprit que le pauvre et si cher Féli était mort : « Mon pauvre Frère Donat, lui dit-il, retournons à Ploërmel. » Et Frère Donat dut ramener, à Ploërmel, son Père accablé de douleur, refusant toute nourriture et ne cessant de pleurer, de prier et de dire : « Oh! si pour sauver mon bien-aimé frère, il n'avait fallu que le sacrifice du peu que je possède, le sacrifice de ma vie même; Dieu sait de quel cœur je l'eusse fait! » (2)

C'est depuis le mois de décembre 1847, époque à laquelle le Père avait été atteint de son attaque de paralysie, que le Frère Donat devint ainsi son fidèle appui, son immanquable bâton de vieillesse. Jamais le Père ne sortait plus, qu'au bras du Frère Donat.

« Dans mes souvenirs de postulant, « me disait un jour le cher Frère Abel « je revois toujours le Père,

---

(1) Nom donné dans l'intimité à l'abbé Jean de la Mennais.

(2) Lettre de Jean de la Mennais à M. Forgues, 29 nov. 1854, citée par l'abbé Roussel. — *Lamennais* Tome II p. 444.

passant au milieu de nous, en jetant sur toute sa jeune famille, un regard profondément affectueux et paternel, et c'est toujours alors, au bras de notre vieux Frère Donat, que le Père était appuyé. »

... Mais pourquoi insister sur tous ces menus détails? Pourquoi bien marquer, dès le début de cette étude, le rôle que Frère Donat joua dans la dernière partie de la vie du bon Père?

Pourquoi ainsi rapprocher, de suite, ces deux personnalités, ce qu'aucun écrivain n'a fait encore, en parlant des œuvres de l'abbé Jean de la Mennais?

C'est que dans l'interview dont je parlais, à l'instant, le vieux Frère Donat s'était mis à longuement me parler du Père.

Après m'avoir raconté son voyage à Rennes, lors de la mort de Féli, il s'était mis, tout à coup, à me rappeler l'inaltérable affection que Jean conserva toujours pour son malheureux frère, et, finalement, faisant une sorte de parallèle entre le cœur de l'un et l'orgueil de l'autre :

— Tenez, me disait-il, une preuve de cet orgueil, c'est que Féli voulait toujours signer.

— Signer quoi?

— Mais les œuvres dont, en réalité, Jean était l'auteur.

— Comment cela?

— Mais oui, les premiers ouvrages, (1) portant le nom de la Mennais, c'est le Père qui les a faits et d'autres que moi le savaient bien : ainsi l'abbé Ruault, l'ancien aumônier de l'Institut; ainsi l'abbé Hérisson, le curé de Mordelles, et plusieurs autres, parmi lesquels, no-

____

(1) Nous déterminerons ultérieurement la part exacte de chacun des deux frères dans ces premiers ouvrages.

tamment, Monseigneur Maupied, dont le témoignage, d'ailleurs, est encore facile à recueillir.

Alors, voulant éclaircir la question, j'allai aux renseignements. Je me mis à lire tous les ouvrages qui ont été publiés sur le « bon Père ». J'interrogeai, à droite et à gauche. J'étudiai le style, l'écriture des deux frères Féli et Jean. Grâce, spécialement, au très cher Frère Abel, qui, je vous l'assure, connaît merveilleusement la vie de son « Père », j'arrivai à revivre la vie des

Mgr MAUPIED.

deux frères. J'arrivai aussi à me convaincre que Jean se fit écrivain, non pas seulement, inspiré par sa foi et pour défendre les belles et grandes causes qui sont la gloire de son admirable carrière, mais aussi, guidé par son amour fraternel et pour convertir son tant aimé Féli, qui devenu jeune homme, n'avait pas encore fait sa première communion...

Et alors, toutes ces études faites, je dus conclure que celui-là qui, plein de modestie, a signé la plupart de ses écrits, des modestes pseudonymes « Frère Jean l'Ignorantin, le vieil Ignorantin breton, un petit Frère Ignorantin..., » ou même ne les a signés d'aucun nom, était, lui aussi, un grand écrivain. Et, sans vouloir, en aucune façon, porter la moindre atteinte au génie de Féli, je dus conclure que l'abbé Jean ne méritait pas, dans le domaine des lettres, le rôle effacé dans lequel sa modestie l'avait relégué.

« Qu'il ait cherché toute sa vie l'obscurité, » dit le R. P. Laveille, (1) à ce sujet, « lui qui avait vu de si près les dangers de l'orgueil, c'était pour lui affaire de conscience et de vertu sacerdotale ; que la postérité se fasse complice de son silence et marchande à cette belle vie l'hommage qu'elle n'a point refusé à d'autres, infiniment moins méritantes, ce serait une criante injustice. »

La valeur littéraire de Jean égale bien, en effet, celle de Féli.

C'est Jean qui fut même le maître de Féli ; et, bien longtemps, c'est Féli qui travailla, en sous-ordre, sous les auspices et avec les conseils de Jean, dans le recueillement des ombrages de la Chesnaie.

Nous allons d'ailleurs, tout naturellement, essayer d'établir maintenant la part littéraire qui revient à chacun des deux frères, en étudiant les œuvres dues à l'abbé Jean de la Mennais.

(1) La *Correspondance catholique* N° 34, 23 mai 1895. — *Jean-Marie de la Mennais*, par le R. P. Laveille page 394.

CHAPITRE II

Vocation littéraire de l'abbé Jean de la Mennais. — Pourquoi
l'abbé Jean de la Mennais se fait le mentor littéraire de Féli.

Le Révérend Frère Cyprien a bien voulu, un jour,
me rappeler le premier entretien qu'il avait eu, au sujet
du « Père, » avec Sa Sainteté le Pape Pie IX, le 20
mars 1874 :

« Les deux de la Mennais, avait-il dit, au Souverain-
Pontife, étaient deux hommes de génie, mais d'un génie
bien différent. Si l'un d'eux, Féli, avait le génie des
lettres, l'autre, le « Père », avait au suprême degré le
génie du bien, des œuvres utiles et, par dessus tout,
l'amour de l'Église. . . »

Vraiment, on ne saurait mieux dire, car, plus on
étudie l'admirable Jean de la Mennais, plus on se per-
suade, en effet, qu'il était doué, au plus haut point, du
génie de la Foi — la Foi qui transporte les montagnes —
et c'est même ce génie de la Foi, c'est cet intense amour
de l'Église qui fit naître en lui et développa sa merveilleuse vocation littéraire, faisant de lui un théologien
de premier ordre et un écrivain de grand talent.

Et, ce qu'il y a de curieux à noter ici, c'est que cet
amour pour l'Église, ce génie de la Foi, ne le porta pas
seulement à aborder les plus hautes questions de

l'époque : ainsi la question des libertés de l'Église gallicane, la liberté de l'enseignement et surtout le dogme de l'infaillibilité du Pape dont il fut, en France, l'apôtre et le promoteur; ce génie de la Foi le porta aussi à se faire le mentor littéraire de son frère, jusqu'à l'époque où il fut appelé par la juste confiance de Mᵍʳ Caffarelli, à remplir, près de lui, les fonctions de Secrétaire particulier.

Pour bien se pénétrer de ce point, il nous faut maintenant faire un retour vers le passé et pénétrer dans cette bibliothèque de la Chesnaie — la bibliothèque de l'oncle des Saudrais — dans laquelle les historiographes de Féli nous ont, à mainte reprise, présenté celui-ci, dès l'âge de treize ans, lisant non seulement Platon, Cicéron,

R. F. Cyprien, Supérieur général des Frères de l'Instruction chrétienne.

Plutarque, Tacite, mais encore Montaigne, J.-J. Rousseau, et voire *Gil Blas*, de Le Sage.

Jean, lui, dans la bibliothèque de l'oncle des Saudrais, lit l'*Imitation*, les apologistes et les théologiens. Il les lit et les fait lire à Féli.

C'est que Féli ne croit pas. Féli, lui, n'a pas reçu la sainte communion des mains de l'évêque, partant en exil.

3

Et Jean qu'on appelle, en famille, plaisamment, *le docteur*, Jean qui a le génie de la Foi et l'amour de l'Église, Jean veut convertir son frère.

La foi du « docteur » s'exerce partout, d'ailleurs, autour de lui.

Marie, sa sœur, est une demoiselle de onze ans. On lui a fait une belle robe. Elle va aller au bal.

— Le bal, déclare gravement le « docteur, » c'est un divertissement dangereux. Lis plutôt ton catéchisme.

Alors Marie renonce au bal.

— Je gage que c'est encore « M. le docteur » qui t'a mis cela en tête, dit M. de la Mennais, père, apprenant cette décision.

— Oui.

Alors, une gifle appliquée de main de maître fait expier à « M. le docteur » sa très précoce leçon de morale.

Mais la Révolution est venue. Jean est devenu l'enfant de chœur attitré des prêtres cachés dans les mansardes et les greniers de Saint-Malo.

C'est lui qui, dans la mansarde de l'hôtel de la Mennais, situé rue St-Vincent, répond, à minuit, la messe à l'abbé Vielle, tandis que sa vieille domestique, la bonne et dévouée Villemain, veille au dehors.

C'est lui qui, la nuit, s'en va répondre la messe au vieux chanoine Engerrand, son confesseur, au risque de se faire arrêter par la patrouille.

C'est lui encore qui, dans la rue des Juifs (1), dans la rue de la Harpe, répond la messe aux prêtres cachés là : l'abbé Manet, l'abbé Le Joliff et bien d'autres.

_____

(1) Actuellement, maison de M. Gruénais.

Rue de la Harpe, nous l'avons dit ailleurs, (1) la messe se célèbre dans la cour intérieure d'une maison dont les habitants et leurs amis, prévenus à l'avance, se mettent aux fenêtres, pour assister au Saint-Sacrifice.

Oh ! sur ces jeunes années de Jean de la Mennais ; sur cet héroïsme d'enfant qui s'est imposé la tâche de répondre la messe aux prêtres persécutés ; sur ces saints prêtres, sur leur vie extraordinaire durant la Terreur ; sur les cachettes de St-Malo ; sur les excursions de toit

Hôtel de la Mennais, à Saint-Malo.

en toit, par les gouttières, quelles jolies pages il y aurait, vraiment, ici à écrire !

Mais il faut nous borner.

Ce que nous voulions, en effet, expliquer seulement ici, c'est combien, en pénétrant l'âme de Jean, combien, en montrant sa foi ardente, il avait été amené, naturellement, à se faire l'apologiste de la sainte Église, et, en

(1) Voir nos « *Chroniques du Clos-Poulet* » dans le journal *le Salut* de Saint-Malo.

même temps, à tenter, par tous les moyens, la conversion de Féli, son frère bien-aimé.

Et le moyen le plus efficace qu'il imagina encore, pour arriver à cette dernière fin, ce fut de le prendre comme collaborateur, notamment dans son œuvre capitale, qu'il mit plus de dix années à préparer : je veux parler du livre intitulé *Tradition de l'Église sur l'Institution des Évêques*, livre qu'il faut placer en tête des œuvres littéraires de l'abbé Jean de la Mennais.

CHAPITRE III

L'abbé Jean de la Mennais apologiste. — Il est l'apôtre, en France, dès le commencement de ce siècle, du dogme de *l'Infaillibilité pontificale.* — Circonstances dans lesquelles Mgr Maupied est appelé à demander au Saint-Père la définition de ce dogme.

Jean de la Mennais a vingt-quatre ans. Il vient d'être nommé vicaire à Saint-Malo (3 novembre 1804) et le voilà « ce hardi releveur de ruines qui, avec l'abbé Vielle, pour tout corps enseignant ; sa foi, pour toute ressource ; un noble rocher breton, sa ville de Saint-Malo, pour point d'appui ; décide qu'il va y ériger un Séminaire. » (1)

Or, dans ce Séminaire, c'est à lui qu'incombe la chaire de professeur de philosophie et de théologie. « Le saint abbé Jean (c'est ainsi qu'on l'appelait), » dit Mgr de Léséleuc à ce sujet « n'était pas seulement, depuis son ordination, fondateur, professeur, directeur de Séminaire, chef d'une véritable école normale où de jeunes prêtres se formaient sous sa direction à la pratique de l'enseignement », mais il occupait, dans ce Séminaire, la chaire de philosophie et de théologie.

(1) De Léséleuc : *Oraison funèbre de Jean-Marie de la Mennais,* page 22

Or, c'est dans les cours de théologie, au Séminaire de Saint-Malo (1), et plus tard au Séminaire de Saint-Méen, que l'abbé Jean — le docteur — avec une merveilleuse élévation de style et une autorité vraiment inspirée, va enseigner, tout d'abord, l'infaillibilité du Pape.

Et il y en a encore, dans notre pays, qui se souviennent des cours du « fils Jean de la Mennais, » des polémiques qu'ils soulevaient parfois, à la table de famille, de l'enthousiasme de ses jeunes élèves et de la légitime fierté que tous ressentaient, finalement, au fond du cœur, malgré la dose de scepticisme et la nuance voltairienne qui dominait dans l'esprit d'alors. Chacun se disait en effet que c'était aussi de notre glorieux rocher de Saint-Malo que s'élevait la voix inspirée qui osait ainsi, la première, enseigner le dogme qui est la vraie clef de voûte de la sainte Église.

Cependant, le jeune philosophe, en cumulant les fonctions de vicaire à la cathédrale, de professeur au Séminaire, n'avait pas assez compté avec ses forces.

Au bout d'une année, le voilà qui tombe malade et, sur l'ordre des médecins, se voit obligé de se retirer à la Chesnaie, prendre un repos qui lui est indispensable.

Féli qui avait enfin retrouvé la foi, si vivante dans l'âme de Jean, accompagna son frère à la Chesnaie.

Et voilà les « deux solitaires » de la Chesnaie qui, durant des heures entières, au milieu des bois, discutent, à perte de vue.

Jean réédite, à Féli, ses cours du Séminaire. Féli conteste et soulève des objections. Au retour des bois,

____

(1) Le Grand Séminaire de Saint-Malo, avant la Révolution, se trouvait à Saint-Servan à « la Concorde », devenue aujourd'hui une caserne.

on court à la bibliothèque de l'oncle des Saudrais. Que disent les théologiens? que disent les saints Pères et les conciles? que dit saint Léon-le-Grand, et que dit Bossuet? que disent les auteurs inspirés, sur toutes ces grandes questions qui agitent alors si profondément la France catholique?

Et ce n'est plus seulement, en effet, l'*infaillibilité* du Pape que les « deux solitaires » de la Chesnaie étudient et approfondissent, sous les frais ombrages. Ce sont aussi toutes les autres questions mises à l'ordre du jour, par le despotisme impérial.

Sous les frais ombrages de la Chesnaie, le rêve caressé, c'est donc aussi la liberté de l'enseignement, car, vraiment, les deux grands la Mennais voient loin, très loin. Ils voient, à travers le prisme miroitant et indécis des années et des politiques, tout ce qui pourra ressortir un jour de cette si grave question.

La Chesnaie, maison de campagne de la famille de la Mennais.

Le rêve caressé, c'est aussi le retour à « l'ultra-montanisme, » c'est la mise au point des fameuses libertés de l'Église gallicane, c'est le réveil à la sainte tradition de l'Église, sur l'institution des évêques.

Et, comme apeuré d'avoir parfois à contredire le grand Bossuet, l'abbé Jean s'écrie, avec une modestie, qui n'a d'égale vraiment que son admirable génie :

« On doit croire que nous ne nous sommes pas décidés légèrement à contredire Bossuet. Personne, nous l'osons dire, n'a plus d'admiration que nous pour cet illustre évêque, et, quand nous avons réfuté quelques-unes de ses opinions, nous ne faisions, à nos propres yeux, que remplir l'office de l'esclave qui suivait le char du triomphateur pour lui rappeler, au milieu de sa gloire, qu'il était mortel, prêts à chaque instant, et beaucoup plus que lui, à l'oublier nous-mêmes. » (1)

Telles sont, en résumé, toutes les belles et hautes questions qui, dès l'aurore de son ministère et sous les chers ombrages de la Chesnaie, enthousiasmèrent, l'ardente foi, vraiment visionnaire de l'avenir, du saint abbé Jean de la Mennais : Belles et hautes questions, à la recherche desquelles il voulut associer le malheureux Féli, pour raffermir sa foi! Belles et hautes questions qui obligent, de suite, à considérer l'abbé Jean comme un grand chef d'école doctrinale et théologique!

« On a écrit, dit Mgr Maupied, que cette école avait, la première, réveillé la foi à l'Infaillibilité du Pape. Mais on n'a pu en dire toute la conséquence providentielle dont j'ai été l'un des instruments infimes dont la Providence a daigné se servir... J'ai rappelé que le retour de la France aux saintes doctrines catholiques, et en

____

(1) *Tradition de l'Église sur l'Institution des Évêques* **Préface p. cxx.**

particulier à la foi au dogme des dogmes, l'infaillibilité doctrinale du Pape, était, dans son principe, l'œuvre de l'École de la Mennais, dont Jean-Marie fut le vrai fondateur et le chef sans tache... » (1)

Ainsi s'exprime ce docte prélat qui, aux pieds de Sa Sainteté Pie IX, sollicitait de lui la définition de l'admirable dogme — ce dogme que, tout enfant, il avait appris à connaître, alors qu'il était élève au petit Séminaire de Saint-Méen, dont l'abbé Jean était le principal Supérieur.

— « Très Saint Père, lui disait-il, (2) si votre Sainteté ne définit pas le dogme de l'Infaillibilité pontificale, dans ce concile, nous sommes perdus en France. »

Et le dogme fut défini.

Et voilà la conséquence merveilleuse de l'enseignement de l'abbé Jean.

Et, en présence de tels faits, c'est bien être, on le voit, dans la stricte vérité, que de considérer l'abbé de la Mennais, comme un apologiste de premier ordre, comme véritable chef d'une école, dont les pures et hautes doctrines jetèrent un si vif éclat, à l'aurore de ce siècle.

Comme voie de conséquence, c'est bien être aussi dans la stricte vérité que de lui attribuer le premier rang, comme auteur, après le lui avoir attribué comme théologien, si nous analysons, maintenant, la collaboration littéraire des deux frères et le rôle de chacun d'eux dans cette collaboration.

(1) *Nouvelles Annales de Philosophie catholique : Jean de la Mennais,* par Mgr Maupied, page 332 et suivantes.

(2) *Nouvelles Annales de philosophie catholique.* — Mgr Maupied, précité.

CHAPITRE IV

Le livre le plus important dû au génie et à la foi de l'abbé Jean de la Mennais est incontestablement celui qui porte pour titre : « *Tradition de l'Église sur l'Institution des Évêques.*

Ce livre, dont nous avons déjà dit un mot, est véritablement son œuvre. C'est lui qui en eut l'idée ; c'est lui qui soutint, contre tous, les thèses admirables qu'il renferme ; c'est lui qui réunit, pendant des années, les documents et les pièces de celles-ci.

Mais, tout d'abord, quelles sont les circonstances qui amenèrent l'abbé Jean à publier « *la Tradition?* »

« Le César des articles organiques, en guerre ouverte avec le Souverain Pontife, voulait se passer de lui, on le sait, dans l'institution canonique des évêques. Pour s'autoriser de cet attentat, comme l'écrit si judicieu-

sement, l'abbé Darras (1), le rusé Corse s'appuyait,
sur la déclaration de 1682 ; il ne raisonnait point mal,
car cette déclaration n'a, en effet, pour but que de
subalterniser le Pape, ce qui est bien une façon de
l'anéantir. Le Concordat de Fontainebleau avait, un
instant, réalisé le rêve despotique de l'empereur. »

Et Jean, comme le dit Ropartz, (2) « avait deviné la
menace du schisme, sous les habiletés diplomatiques
de ce concordat, faussé par les articles organiques ;
il avait compris le point d'appui que le despotisme
cherchait dans les prétendues libertés gallicanes ; et
ainsi il avait été amené avec l'ardeur, la ténacité, l'unité
de vues qui furent toujours les qualités éminentes de
son esprit et de son cœur, à recueillir de longue main
les matériaux de ce livre considérable » — livre nous
ne saurions trop le redire, que sa foi avait conçu
de longue date, ainsi que son ardent amour pour
l'Église, attaquée jusque dans ses bases, au commencement de ce siècle.

Voici, d'ailleurs, comment, en quelques lignes, l'abbé
Darras (3) analyse la *Tradition*.

« On y établit, par l'autorité de l'Évangile et de la
tradition, que la juridiction spirituelle a été donnée
immédiatement à Pierre seul, pour la communiquer
aux autres pasteurs. De siècle en siècle, on entend la
même voix s'élever de toutes les églises de l'univers.
La première partie de l'ouvrage, digne des Bénédictins
des grands siècles, commence par l'histoire des
patriarcats, tous institués par l'autorité de saint Pierre,

---

(1) *Histoire de l'Église*, par l'abbé Darras tome 40, p. 566.

(2) *L'abbé J.-M. de la Mennais*, par Ropartz, pages 29 et 30.

(3) *Histoire de l'Église*, par l'abbé Darras, tome 40, pages 566 et 567.

et dont les privilèges, parmi lesquels on compte le pouvoir de confirmer les évêques, n'étaient qu'une émanation de la primauté du Siège apostolique. La seconde et la troisième partie sont consacrées à prouver que la doctrine de l'Église d'Occident n'a jamais différé sur ce point de celle des Églises d'Orient. L'histoire des Conciles de Constance et de Bâle, de la Pragmatique-Sanction et du Concile de Trente établit qu'en France, moins qu'ailleurs, on n'a jamais mis en doute le droit des Pontifes romains sur la confirmation des Évêques, droit que l'Église gallicane s'est plu à proclamer, jusque dans ces derniers temps, avec une fermeté et une constance aussi honorable pour elle que désespérante pour les novateurs. Ces novateurs, la *Tradition* les réfute rigoureusement, depuis l'apostat Marc-Antoine de Dominis et Richer, jusqu'à Van Espen, Ellies Dupin, Tabaraud et autres. Dans son ensemble, l'ouvrage est très orthodoxe, très savant, tout à fait à propos contre les erreurs, toujours persistantes, en pratique, du vieux gallicanisme. De nos jours, il a été imité heureusement, pour la défense de l'infaillibilité, par l'archevêque de Bourges, Charles-Amable de la Tour d'Auvergne. »

Mgr Cortois de Pressigny, dernier évêque de Saint-Malo.

Quant à l'idée d'écrire ce magnifique ouvrage, elle fut, d'après moi, la conséquence des études ecclésiastiques auxquelles se livra le « Père », dès le début de sa vie sacerdotale. Elle naquit particulièrement de son étude approfondie des saints Pères, ainsi que des conseils si éclairés qu'il se plut toujours à recevoir, notamment de Mgr de Pressigny, qui fut toujours, en réalité, son principal guide spirituel, en même temps que le conseiller de sa vocation sacerdotale.

Et, vraiment, même, c'est dans une lettre pastorale de Mgr de Pressigny, en date du 24 mars 1800, que je trouve, en quelque sorte, comme en germe, l'idée première de la *Tradition* que Jean va bientôt reprendre, commenter, documenter, pour en faire sortir, au bout de douze années d'études constantes, le chef d'œuvre que nous étudions ici.

« L'autorité du Pape dans l'Église » dit Mgr de Pressigny dans cette *Lettre pastorale* du 20 mars 1800 « est un des points de la Foi que, dans ces temps malheureux, on a tenté d'obscurcir, et sur lesquels notre fidélité a été mise à l'épreuve ; c'est, pour cette même raison, un de ceux auxquels nous devons être le plus occupés de témoigner notre ferme et inébranlable adhésion : empressons-nous donc de prouver notre fidélité, en reconnaissant dans le nouveau Chef qui vient d'être donné à l'Église, toute l'autorité que le Sauveur du monde a voulu confier à saint Pierre et à ses successeurs. Reconnaissons que PIE VII, légitime successeur du Prince des Apôtres, a reçu de N.-S. J.-C., dans la personne de saint Pierre, la pleine puissance de paître, régir et gouverner l'Église universelle (CONC. GÉN. FLORENCE).

« Que ceux qui ne veulent pas être sous la conduite et

l'autorité de ce Pasteur renoncent à faire partie du troupeau de Jésus-Christ ; car il nous a dit qu'il n'avait qu'un bercail. (Joan. 10)

« Que ceux-là ne prétendent pas faire partie de l'Église, qui ne veulent pas reconnaître l'autorité de celui à qui les clefs ont été données. (Matth. 16)

« Pour nous qui désirons être reconnus par le Maître du bercail, comme appartenant à son Troupeau, pour nous qui désirons être tranquilles, dans cette Église contre laquelle les portes de l'enfer ne prévaudront pas, nous reconnaissons, avec saint Cyprien, que l'Église romaine est la mère et la racine de l'Église catholique (Ep. 8. l. 4.); avec saint Irénée, que toutes les autres Églises, doivent venir à celle-là, à raison de sa plus puissante principauté. (Hœr. 3. c. 3.)...

« C'est cette tradition, soigneusement transmise d'âge en âge, qui faisait dire à nos Prédécesseurs les Évêques de France du dernier siècle, que l'usage solennel de l'Église était de référer les causes majeures au Siège Apostolique. (Ep. Prœf. gall. ad Jun. X. an. 1635)...

« Combien sont donc éloignés de l'usage solennel de l'Église, ceux qui bornent tous leurs devoirs envers le Souverain Pontife, à un vain témoignage de respect; ceux qui lui offrent leur communion sans vouloir s'assurer qu'ils ont la sienne; ceux qui n'ont pas craint de faire serment de n'avoir jamais recours à son autorité. Plus dociles à la voix de la politique qu'à celle de la Religion, ils ont paru céder à la crainte que l'influence d'un étranger ne pût être dangereuse à l'État... » (1)

____

(1) *Lettre pastorale de Mgr l'Évêque de Saint-Malo*, pages 2, 3, 4.

S'inspirant, de cette haute et sainte doctrine de son Maître vénéré, Jean va, d'abord oralement, la reprendre, à la première occasion, et cette première occasion, alors qu'il est vicaire à Saint-Malo (3 novembre 1804), va se présenter naturellement, à la fête de saint Pierre, l'une des fêtes patronales de notre cathédrale.

Le voilà donc qui monte en chaire, et se souvenant de l'ancienne lettre de Mgr de Pressigny, il va adresser à ses fidèles paroissiens, le sermon de haute envolée dont je détache les extraits suivants : (1)

« La vie des deux saints apôtres dont nous célébrons aujourd'hui la fête, renferme, Mes Frères, un grand nombre de traits bien propres à affermir notre foi et à nourrir notre piété. J'aurais voulu vous rapporter en entier leur histoire, mais le temps ne me le permettant pas, je me bornerai à vous parler dans cette instruction des prérogatives que Jésus-Christ accorda à saint Pierre, et des promesses qu'il fit à son Église en l'en établissant le chef suprême.

« Saint Pierre, avant d'être appelé à l'apostolat, se nommait Simon ; il demeurait à Carphanaüm et s'occupait ordinairement avec son frère saint André, à pêcher dans le lac de Génésareth. Aussitôt qu'il connut Jésus-Christ, il s'attacha irrévocablement à lui et ne balança pas, un instant, pour le suivre. Notre divin Sauveur commençait alors à annoncer son Évangile ; on venait l'entendre de toutes parts avec empressement, et bientôt il eut plusieurs disciples. D'abord, il en choisit douze parmi eux. auxquels il donna le nom d'*apôtres*, c'est-à-dire d'envoyés, parce qu'il devait les envoyer un jour porter la vraie religion, dans toutes les parties du monde ; ensuite,

____

(1) Sermon pour la fête de saint Pierre, à Saint-Malo.

il mit saint Pierre à leur tête, et en lui promettant une assistance spéciale, il le chargea de diriger, de confirmer ses frères. . .

« Jésus-Christ devant quitter la terre, (1) il fallait nécessairement que la religion subsistât; qu'il y eût une puissance supérieure à laquelle toutes les Églises particulières, fussent subordonnées, qui pût, par son autorité, apaiser les troubles qui s'élèveraient au milieu d'elles, et qui fût chargée de porter partout des secours aussi étendus que les besoins; sans cela, *sans ce centre d'unité*, il eût été impossible que tant de nations différentes qui devaient composer l'Église conservassent le même gouvernement et la même foi, et comme saint Pierre ne pouvait pas toujours vivre, il fallait bien encore que ses successeurs héritassent de ses privilèges et de ses droits; or, ce fut à Rome que saint Pierre mourut et par conséquent, qu'il fixa le Siège de cette primauté.

« Le Pape qui règne aujourd'hui a succédé à un autre, celui-ci à un autre encore, et ainsi de suite, sans interruption, on remonte jusqu'à saint Pierre, qui comme vous venez de le voir, a été établi chef de l'Église par Jésus-Christ même. L'Église romaine est donc et sera dans tous les siècles, cette première, cette principale Église, avec laquelle toutes les autres doivent être en communion, de sorte que n'être pas avec elle, c'est être hors la maison de Dieu, hors de la voie du salut... »

« Remarquez, (2) Mes Frères, que Jésus-Christ commence par charger son apôtre du soin de paître les agneaux, et qu'ensuite il lui confie la conduite des brebis

---

(1) Rapprocher ces paroles de la préface du livre la *Tradition*. Ce sont les mêmes idées et presque les mêmes phrases.

(2) Il est curieux de rapprocher, ici encore, ces paroles de la préface et de la page 14 *de la Tradition de l'Église*.

elles-mêmes, ce qui signifie, suivant l'interprétation de toute l'antiquité sainte, gouverner non seulement les simples fidèles, mais encore les pasteurs; que tout le troupeau vous soit soumis, car vous tiendrez ma place et vous en serez le chef suprême. Or, Mes Frères, cette éminente dignité, ces augustes prérogatives n'avaient pas été données à saint Pierre, pour lui seul.

« La tradition de tous les siècles nous apprend qu'elles ont été transmises à ses successeurs : il est de foi, et ce sont les paroles d'un concile œcuménique, que le Pape est le chef, le père et le docteur de toutes les Églises particulières, et qu'il a reçu dans la personne de saint Pierre, un plein pouvoir pour paître, pour diriger et pour gouverner l'Église universelle, ainsi qu'il est porté par les canons. Assis sur le siège du prince des apôtres, il est revêtu de son autorité, et dans sa voix les vrais chrétiens reconnaissent toujours la voix de Pierre; au contraire, une expérience malheureusement constante nous apprend que ceux qui veulent corrompre la doctrine de Jésus-Christ, s'efforcent en même temps de diminuer, dans les fidèles, la confiance et le respect qui sont dus au Pontife qui le représente... »

Voilà donc l'idée qui est née : elle est née de la lettre pastorale de Mgr de Pressigny. La voilà même, une première fois, sans parler des cours de théologie, publiquement affirmée, du haut de la chaire chrétienne.

Désormais, sur le thème qui est trouvé, il va falloir s'atteler, sans relâche. Les sources à consulter, c'est encore Mgr de Pressigny qui va les indiquer, à son cher disciple. C'est lui, aussi, qui en le faisant se livrer à l'étude de la Tradition, des Conciles et des saints Pères sera, au moins, indirectement, l'inspirateur merveilleux du traité apologétique qui va sortir de la plume de Jean de la Mennais. Et pour prouver ce que nous avançons, qu'il nous soit permis de citer quelques-unes des lettres du dernier évêque de Saint-Malo, à son jeune et fidèle disciple.

« Paris, 10 décembre 1802.

« J'ai reçu, Monsieur, avec grand plaisir, les nouvelles que vous me donnez du voyage de Monsieur votre père et le compte que vous me rendez de vos études. Je vois avec satisfaction que vous n'avez pas perdu le goût que vous m'aviez paru avoir pour les bons livres. Ceux dont vous me parlez sont du nombre des meilleurs; on les lit et on les relit toujours avec fruit, et je dirai même avec plaisir. Vous ne pouvez rien lire de meilleur sur tout ce qui concerne l'autorité de l'Église et les moyens de repousser les sophismes des hérétiques, que le *Traité des Prescriptions* de Tertullien et les *Petits Traités* de Nicole, dont vous me parlez.

« *L'Histoire ecclésiastique* d'Eusèbe a l'avantage de présenter, pour ainsi dire, les mémoires originaux de l'établissement et des premiers progrès de l'Église chrétienne. Mais Eusèbe, comme vous pouvez le savoir, était un malhonnête homme, et on a toujours quelque peine à se trouver en relations avec un homme qu'on mésestime; d'ailleurs, il peut y avoir quelque danger à lire les écrits des gens dont les principes ne sont pas sûrs.

«Par la même raison, je ne vous conseille pas la lecture des plus anciens historiens ecclésiastiques après Eusèbe, Théodoret, Rufin, Socrate, Sozomène; leur foi a été suspecte, plus ou moins. Vous ferez bien de vérifier les textes, de lire les antécédents et les conséquents, lorsque vous trouverez ces auteurs cités; mais je pense qu'il faut vous en tenir là. *L'Histoire ecclésiastique* de M. Fleury a des défauts, mais elle a le grand avantage contraire à l'inconvénient dont je vous parlais, pour Eusèbe : M. Fleury était un homme de bien, un excellent prêtre. Vous y trouverez toujours l'esprit dont vous devez vous nourrir.

«Je suis bien aise que vous ayez pris du goût à la lecture du *Traité du Sacerdoce*, de saint Jean Chrysostôme; vous ne pouvez trop le lire et le relire, ainsi que *Le Pastoral* de saint Grégoire, le *Traité de la Considération* de saint Bernard, sa *Lettre à Henri, archevêque de Sens*, et les *Lettres de saint Jérôme à Népotien*. Je ne suis point étonné que la lecture du *Traité du Sacerdoce* vous ait inspiré une sainte frayeur; c'est à moi à vous rassurer; je le ferai avec confiance, et comme je crois, de la part de Dieu : mon ami, c'est moi qui répondrai à Dieu de votre ordination et je ne crains point qu'elle soit pour moi un sujet de condamnation; je vous le dis, en vérité, aucune vue humaine ne m'a déterminé à vous ordonner; je ne l'ai été que par le témoignage de personnes à qui je dois estime et confiance et qui jugeaient que vous pouviez, un jour, être utile à l'Église; j'en ai jugé de même, n'ayez donc aucune inquiétude sur votre entrée dans l'état ecclésiastique; votre vocation est bonne, il s'agit d'y répondre.

« Souvenez-vous, pour tout le cours de votre vie, que tout ce que vous ferez, par la direction de vos Supérieurs, est dans l'ordre de la Providence, et par conséquent est bien. Lorsque Mgr l'évêque de Rennes vous appellera au diaconat, ensuite à la prêtrise, puis aux fonctions du ministère, obéissez sans hésiter, et soyez sûr que Dieu approuvera votre obéissance, bénira vos travaux et accordera à vous et à ceux pour lesquels vous remplirez les fonctions du ministère, les grâces qui vous seront nécessaires.

« Dites, de ma part, à M. Damar, de vous donner, en mon nom, à la date du mois de janvier de cette année, des lettres pour tous les ordres que je vous ai conférés, et signées de lui. Elles seront dans la forme ordinaire, excepté que le lieu et le temps de l'ordination seront exprimés à peu près de la manière suivante : *Sacram ordinationem celebrans extra tempora, die XXI decembris Apostolo Sanctæ Thomæ dicato, in Pacello interiori monasterii monalium sancta Ursulæ nuncupatorum ex licentia, III. et Rev. Arch. Pariensis*; le reste, comme à l'ordinaire. . . . .

. . . .

« Je suis bien sensible au souvenir et à l'amitié de Monsieur votre oncle, je vous prie de lui témoigner ma reconnaissance, et le regret que j'ai de ne pouvoir plus profiter de sa société.

« Je vous prie de parler à M. votre père, quand vous lui écrirez, de moi et de mes sentiments pour lui.

Croyez au tendre attachement avec lequel, j'ai l'honneur d'être, votre très humble et très obéissant serviteur.

† G. anc. év. de S.-Malo. »

Voir dans le même sens, lettres du 27 septembre 1801 26 juillet, 1802 ; lettre datée de Paris, 17 avril 1804, ne contenant que des conseils spirituels ; lettre datée de Paris, 18 septembre 1808, contenant spécialement des conseils pour l'étude de la Théologie ; lettres du 10 juillet 1812, octobre 1813, Rome ; 2 novembre 1814, accusant réception à l'abbé Jean de l'envoi de l'un de ses ouvrages.

« Paris, le 12 octobre 1803.

« Rue Sainte-Croix, Chaussée d'Antin, N° 541.

« J'ai reçu avec un grand plaisir, Monsieur, votre lettre du deux de ce mois ; j'y vois que vous persévérez dans les dispositions dans lesquelles vous étiez, lorsque je vous ai vu ici ; dans tous les états, mais dans le nôtre surtout on doit avoir une grande défiance de soi-même, hélas ! nous sommes si peu de chose ; qui oserait se croire plus de vertus, plus de talents, plus d'instruction que Tertullien, Origène et tant d'autres anciens et modernes ? Vous avez donc bien raison, mon ami, de redouter votre propre insuffisance, et les difficultés sans nombre dont l'ouvrier évangélique est environné ; mais, lorsque nous pensons que Jésus-Christ a promis d'être tous les jours avec ceux qu'il envoyait, cette juste défiance qu'on avait de soi-même se change en une pleine et parfaite confiance qu'on ne sera point abandonné, tant qu'on suivra l'enseignement de l'Église, et les principes de conduite qui sont tracés par Elle.

« Je vous ai déjà dit, et je crois pouvoir encore vous assurer que votre vocation à l'état ecclésiastique venait de Dieu ; vous êtes donc légitimement envoyé, vous pouvez donc, sans présomption, croire que Notre-Seigneur Jésus-Christ est avec vous, et qu'il ne vous abandonnera pas tant que vous demeurerez attaché à votre évêque et aux évêques catholiques, et que vous n'entreprendrez rien qu'avec son aveu et sa bénédiction ; alors la grâce du Seigneur suppléera à l'insuffisance humaine ; je ne vous promets pas cependant que vos travaux auront toujours le succès que vous désireriez ; n'oubliez pas que nous plantons, nous arrosons, mais c'est Dieu qui donne l'accroissement, quand et comme il lui plaît.

« Je désirais que vous passassiez quelque temps ici, sous la direction de M. Duclaux, parce que j'espérais que vous y prendriez une méthode et une direction soit pour votre conduite, soit pour vos études, que son expérience lui a donnée, et que tout le monde n'a pas; le bon Dieu qui ne le permet pas, y suppléera d'une autre manière; vous êtes dans la voie dans laquelle vous devez être, lorsque vous suivez celle que vous tracent vos Supérieurs; on acquiert beaucoup pour soi-même, en enseignant les autres; si, dans quelques occasions vous désirez me consulter, ou sur vos études, ou sur les livres qui vous seraient nécessaires, adressez-vous à moi avec confiance; ce que je ne pourrai pas par moi-même, je le ferai par des personnes en état de vous bien guider.

« J'ai oui parler de M. Hay avec éloge, et je suis bien aise que vous soyez liés; il ne faut pas choisir des amis légèrement, mais il est utile d'en avoir qui puissent nous aider dans nos travaux, nous encourager et surtout nous avertir de nos défauts; rendez-vous mutuellement ce service-là M. Hay et vous, c'est le caractère de la véritable amitié; vous avez trouvé dans un livre que je vous ai conseillé, le *Traité du Sacerdoce*, un bel exemple de la véritable amitié.

« Je vous prie de témoigner à M. votre père, ma satisfaction de le savoir revenu en bonne santé, lui et M. votre frère, de leur long voyage; parlez aussi de moi à M. votre oncle que j'estime et que j'aime sincèrement; vous voudrez bien me rappeler aussi au souvenir de MM. de Grand-Clos, de la Furonnière, Engerrand, Le Saoût. Met, Damar.

« J'ai l'honneur d'être avec un sincère attachement votre très humble et très obéissant serviteur,

† G. anc. év. de Saint-Malo.

« Je vous prie de prévenir les personnes qui m'écrivent,
nommément M. Bourdet, que je loge maintenant, rue
Ste-Croix, chaussée d'Antin, N° 541. » (1)

Outre Monseigneur de Pressigny, l'abbé Jean a un
autre Mentor.

Je veux parler de l'abbé Bruté, à la science si éclairée
duquel on le voit sans cesse recourir. (2)

Dans une lettre du 20 juillet 1806 (3), Jean lui men-
tionne quelques-uns des ouvrages dont il a besoin :
*Traité du Pouvoir des Évêques, lorsqu'il y a empêchement
de s'adresser au Saint Siège, traduit du portugais d'An-
tonio Pereira — l'Antipapisme révélé, — l'Autorité législative de Rome ou Examen rapide de l'histoire et des
sources du droit canonique.* . .

« Avez-vous, lui dit-il aussi, l'ouvrage de Feller qui
a pour titre : *Jugement d'un écrivain protestant touchant le livre de Febronius?* Connaissez-vous un autre
jugement impartial sur les *Lettres de la cour de Rome*,
en forme de bref, tendant à déroger à certains édits
du duc de Parme et à lui disputer, sous ce prétexte, sa
souveraineté temporelle? . . . »

Mais il serait trop long de citer toutes les lettres qui
témoignent de l'incroyable soin que l'abbé Jean met
à composer son ouvrage.

Citons, toutefois, lès suivantes encore, car elles montrent bien le rôle que joua l'abbé Bruté, lui aussi, dans
les études ecclésiastiques du vénéré « Père » et comment

(1) Lettre inédite à M. Jean-Marie de la Mennais.
(2) Voir la *Vie de Monseigneur Bruté de Rémur, premier évêque
de Vincennes (États-Unis)* par l'abbé Bruté de Rémur — Rennes
Plihon et Hervé 1887.
(3) *Lettres inédites* 20 juillet 1806 — (Paris, Ambroise Bray, libraire
éditeur, 1862).

fut conçu et exécuté le livre dont nous nous efforçons d'établir ici la genèse si curieuse.

« De qui un métropolitain tiendrait-il aujourd'hui le pouvoir d'instituer ses suffragants? Les anciens canons ont été abolis par l'autorité ecclésiastique, et seule elle peut leur rendre leur première vigueur. Le prince n'a aucun droit sur les choses purement spirituelles, comme plusieurs fois, il l'a reconnu lui-même. Donc, un archevêque qui prétendrait donner la mission à ses suffragants agirait sans titre et cet acte serait radi-

Mgr Bruté de Rémur, év. de Vincennes.
(États-Unis).

calement nul, évidemment schismatique. (Lettre de Jean à M. l'abbé Bruté 20 juillet 1806, p. 2)

Ainsi donc, comme le remarque M. de la Gournerie, « dès le 20 juillet 1806, l'abbé Jean entrevoyait les desseins, cachés encore, de Napoléon, et résolvait d'un mot les questions qui devaient être soumises au Concile de 1811. Cette seule phrase contient en germe le bel ouvrage sur la *Tradition de l'Église*. . . (1) »

Voici quelques autres lettres de l'abbé Jean, à son ami, M. l'abbé Bruté, qui accusent les mêmes préoccupations.

(1) *Lettres inédites*. Introduction précitée p. XIV.

C'est d'abord, le 8 juin 1812, (1) la lettre suivante :

MON CHER AMI,

« Nous sentons tous les jours combien vous nous faites faute dans nos études. Mais la Providence a décidé que ce serait comme cela. Les petites notes que vous aviez vues avant votre départ, croissant et grossissant tous les jours, sont devenues ou deviendront bientôt trois volumes. in-8. On aime à avoir quelques recherches de ce genre en porte-feuille, tant l'histoire a toujours d'attrait. . . . . »

Puis, le 27 avril 1814, (2) c'est cette autre lettre :

« Mon cher ami, nous allons faire paraître l'ouvrage dont nous vous avons plusieurs fois parlé, dans nos lettres, en termes ambigus. Rien de moins ambigu, cependant, quant à la doctrine. Les droits du Saint-Siège y sont établis avec une franchise que quelques-uns trouveront peut-être excessive. Mais nous avons cru que la vérité était assez vieille pour lui ôter ses langes ; tant pis pour ceux qui voudraient encore la faire marcher avec des lisières et entourer sa tête de bourrelets. Les gallicans crieront, mais on criera plus haut qu'eux. Notre livre a pour titre : *Tradition de l'Église sur l'Institution des Évêques;* il formera trois volumes in-8° de 5 à 600 pages.

« Dans une introduction assez longue, on montre l'universalité de la puissance du pape ; on a même le front de reconnaître son *infaillibité* ; on établit les vrais principes sur la juridiction qui découle tout entière du prince des apôtres... »

(1) *Lettres inédites.* p. 83.
(2) *Idem.* p. 84.

Ce sont encore, les lettres suivantes, qu'il importe de citer :

Saint-Brieuc, 18 juin 1815

. . . .

« De mon côté, j'ai besoin de vos conseils, particulièrement pour mes études. Depuis plusieurs mois, je les ai en quelque sorte abandonnées; mais peut-être ranimerez-vous mon ardeur presque éteinte. Si l'ouvrage dont vous avez lu quelques pages est utile à l'église, c'est vous, au fond, qui en avez le mérite, car vous savez quelle main dirigea mes premiers pas, dans la carrière que j'ai parcourue. Plusieurs fois, épuisé de fatigue, j'ai été sur le point de m'arrêter en route et de m'endormir comme ces voyageurs qu'un froid mortel saisit au milieu des neiges; mais, enfin, la main de Dieu m'a relevé, poussé, soutenu. . . (1)

« En lisant les trois volumes, ne manquez pas, je vous prie, de mettre en marge vos observations critiques; ce n'est pas un petit travail, car il doit y en avoir beaucoup; mais cela me sera singulièrement utile; vous me laisserez votre exemplaire et je vous en donnerai un autre, sur lequel j'écrirai aussi quelques notes et corrections ».

Saint-Brieuc, le 25 août 1815. (1)

« . . . . . Je ne sais comment il s'est fait que je n'ai point vu M. Royer l'année dernière. Où était-il donc ?

<hr>

Lettres inédites page 99. — Ces lettres, ainsi que beaucoup d'autres, ont été adressées de 1806 à 1836 par les deux frères de la Mennais à M. Gabriel Bruté, d'abord professeur au grand Séminaire de Rennes, puis missionnaire aux États Unis d'Amérique, et, en dernier lieu, évêque de Vincennes, dans l'État d'Indiana. (Voir aussi l'ouvrage précité sur Monseigneur Bruté de Rémur)

(2) *Lettres inédites* p. 116.

Mais je n'ai point oublié les bontés qu'il eut pour moi à Assy, lorsque nous y allâmes, vous et moi, passer nos vacances, il y a six ou sept ans.

« Je serais enchanté qu'il lût la *Tradition* avant votre départ : il vous comuniquerait ses remarquables *critiques,* que j'aimerais infiniment mieux que les magnifiques éloges dont mon amour-propre n'est point dupe, tout sot qu'il est. . . . . »

Telle est, prise dès son origine, l'œuvre si belle et si haute de l'abbé Jean de la Mennais. Telle est sa véritable genèse.

Pour compléter notre étude sur la *Tradition* disons maintenant quelle part y a eu Féli. La *Tradition* en effet, n'est pas absolument, en son entier, l'œuvre de Jean. Féli y a, quelque peu, collaboré ; mais quelle est au juste la part de ce dernier, comme collaborateur de son frère?

Ici la divergence est complète.

Certains auteurs, comme le juif Spuller (1), donnent à Jean un rôle insignifiant : Il n'aurait fait, pour eux, que rassembler les matériaux.

D'autres, comme J.-M. Quérard, attribuent, avec beaucoup plus de raison, à Jean, le rôle prépondérant. « Cet ouvrage », dit cet auteur (2) « est plus de Jean que de Féli ; aussi n'a-t-il pas été réimprimé parmi les œuvres de ce dernier. » (3)

---

(1) Voir son ouvrage sur Félicité de la Mennais.

(2) *Notices biographiques* des ouvrages de M. F. de la Mennais, de leurs réfutations et de leurs apologies et des biographies de cet écrivain par J.-M. Quérard.

(3) Voir aussi sur la part de collaboration des deux frères : Sainte Beuve *Portraits Comtemporains* p. 146 et Frédéric Godefroy. (*Histoire de la littérature française au XIXe siècle* p. 136.

Quant à Mgr Maupied qui vécut dans l'intimité du « Père », pour lui, Jean est, en réalité, le véritable auteur de la *Tradition*. « Ce fut alors, dit-il, qu'il écrivit et publia son solide traité de l'*Institution des Évêques* : il ouvrait par ce livre la voie au retour de la saine tradition, offrait un correctif aux tendances hostiles de l'Église, inaugurées par la tyrannie du Consulat et de l'Empire. M. de la Mennais avait scruté la tradition des saints Pères, des Conciles et du Saint-Siège pour composer ce traité... »

Du reste, la genèse de ce livre, telle que nous venons de l'analyser, explique bien exactement, croyons-nous, qui de Jean ou de Féli doit en être considéré comme le véritable auteur. Ajoutons, enfin, que nous avons vu à la Maison-Mère des Frères de Ploërmel, un exemplaire de la *Tradition* rempli de corrections faites par le « Père » lui-même. Nous savons encore, par la lettre précitée, du 15 juin 1815, qu'il avait adressé, à M. Bruté, un autre exemplaire également annoté et corrigé de sa main.

Citons enfin le témoignage de l'illustre Cardinal Wiseman. Dans son remarquable ouvrage *Les quatre derniers Papes*, après avoir dit que, la *Tradition de l'Église sur l'Institution des Évêques* avait été publiée « pour prévenir le retour du gallicanisme royal » (1) et avoir établi que « cet ouvrage était d'une clarté remarquable, bien raisonné et soutenu de nombreux documents historiques », le savant Cardinal conclut :

« Ce travail pratique était si bien le fruit de sérieuses lectures et de l'étude, plutôt que de la conception rapide du génie, qu'on l'attribua au digne abbé Jean de la Mennais plutôt qu'à son frère Féli... »

---

(1) *Les quatre derniers Papes*, par le Card. Wiseman, p. 170.

Pour nous aussi la *Tradition de l'Église sur l'Institution des Évêques* est bien due en réalité à Jean. Cette œuvre, en effet, ce n'est que la collection des documents qu'il a amassés pendant nombre d'années ; ce n'est que le développement des idées qu'il professe au Séminaire de Saint-Malo et dont s'inspire également le Petit Séminaire de Saint-Méen. En réalité, ce magnifique ouvrage, c'est le cri de sa foi qui affirme l'*infaillibilité*; c'est l'éloquent appel qu'il adresse à l'Église de France qu'enserre le gallicanisme.

Et maintenant pour permettre d'apprécier le beau style de la *Tradition* qu'il nous suffise d'en citer la conclusion : cri splendide de foi et d'amour envers la sainte Église.

« Qu'elle est grande, cette puissance de Pierre ! Qu'elle est admirable ! Qu'elle est sainte ! C'est la puissance du Fils de Dieu et le plus magnifique don de son Père. De toute éternité, dans le secret impénétrable de ses conseils et dans les profondeurs de sa gloire, le Verbe divin s'était choisi une épouse, « sans ride et sans tache, » objet immortel de ses complaisances, lors même qu'elle n'existait encore que dans ses pensées et dans son amour.

« Cependant, les temps fixés par la Sagesse arrivent. L'univers sort du néant, ce sera le domaine de cette épouse, et comme la dot qu'elle doit apporter à son époux, au jour de leur union ineffable, jour mystérieux, jour d'allégresse et de larmes, de splendeur et d'humiliation, jour promis à nos premiers parents pour les consoler dans leur exil, jour attendu et salué de loin par les patriarches, annoncé par les prophètes, appelé par les vœux de tous les anciens justes, jour qu'Abraham a désiré de voir et qu'il n'a pas vu.

« Enfin, les siècles s'écoulent, les oracles sacrés s'accomplissent, « la terre s'ouvre et germe son Sauveur. » L'Église, jusqu'àlors captive, reconnaît avec joie celui qui la vient délivrer, et les anges entonnent dans le ciel le cantique sans fin des noces de l'agneau.

« Oh! qui racontera les merveilles de l'Homme-Dieu? Qui dira les prodiges de sa puissance et les miracles de son amour? Une nouvelle loi est promulguée, une société nouvelle est fondée, qui s'étend à tous les lieux, qui comprend tous les temps, qui embrasse toutes les intelligences, Jésus-Christ en est le roi.

« Mais comme il devait quitter le monde, comme il n'entrait pas dans ses desseins d'être ici-bas perpétuellement visible, perpétuellement parlant et enseignant, il établit un vicaire pour parler et pour enseigner à sa place; il donne à l'Église un conducteur pour la guider à travers les dangers de son pèlerinage vers la patrie céleste; il prépose au gouvernement de la grande famille un monarque, un père, auquel il substitue tous les pouvoirs qu'il avait lui-même reçus du sien.

« Ce père, ce monarque, ce conducteur, c'est Pierre. Centre d'unité, lien de paix, source intarissable de grâce et de force, il fait couler en mille ruisseaux sur les autres pasteurs l'autorité dont il possède la plénitude. Toutefois, dispensateur des dons de Dieu, il n'en est point le propriétaire : ce n'est point son propre héritage qu'il cultive, c'est celui de Jésus-Christ. Simple pilote du vaisseau de l'Église, ni le vaisseau, ni les trésors qu'il renferme ne lui appartiennent... »

CHAPITRE V

La « *Tradition de l'Église sur l'institution des Évêques* » eut un précurseur. Ce précurseur, c'est l'ouvrage intitulé : « *Réflexions sur l'état de l'Église, en France, pendant le XVIIIe siècle.* »

« Ces *Réflexions* ne sont pas, dit un journal de l'époque, *l'Ami de la Religion*, (1) un ouvrage de circonstance; elles étaient destinées à paraître, il y a plusieurs années, dans un temps où les maux contre lesquels l'auteur s'élève n'étaient pas moins graves et où l'espoir de les voir cesser était bien incertain : la distribution en fut arrêtée par des ordres supérieurs. Aujourd'hui, sous un gouvernement qui aspire à faire le bien, et qui en cherche les moyens, rien n'est plus à propos que de reproduire des idées qui y tendent.

« Le sujet de cet ouvrage est important. Il ne s'agit de rien moins que de l'intérêt de la religion,

(1) *L'Ami de la Religion*, pages 383 et suivantes. Année 1814.

frappée de tant de plaies dans les temps modernes.
Il s'agit par conséquent aussi du plus cher intérêt
du gouvernement, du plus cher intérêt de la société, qui ne manque jamais d'être en souffrance, quand
on ébranle la base sacrée sur laquelle repose la
morale publique. Nous venons d'en faire l'expérience d'une manière trop pénible pour qu'il puisse
s'élever aucun doute à cet égard.

« L'auteur qui paraît être un ecclésiastique et un
ecclésiastique éclairé, sage, pieux et zélé; l'auteur
remonte à la source des innovations qui ont amené de si tristes résultats, et il en trouve l'origine
dans la Réforme; non qu'avant Luther, dit-il, une
inquiétude séditieuse n'agitât les esprits, « las de
toute espèce de joug »; mais « les réformateurs du
XVI⁰ siècle sapèrent à la fois les fondements de
l'ordre religieux et de l'ordre social, et établirent
l'anarchie en principe, en attribuant la souveraineté au peuple, et à chaque particulier le droit de
juger de la foi ». De là, découlèrent bientôt, et le
mépris de l'autorité du prince, et l'interprétation
arbitraire de la parole de Dieu, laquelle produit l'indifférence religieuse et conduit nécessairement au
déisme; d'où il suit qu'on ne peut manquer d'avoir,
en dernière analyse, la destruction de la religion et
la dissolution complète des liens sociaux. Bayle fut
un des premiers qui donna, dans ses écrits, le funeste exemple de la liberté de penser, et c'est à
lui que l'auteur fixe l'époque de la philosophie mo-
derne. . . . . »

Voici, en outre, comment l'ouvrage est analysé par
l'abbé Darras :

« Dans un style un peu travaillé, mais qui présage les

grands ouvrages qui suivront, les deux frères jettent un regard sur la série des maux qui affligent l'Europe et l'Église, depuis trois siècles. En présence de ces maux, ils cherchent le remède, et, en hommes de foi, ils veulent le prendre uniquement dans la force de l'Église. Pour assurer à l'Église, toute la puissance de son institution, ils proposent d'écarter les obstacles à l'épanouissement de sa force et d'amener des réformes qui assurent la surnaturelle énergie de la grâce. Ainsi, ils gémissent hautement sur l'insuffisance des études dans le clergé quant à l'exégèse biblique et les langues orientales; ils déplorent surtout la négligence du travail, dans le clergé des campagnes.

« Quand on voit cette masse d'intelligence qui pourrait remuer l'univers et qui, faute d'action, demeure inutile, on pense involontairement au levier d'Archimède, qui aurait pu soulever le monde, mais qui ne soulevait rien, parce qu'il manquait de point d'appui. Le point d'appui, voilà ce qui nous manque. Le remède est dans une bonne organisation du travail ecclésiastique. Quand pourrons-nous l'obtenir ? Les ouvriers abondent et le travail fait défaut, j'entends le travail utile, sérieux, ayant un *but déterminé;* cette dernière condition surtout est essentielle; sans elle on ne travaille pas et l'oisiveté devient un grand péril. Qui donc nous donnera un organisateur du travail, un point d'appui et nous soulèverons le monde? Les solitaires de la Chesnaie proposent une foule de réformes : conciles provinciaux, synodes diocésains, retraites ecclésiastiques, conférences décanales, vie commune dans les presbytères, restauration de l'instruction cléricale par des congrégations enseignantes, l'évangélisation des paroisses par les missionnaires, l'éducation des enfants confiés à des Instituts religieux, le retour aux prescriptions du droit canonique. . .

« Il y a un épiscopat en France, il n'y a pas de clergé, parce que le prêtre n'a pas de personnalité juridique. Le régime qui vient d'être inauguré en France, par les Articles Organiques, ne laissant plus subsister de paroisses, acquises au concours, supprime tout travail et anéantit toute dignité de caractère; on ne voit plus que des hommes tremblants, devant l'arbitraire qui peut les déplacer sans cause, ou serviles devant le bon plaisir qui peut les récompenser sans mérite. L'obéissance sacerdotale ne consiste pas à renoncer au bénéfice des lois ecclésiastiques et à se taire quand on vous fait tort; elle consiste à remplir exactement son devoir et à vivre sous la protection du droit. Voilà ce que disaient, dès 1808, les frères de la Mennais : vraiment ils voyaient clair. »

Oui, vraiment, ils voyaient clair les deux frères de la Mennais.

Et l'abbé Jean, spécialement, voyait lumineusement clair, non seulement en prévoyant, comme le remarque si judicieusement l'auteur que nous citions à l'instant, toutes les néfastes conséquences du nouveau régime, mais surtout en esquissant, de main de maître, dès cette époque, toutes les grandes lignes du merveilleux programme qu'il accomplira ensuite, de point en point, jusqu'au soir de sa vie, pour le plus grand bien de l'Église et de la Religion.

C'est, en effet, dans le livre que nous analysons ici, qu'il expose toutes ses idées, en matière d'éducation :

« Éducation (1) absolument nécessaire, parce que c'est
d'elle, que dépend, pour tout le pays, l'amélioration de
la situation religieuse. Or, cette amélioration du clergé est subordonnée spécialement, dit-il, *à l'établissement des retraites et des conférences ecclésiastiques.*

« Les retraites ! (2) les retraites ! voila le grand, l'u-
nique remède. C'est dans les retraites que les ministres du Seigneur se renouvellent dans l'esprit de
leur vocation ; c'est dans les retraites qu'ils trouveront à la fois des conseils, des guides, des modèles ;
c'est dans la retraite que, par la prière, le recueillement, les saintes méditations, ils s'enflamment d'une
ardeur nouvelle. . . qu'entièrement recueillis en
Dieu, et, pénétrés de son onction, ils s'abreuvent,
comme Élie, des eaux du torrent, et puisent cet iné-
narrable amour, cette charité divine qui doit ensuite
s'épancher de leur cœur, comme d'une source profonde, sur le troupeau qui leur est confié. »

Dans le monde, d'autre part, le réveil de la foi doit,
notamment, être demandé à l'établissement des missions (3) « Que de bien, dit-il, ne feraient-elles pas dans
nos campagnes et même dans nos villes ! Quel champ
à cultiver ! quelle moisson à recueillir ! Il faut avoir
été témoin des fruits de sanctification que peuvent produire quelques hommes véritablement apostoliques,
pour sentir combien ce moyen est puissant, et ce
qu'on peut s'en promettre, dans les circonstances actuelles. L'appareil de la mission, le zèle et les vertus des missionnaires, les exhortations, les prières,

(1) Pages 120 et suivantes.
(1) Page 124.
(1) Page 130.

le chant des cantiques, tout, et jusqu'à la nouveauté même de ce spectacle touche, remue, entraîne; et des paroisses entières ont été renouvelées, en quelques jours. Et pour opérer ces prodiges, que faut-il? de grands travaux? non, mais une grande foi. » (1)

Du reste, ajoute le vénéré « Père » : « le bien qu'ont fait les missions, les *Congrégations* le conservent et l'on ne saurait trop recommander ces pieuses associations, où la ferveur de chacun s'accroît de la ferveur de tous; où une heureuse émulation de sainteté s'établit, entre les personnes de même âge et de même condition, unies par les liens d'une charité mutuelle et par une touchante communauté de prières et de bonnes œuvres, où la faiblesse trouve un appui, l'inexpérience un guide, l'inconstance un frein, et toutes les vertus, des modèles. »

Voilà bien, n'est-ce pas, le programme de l'abbé Jean de la Mennais?

Nous verrons, d'ailleurs, dans la seconde partie de notre étude, comment il a su, merveilleusement, le mettre en pratique.

La part prépondérante dans les *Réflexions sur l'état de l'Église*, doit donc être attribuée à Jean.

Ce point nous paraît surtout résulter des idées et de l'esprit même du livre qui est, exactement, nous ne saurions trop le répéter, comme le magnifique programme que l'abbé Jean mettra ultérieurement en pratique, ainsi que le résumé des thèses de haute doctrine religieuse, qu'il reprendra et développera plus tard, dans son ouvrage sur la Tradition.

(1) *Réflexions* page 140.

Ici, trouve place, d'ailleurs, tout naturellement, une série de lettres, toutes fort curieuses et éminemment démonstratives.

Ainsi, le 12 mars 1809. M. Émery écrivait à l'abbé Bruté, parlant du manuscrit des *Réflexions* : « Le mémoire est très bien écrit et plein de bonnes vues. Il est des endroits qui pourraient déplaire au gouvernement, et il en est d'autres dont il ne pourrait qu'être content. Si Laréveillière-Lépaux vivait encore, je crois qu'il faudrait adoucir et supprimer son article. Si j'avais eu le temps, j'aurais pu faire quelques observations. *On voit bien que l'auteur est un ecclésiastique...* »

Et le 5 juillet 1809, le digne Sulpicien adresse encore ce mot à *Jean-Marie* de la Mennais : « J'ai bien des remerciements à vous faire de l'exemplaire de *votre* ouvrage, que vous avez bien voulu me faire remettre. Il honore également et vos talents et votre zèle. »

M. l'abbé Émery, supérieur de St-Sulpice.

La préface de l'ouvrage est encore, à ce point de vue, fort curieuse à rappeler.

« *Les Réflexions sur l'état de l'Église* », y est-il dit, « publiées en 1808, furent aussitôt saisies par la police de Buonaparte. On n'y a rien ajouté. Il y aurait trop à dire sur ce qui s'est passé depuis cette époque et sur ce qui

se passe encore aujourd'hui, relativement a l'Église de
France.

« Le reste du recueil que l'on offre au public se com-
pose d'articles qui ont paru dans les journaux, et de
quelques petits écrits de même genre que la censure,
au temps de sa splendeur, ne permit pas d'y insérer.
On y a joint, sous le titre de : « *Pensées diverses* », de
courtes réflexions sur différents sujets de religion et de
philosophie. »

Et parce que, aux yeux de tout le monde, il s'agit bien
là d'une œuvre inspirée par l'abbé Jean, parce que dans
l'ouvrage proprement dit, comme dans les réflexions qui
le suivent, on le retrouve tout entier spécialement dans
tout ce qui est relatif à l'éducation, aux écoles chrétiennes, à l'Université impériale, c'est lui et non Féli
qui reçoit, naturellement tous les assauts.

Ainsi, à la date du 8 octobre 1819, le comte de N...
adressait au rédacteur en chef du journal l'*Éducation*
une lettre excessivement curieuse, au point de vue qui
nous occupe. Parlant des libelles si virulents qui
s'élevèrent immédiatement contre le nouveau système
d'éducation créé par le régime impérial, l'auteur
s'exprime ainsi : « Au nombre de ces écrits se distingue
celui de *M. Robert de la Mennais, vicaire général du
diocèse de St-Brieuc...* »

Et l'auteur reproche alors à l'abbé Jean, en termes
trop violents pour que je les cite ici, les rudes et
hardies attaques de ce dernier, contre le nouvel enseignement et contre Napoléon qui voulait l'imposer
à la France.

Il est vraiment curieux de noter, au point de vue
qui nous occupe ici, que les *Réflexions* eurent trois
éditions successives. La première édition, comme nous

l'avons dit, est de 1808. Elle parut sans nom d'auteur et fut immédiatement saisie.

La deuxième édition est de 1814. C'est elle, qui souleva toutes les polémiques et les tempêtes dont nous venons de parler et dont Jean dut seul subir l'assaut.

Quant à la troisième édition, qui porte, celle-là, comme nom d'auteur, le nom de l'abbé F. de la Mennais, elle parut en 1825, et, depuis lors seulement, les *Réflexions* furent attribuées à ce dernier.

Comme conclusion de tout ce que nous venons de dire, nous estimons, nous, que les premières éditions des *Réflexions* sont dues à la plume de Jean, qui, d'ailleurs, durant ces premières éditions, en fut considéré comme l'auteur exclusif.

Plus tard, si, parfois, le rôle de l'abbé Jean fut, par certains, considéré comme moins prépondérant, dans cet ouvrage, c'est à cause, notamment, des articles divers qui y furent ajoutés sous le titre de « *Pensées* ».

Cependant, ces articles, eux-mêmes, s'ils sont dus à la plume de Féli furent, du moins, en partie, inspirés par Jean qui est, en tout cas et indiscutablement, le véritable auteur des « *Réflexions* ».

CHAPITRE VI

Ainsi que l'a dit si justement Fontenelle « l'*Imitation de Jésus-Christ* est le plus beau livre qui soit sorti de la main des hommes, puisque l'Évangile n'en vient pas. »

Il n'est donc pas étonnant que, depuis son apparition, ce livre admirable, paru sous le voile mystérieux de l'anonymat et qu'on a si justement appelé le *Livre des parfaits*, ait attiré, de suite, par son irrésistible charme, tant de pieux littérateurs.

Tous se sont efforcés de reproduire, dans leur langue maternelle, son texte si beau, si simple, si sublime, et par là même, aussi, si difficilement traduisible.

La plus ancienne des traductions méritant d'être citée,

a pour auteur, le chancelier de Marillac; elle fut éditée
en 1621.

En 1662, parut celle de le Maistre de Sacy; elle ob-
tint un grand succès et fut cependant fort améliorée
plus tard, par l'abbé de la Hogue, qui conserva, toutefois, le système de paraphrase adopté par de Sacy.

En 1740, vint la traduction du Père Lallemant et
en 1781, celle de Beauzée; traductions qui, toutes
deux, sans être parfaites, surent cependant éviter le
défaut, dans lequel était tombé le Maistre de Sacy.

Le grand Corneille, lui aussi, se laissa captiver, par
la magnificence du sujet et, c'est en vers, qu'il voulut
traduire l'*Imitation*.

Mentionnons également, ici, entre beaucoup d'autres,
la traduction de Gonnelieu qui a passé, longtemps,
pour la plus parfaite de toutes.

« *Habent sua fata libelli* ». Ce singulier jugement
que répète à peu près, dans les mêmes termes, chaque
nouvel éditeur de cette traduction, l'a rendue en
quelque sorte, l'objet d'un respect religieux qu'il semble
bien hardi de vouloir essayer de détruire. La vérité est
cependant que le P. Gonnelieu n'a jamais traduit
l'Imitation; que cette traduction, depuis si longtemps
honorée d'une si grande faveur est d'un libraire de
Paris, nommé Jean Cusson qui la fit paraître pour la
première fois en 1673, et que, bien qu'elle ait été
retouchée par J. B. Cusson, son fils, qui la publia de
nouveau en 1712, en y joignant alors, pour la première
fois, les pratiques du Père Gonnelieu, elle n'est, en
effet, qu'une continuelle et faible copie de Sacy et, à
notre avis, la plus médiocre de toutes les traductions
que nous venons de citer. »

Ainsi s'exprime, dans sa préface, l'auteur de la

traduction nouvelle de l'*Imitation* qui parut en 1820 (1) et est appelée populairement l'*Imitation du grand Lamennais*.

Et, en note, l'auteur ajoute : « Tous les traducteurs de l'Imitation n'ont cessé de se copier les uns les autres et Sacy est celui auquel on a le plus fréquemment emprunté. (Voyez la dissertation déjà citée.) Du reste tel est le désordre qui règne dans les réimpressions continuelles que l'on fait de ce livre, que ces pratiques du P. Gonnelieu se trouvent, dans plusieurs éditions, à la suite des traductions de Beauzée, de Lallemant, etc.; et, néanmoins, dans l'avertissement de l'éditeur, c'est toujours l'*excellente traduction* du P. Gonnelieu que l'on présente aux lecteurs, cette traduction qui surpasse toutes les autres, *pour la fidélité et l'onction.* »

Toujours est-il que venant, à son heure, cette traduction nouvelle de 1820 — cette *Imitation* du grand Lamennais — eut un retentissement considérable, et ce retentissement ne fit que s'accroître, avec les éditions qui se succédèrent, coup sur coup.

Ainsi c'est le *Mémorial Catholique* (2), qui s'exprime dans les termes suivants :

« Pour traduire l'imitation un véritable talent était nécessaire et ne suffisait pas; il fallait ne pas être étranger aux sentiments qui remplissait cette âme céleste; aussi la traduction de l'*Imitation* dont M. l'abbé de la Mennais a enrichi notre littérature, et dans laquelle tous les carac-

----

(1) *L'Imitation de Jésus-Christ* traduction nouvelle par E. Genoude, augmentée d'une Préface et de Réflexions à la fin de chaque chapitre par M. l'abbé F. de la Mennais. — Paris, à la librairie grecque-latine-allemande, rue de Seine, 12. — 1820.

(2) *Mémorial Catholique*, 1825, tome 4 p. 282.

tères de ce livre se trouvent reproduits autant qu'il était possible peut-être, ne doit pas être considéré simplement comme un nouveau titre ajouté à la gloire littéraire de l'auteur de l'*Essai*; c'est une œuvre à part qui honore l'âme autant que le génie de cet illustre écrivain. On éprouve, en effet en lisant cette traduction comme en lisant l'ouvrage même, une onction touchante qui ne peut venir que du cœur; la piété, l'amour divin y parlent une langue qui n'a pu être apprise que dans la méditation, et aux pieds de Jésus-Christ. Mais c'est surtout cette étonnante simplicité qui distingue le livre de l'Imitation, et qui, constamment empreinte dans le style du traducteur, comme dans celui de l'auteur original, prouve qu'ils ont travaillé tous les deux dans le même esprit, qu'ils ont pratiqué en écrivant cette maxime : *Ama nesciri et pro nihilo reputari, Aimez à vous faire ignorer et à ne paraître en rien* ». En effet nulle part l'écrivain ne se montre; jamais une beauté indiscrète ne trahit la plume brillante; les pensées qui vous ravissent le plus ne vous charment que par leur propre beauté; elles ont l'air de ne devoir rien à l'expression : il n'y a de parole que ce qui était indispensable pour être entendu, et ce n'est qu'avec de la réflexion et de l'étude qu'on aperçoit toutes les beautés cachées dans l'humilité d'un style où l'auteur n'a cherché qu'à disparaître et à se faire oublier.

« Nous n'aurions pas osé nous prononcer avec autant de franchise sur le mérite de cette traduction au moment où elle fut publiée; car le *Mémorial Catholique* craint d'être suspect à quelques uns de ses lecteurs lorsqu'il parle de M. l'abbé de La Mennais. Mais aujourd'hui, qu'en rendant compte de l'impression que nous avons éprouvée en lisant cet ouvrage, nous n'avons fait que rendre l'impression générale qu'il a produite, nous avons cru pouvoir être juste après le public, et rien n'a pu nous empêcher d'exprimer toute notre pensée sur une traduction qui n'est pas seulement supérieure à toutes celles qui l'ont précédée, mais qui restera, nous osons le prédire comme un modèle qui ne sera pas surpassé. »

Telle était, du reste, l'opinion générale. En effet, à cette note, du *Mémorial catholique*, que nous citions à l'instant, nous pourrions, en vérité, joindre l'appréciation à peu près unanime de tous les journaux et recueils de l'époque.

Ainsi, c'est encore *le Défenseur* qui s'exprime ainsi : « Je ne m'arrêterai pas à l'*Imitation de Jésus-Christ*, traduite de nouveau par M. Genoude et augmentée d'une Préface, de Réflexions à la fin de chaque chapitre par M. de la Mennais. Je reconnais mon impuissance à rien dire de nouveau sur ce livre, *le plus beau qui soit sorti de la main des hommes, puisque l'Évangile n'en vient pas*. Je dirai seulement que la nouvelle traduction de M. Genoude est supérieure à toutes celles qui ont paru jusqu'à présent et que la Préface et les Réflexions de M. de la Mennais pouvaient seules ajouter un nouveau prix au plus admirable des livres. » (1)

Un seul journal de l'époque, d'après les recherches auxquelles nous nous sommes livrés, laisse cependant entendre que Félicité n'est pas l'unique auteur des admirables Réflexions qui accompagnent la nouvelle traduction de 1820.

_____

(1) *Le Défenseur*, année 1821, tome VI. p. 396. — Paris, Librairie grecque-française-latine, 12, rue de Seine.

« La Préface, dit ce journal » (1) est de Monsieur de la Mennais et porte le cachet de ce grand écrivain. Ce qu'il dit sur l'*Imitation* et sur les livres de piété, en général, est plein de justesse et de vérité. Les Réflexions qui suivent chaque chapitre sont aussi **en partie** du même auteur. Ces Réflexions suppléeront heureusement aux Pratiques du Père Gonnelieu ; elles sont rédigées avec autant de talent que de piété et renferment tantôt des pensées fortes, tantôt des mouvements affectueux du cœur qui plairont aux âmes sensibles... »

Mais, ne serait-il pas oiseux d'insister, plus longuement, sur ce point? Est-ce qu'en effet, malgré cette note du journal *l'Ami de la religion et du roi*, note vague, d'ailleurs, et qui dut, à l'époque, passer inaperçue, on a jamais songé à douter sérieusement que « l'*Imitation* de Lamennais » n'est pas due, exclusivement, à son immortel et merveilleux génie?

Et, aujourd'hui, surtout, l'opinion, n'est-elle pas, encore bien plus enracinée dans ce sens?

Comment, d'ailleurs, en serait-il autrement si l'on songe, seulement, au nombre considérable d'éditions qui ont été publiées et se publient encore, tous les jours, avec le nom de Félicité de la Mennais comme auteur, aussi bien de la Traduction que des Réflexions qui l'accompagnent. (2)

---

(1) *L'Ami de la religion et du roi*, année 1820, tome XXIV, p. 275.

(2) Voir l'*Imitation de J.-C. traduction nouvelle, par E. Genoude augmentée d'une Préface et de Réflexions à la fin de chaque chapitre* par l'abbé F. de La Mennais. Paris, à la librairie grecque-latine allemande, rue de Seine, 12 — 1820.

Voir en outre, d'après Quérard : *Notice bibliographique des ouvrages de M. de la Mennais* page 11 — Paris, l'Editeur.)

Paris 1824 (in-18) Margueritte, — Autres éditions : Paris, rue du Paon 1823 — Paris, Lasneau 1825.

C'est, en réalité, seulement, en 1849, que pour la première fois, Félicité de la Mennais fut accusé, de n'être pas l'auteur véritable de *l'Imitation* qui porte son nom.

Encore, M. Madrolle qui émet cette opinion, apporte-t-il bien moins une preuve qu'une impression, inspirée surtout par la conduite de l'infortuné Féli.

Voici, au surplus, comment, en termes d'une excessive vivacité, il s'exprime, à ce sujet, d'après J. M. Quérard que je copie textuellement : (1)

« Un écrivain si haineux, dit-il, ne saurait être auteur ascétique. Il a mis son nom, mais pas son âme, ni même sa plume, à la plus grande partie des ouvrages cités sous les numéros I à VII de la *Bibliothèque des Dames chré-*

XIVe édition, (Paris). Pagnerre, Perrotin, Furne 1845.

En outre de ce catalogue, voir encore notamment : Paris — Librairie classique élémentaire, rue du Paon n° 8, 1824. — id. la même édition de 1824, mais portant *troisième édition.* — Didot ainé, 1825. — Belin-Mandard 1831. — (Paris) Pagnerre 1841 — Sagnier et Bray 1854 — Mame Tours 1864. — Pellion et Marchet frères 1870 — Mame (Tours) 1880 — Palmé (Paris) 1883 — Mame (Tours) 1884 — Braine le Comte 1891 — Marc Barbou (Limoges) 1892 — Benziger 1892...

Toutes ces éditions, sauf la 1re dont nous parlerons plus loin indiquent invariablement Félicité comme auteur de la Traduction et des Réflexions.

Lire également A.-A. Barbier dans son ouvrage : « *Dissertation sur soixante traductions françaises de l'Imitation de J.-C* (Paris 1812 in-12 et in 8.)

Edition précédée de prières pendant la messe, par le **Père** *Sanadon* de la Compagnie de Jésus. (Paris), Lasneau 1826. Deux éditions dans la même année.

Avec les prières du Père *Sanadon*, Belin-Mandard et Devaux. 1827, — (Paris), les mêmes 1828.

VIIe édition (Paris) Belin-Mandard 1832, (in-32.)

VIIIe édition, (Paris) Daubrée, 1836, (in.-32.)

(Paris). Delloe; Lecou 1837 — (Paris) Picard 1839-1841-1842.

X^e édition, (Paris) Picard 1843.

XIIe édition, (Paris) Furne, 1844.

(1) *Notice bibliographique des ouvrages de M. de la Mennais,* précité — page 62 (en note).

tiennes » . . . (1) Pour nous, nous croyons, que la publication de ces petits ouvrages, avait moins un but pieux, que la création d'un fonds de librairie. On se rappelle qu'à l'exemple de l'abbé Ganith, éditeur de la « Bibliothèque Catholique », et de quelques autres abbés qui s'étaient faits marchands, Monsieur de la Mennais, vers 1820, se fit libraire, en société avec M. B. de Saint-Victor, d'abord sous la Raison Lesage, ensuite sous celle de Belin-Mandard et Devaux. « L'abbé de la Mennais est entré en pure perte dans toutes sortes de spéculations, indignes, «je ne dirai pas, dit M. Madrolle, du sacerdoce et de la «pure philosophie, mais de la noblesse bretonne, à la-«quelle il prétend appartenir » . M. de la Mennais éprouva peu après un malheur plus grand et une perte plus sensible, par la rupture de ses liaisons avec l'homme de lettres qui, après l'avoir entraîné dans une entreprise littéraire et de librairie, abusa de sa confiance et compromit sa signature pour une somme qui représentait la valeur de toute la fortune de son généreux associé.

« La perte fut si énorme que M. de la Mennais dut souscrire à M. Belin-Mandard des billets de commerce, une seule fois, pour 60 000 francs, qui ont entraîné sa condamnation, même par corps, à la requête de M. de la Bouillerie, et par contre-coup, la cessation de *l'Avenir* et la fuite à Rome ». (Voyez *l'Ami de la Religion* du 20 décembre 1831.)

Je sais bien qu'avant la brochure de M. Madrolle parut aussi, dès 1824, un *Examen* (2) *d'une traduction nouvelle de l'Imitation de J.-C. par l'abbé de la Mennais*

(1) Sous le n° 1 *(Écrits ascétiques.)* figure le *Guide Spirituel*, dont nous parlerons dans le chapitre suivant et, sous le n° 21 figure *l'Imitation*.

(2) Paris, Dantu 1824 in-8 de 12 pages.

ou M. de la Mennais convaincu de plagiat; par J. B. Salgues.

Mais ce libelle de 12 pages, d'ailleurs fort inexact, n'offre qu'un intérêt bien relatif.

Forcément, en effet, une traduction nouvelle a des analogies avec celles qui la précèdent.

Forcément, les traductions du père Lallemant ou de Genoude... ressemblent donc à celle de la Mennais, puisqu'elles sont, toutes également, la paraphrase plus ou moins heureuse du même texte.

C'est pourquoi aussi l'intérêt de cette étude nous semble, en réalité, résider tout spécialement dans la recherche, surtout, du véritable auteur des *Réflexions*.

En tout cas, cette question complexe sommeillait depuis longtemps, quand parut, le 5 décembre 1884 l'article suivant dans le journal *Le Monde* :

« Une passion de notre temps qui vaut mieux que celle du bibelot, c'est la recherche de la vérité, dans les faits historiques. On s'inquiète des documents et des preuves, on révise, on rectifie. Dans cet ordre d'études nous recevons de M. le chanoine Auber, historiographe du diocèse de Poitiers, une bienveillante communication que nous nous empressons de transmettre à nos lecteurs. Elle éclaircit, en effet, un point d'histoire littéraire qui, sans être des plus importants, n'est pas dénué d'intérêt.

« Dans le *Monde* du 20 novembre, M. le Marquis de Ségur parlant de l'ouvrage de Mᵍʳ Ricard, sur l'*École Menaisienne*, a rappelé un mot de M. de Sacy, à propos de la traduction de l'*Imitation de Jésus-Christ*, par Féli de la Mennais. « C'est le chef-d'œuvre de l'écrivain, non moins que le chef-d'œuvre du prêtre. »

« Or, nous écrit M. le chanoine Auber, F. de la

Mennais n'a jamais traduit l'*Imitation* et parmi les *Réflexions* qui accompagnent la traduction qui lui est attribuée, dix-sept seulement sont de lui.

« Monsieur Auber en a reçu l'aveu de la bouche de F. de la Mennais, en 1828. « C'est, à moi-même, dit-il, qu'en 1828, l'écrivain affirma que sa prétendue traduction était l'œuvre *d'une main à lui connue*, laquelle s'était efforcée, ajoutait-il, de fondre dans une traduction nouvelle, ce qu'il y avait de meilleur dans les autres... Il m'affirma aussi qu'il n'était pas même l'auteur des Réflexions ajoutées à chaque chapitre, qu'il n'en avait écrit que quelques-unes et que l'erreur qui lui avait prêté tout l'ouvrage, venait de la contexture du titre : *Traduction nouvelle, avec des Réflexions* par l'abbé F. de la Mennais.... Il me parut aussi qu'il ne cherchait pas à réclamer contre cette fausse interprétation qui ne lui faisait aucun tort et tournait à l'avantage du livre. »

« Ceci se passait à la préfecture de Gap, occupée alors par M. le Marquis de Roussy. « Mme de Roussy, » ajoute M. le chanoine Auber, « pria l'auteur de l'*Essai sur l'Indifférence*, de marquer, lui-même, sur l'exemplaire qu'elle possédait, ce qui était de lui parmi tant de choses qui n'en étaient pas. Il s'y prêta sans retard et se servit d'un crayon que je lui offris, et que j'ai encore, pour indiquer d'une petite croix, ses chapitres, dans l'ordre suivant, que je copie aujourd'hui sur mon propre exemplaire :

« *Livre I* : Les Réflexions des chapitres 5, 17, 21.

« *Livre II* : Celles des chapitres 7, 8, 11, 12.

« *Livre III* : Celles des chapitres 15, 34, 43, 50, 51, 53, 54, 55, 58.

« Il n'y en a pas de lui pour le IVe livre.

6

« De l'examen de la première édition de la *Traduction nouvelle*, en 1820, M. Auber infère qu'elle avait pour auteur M. Eugène Genoude.

« Ce qu'il nous écrit aujourd'hui, M. le chanoine Auber l'avait déjà publié, il y a six ans, dans la Préface d'une nouvelle édition qu'il donnait de l'*Imitation* de Gonnelieu, « avec des Réflexions à la fin de chaque « chapitre à l'usage du clergé. » Après avoir exposé ses preuves, il mettait les partisans de l'opinion contraire, au défi de produire le manuscrit de Féli de la Mennais. Le défi n'a pas encore été relevé. »

Après cet article la question semblait résolue; elle ne l'était nullement.

En effet, dans son numéro du 20 décembre de la même année, le journal le *Monde* s'empressait d'insérer la rectification suivante :

« Féli de la Mennais n'a jamais traduit l'*Imitation de Jésus-Christ* : telle est la conclusion à laquelle nous avions cru pouvoir nous arrêter, sur le témoignage précis de M. le chanoine Auber, historiographe du diocèse de Poitiers, qui, en 1828, en avait reçu l'aveu de la bouche même du célèbre écrivain. Mais une lettre qu'un vénérable prêtre du diocèse de Lyon, M. l'abbé Genthon, a bien voulu nous adresser vient contredire cette conclusion.

« Ce qui était vrai, nous écrit M. l'abbé Genthon, à la préfecture de Gap, en 1828, ne l'était plus, à Paris et à la Chesnaie, à la fin de l'année 1829.

« Alors, l'abbé Féli de la Mennais, se croyant dégagé vis-à-vis de MM. Genoude et de Saint-Victor, avait voulu avoir une *Imitation* toute à lui, soit pour la traduction, soit pour les réflexions. Il l'avait fait imprimer, à Paris, chez Lecoffre, si je ne me trompe, dit

M. l'abbé Genthon. Elle arriva bientôt à la Chesnaie, où avec son saint frère l'abbé Jean-Marie, un groupe nombreux de disciples entouraient Féli de la Mennais, parmi lesquels l'abbé Gerbet, MM. Blanc, Rohrbacher, Jourdain, Sainte-Foi, Léon et Eugène Boré, de la Provostaye, Elie de Kertanguy et M. Genthon, lui-même, un témoin connu, on le voit, bien autorisé, aujourd'hui le seul survivant.

« L'apparition de l'*Imitation*, livre du Maître, fut un événement de famille et un événement littéraire, accueilli avec enthousiasme. M. l'abbé Genthon en conserve encore le souvenir, dans toute sa vivacité. Il possède toujours son exemplaire de 1829, reçu à la Chesnaie de la main de l'abbé Féli, lui-même. Malheureusement, nous écrit-il, le frontispice, et avec lui le nom de l'éditeur et la date manquent, mais je ne saurais me tromper sur un événement qui a si fortement impressionné ma jeunesse. »

« Notre vénérable correspondant nous cite les phrases suivantes comme se trouvant dans la préface de la vraie traduction de Féli de la Mennais : *Rien n'est utile pour le salut que ce qui repose sur l'humilité... Ne croire que soi et n'aimer que soi est le caractère de l'orgueil.* (1)

« Ainsi, il y aurait deux traductions, portant le nom de Féli de la Mennais, l'une qui ne renfermerait de lui que les dix-sept Réflexions que nous avons indiquées, d'après M. le chanoine Auber, dans notre numéro du 5 décembre, l'autre qui serait tout entière de lui, Traduction et Réflexions. *Habent fata sua libelli!*

Quelle a été depuis cinquante ans la fortune de ces

______

(1) Le passage se trouve en mot à mot *(Édition* de 1824, préface, p. 7).

deux ouvrages? Voilà une question qui ne nous paraît pas dénuée d'intérêt et que nous signalons à la curiosité des bibliographes. »

A son tour, M. l'abbé Roussel, dans son étude sur Félicité de la Mennais, s'exprime exactement de la même façon, combattant toutefois l'idée que Genoude pût être l'auteur des *Réflexions*. (1)

C'est, dans le même sens, encore, que s'exprime le R. P. Mercier (2), quand il rapporte, lui aussi, la conversation qui eut lieu, dans le salon de Mme de Roussy, en l'empruntant à M. l'abbé Roussel.

Cependant, de l'ouvrage du R. P. Mercier je dois détacher ce passage très précis et sur lequel nous reviendrons, dans un instant.

« Il faut distinguer, avec M. Houet, entre les premières éditions et les suivantes. Ce n'est qu'en 1824 que parut la traduction de la Mennais, lui même. Tant qu'il vécut, l'écrivain ne cessa de réimprimer son *Imitation*, **sans rien changer au texte,** mais il n'en fut pas de même pour les *Réflexions* » *!!!* (3)

A l'heure actuelle, voici où en est la question, étrange et nébuleuse question, dont la solution véritable n'a pas encore pu être dévoilée !

Si, en effet, de l'ensemble des autorités que nous citions à l'instant, il résulte qu'au moins, jusqu'en 1829, Féli ne serait pas, vraisemblablement l'auteur de *l'Imitation* que son nom a immortalisé, il reste à rechercher quel est alors cet auteur ?

---

(1) *Lamennais, d'après des documents inédits* par Alfred Rouxel, de l'Oratoire, page 212 et suivantes. Caillière éditeur, Rennes, 1892.

(2) *La Mennais, d'après sa correspondance et les travaux les plus récents* par le R. P. Mercier, Paris librairie V. Lecoffre, 1895, page 123.

(3) R. P. Mercier, précité page 123.

Oui, quel est-il celui-là qui, conservant le voile de l'anonymat, a pu laisser ainsi Féli profiter des éloges si unanimes, des articles de presse si enthousiastes, de l'engouement si justifié dont, dès son apparition, fut, universellement, saluée la nouvelle *Imitation de la Mennais.*

Tout cet encens dont, à cette époque, on enivrait Féli; toutes ces couronnes qu'on lui tressait, cette merveilleuse auréole de génie dont on illuminait son front... tout cela, Féli n'y avait donc pas droit?

« Ce livre de génie qui attendait un autre génie pour le traduire (1) » n'aurait donc pas été traduit par le génie de Féli! En l'espèce, le génie de Féli serait apocryphe et c'est un autre génie qui aurait fait tout le travail!

Et ce génie se taisait; il ne protestait pas!

Mais, alors, il devait donc ressentir pour Féli une bien profonde affection? Il devait être lié, à lui, par des liens bien étroits?

Oui, pour se taire, en pareille circonstance, pour ne pas revendiquer le plus petit grain de tout cet encens, dont Féli de la Mennais était enivré aux dépens d'un autre, il fallait, vraiment, à cet autre, une surhumaine modestie, un caractère de fer, une âme de saint!

Et quel était donc cet autre, à la surhumaine modestie, au caractère de fer et à l'âme de saint? Voici la question et cette question est bien, certes, l'une des plus attrayantes et des plus suggestives, dans l'histoire littéraire de ce siècle!

Oui! *Habent sua fata libelli!*

___

(1) Quérard, précité *(Notice bibliographique des ouvrages de M. F. de la Mennais.)*

Oui. Il semble vraiment que ce livre admirable de l'Imitation doit demeurer toujours entouré de mystères ! Est-ce A-Kempis ou bien l'abbé Gersen ou le chancelier Gerson qu'on doit considérer comme l'auteur véritable de *l'Imitation ?*

Problème nébuleux dont les savants n'ont su encore dissiper les brouillards.

De qui est la Traduction faussement attribuée à Gonnelieu ?

Quelle est maintenant, cette **main inconnue** qui a écrit, en 1824, la Traduction attribuée à tort, à Félicité de la Mennais ?

Quel écrivain, surtout, a écrit ces Réflexions qui semblent comme on l'a dit, si justement, des *post-scriptum* que l'auteur, A-Kempis, ou l'abbé Gersen, ou encore le chancelier *Gerson* aurait ajoutés, lui-même, à son admirable livre ?

Habent sua fata libelli !...

Reprenant, à notre tour, la question, essayons donc de la dégager des obscurités qui la voilent et des contradictions qui la compliquent.

Et, d'abord examinons l'édition première, l'édition de 1820.

J'ai, entre les mains, en ce moment, un exemplaire de cette édition, depuis bien longtemps sortie de librairie. Cet exemplaire est même celui que possédait le « Père »; celui qu'il avait toujours à son chevet et dont il ne manquait jamais de lire un chapitre, avant de s'endormir.

Cet exemplaire, rappelons-le, porte, exactement le titre suivant : « *L'Imitation de Jésus-Christ. Traduction nouvelle par E. Genoude, augmentée d'une préface et de Réflexions, à la fin de chaque chapitre, par M. l'abbé F.*

de la Mennais. Paris à la librairie grecque-latine-allemande, rue de Seine, nº 12 (1820.)

De ce titre, il ressort, pleinement, que cette première édition de 1820, avait pour auteur de la Traduction nouvelle, non pas Félicité de la Mennais, mais bien Genoude, Félicité de la Mennais étant seulement l'auteur de la *Préface* et des *Réflexions*.

De ce qui précède, on pourrait inférer que Félicité est l'auteur de la *Préface* et des *Réflexions* de l'édition de 1820. Nous allons démontrer que cela n'est pas fondé.

L'édition dont je parle ici et que l'on considère souvent bien à tort, comme la première édition de « *l'Imitation* de la Mennais » porte le titre suivant « L'Imitation de Jésus-Christ, *Traduction nouvelle*, avec des Réflexions, à la fin de chaque chapitre, par l'abbé F. de la Mennais. 1824 »

Cette fois *Traduction* et *Réflexions* seraient bien de Félicité.

Le titre est fort clair, la préface ne l'est pas moins.

« Quoique, y est-il dit, M. Genoude, surtout dans les deux premiers livres, les ait quelquefois corrigées heureusement, (il s'agit des traductions précédentes), peut-être laisse-t-il encore quelque chose à désirer. Il nous a paru, du moins, qu'on pouvait, en conservant ce qu'il y a de bon dans les traductions anciennes, essayer de reproduire plus fidèlement quelques unes des beautés de l'*Imitation*.

« En ce genre de travail, venir le dernier est un avantage : heureux si nous avons su en profiter pour le bien des âmes et si nous pouvons ainsi avoir quelque petite part, dans les fruits abondants que produit tous les jours ce saint livre ! ! »

Ainsi, s'exprime Félicité, dans cette édition de 1824, édition que j'ai aussi, entre les mains. Et, tout comme en 1820, il donne, cette fois encore, comme de lui les Réflexions et la Préface.

Cette fois, en outre, il signe la Traduction. Or, ni dans l'édition de 1820, ni dans l'édition de 1824, les Réflexions, d'ailleurs absolument identiques dans l'une et l'autre de ces éditions ne sont de lui.

De lui, n'est pas davantage la Traduction qu'on lui attribue, dans l'édition de 1824.

Et ce point est facile à démontrer.

Je compare, d'abord, les deux préfaces de 1820 et 1824 et j'y remarque, de suite, dans l'une comme dans l'autre, une toute petite phrase, si timidement glissée, dans le texte, que ni personne, ni la Presse, sauf *l'Ami de la Religion* n'y apportèrent, à l'époque, la moindre importance.

Cette toute petite phrase, la voici, avec la curieuse divergence que Félicité crut devoir lui donner, dans l'édition de 1824 :

Édition de 1820	Édition de 1824
Préface page XVII — XVIII	*Préface page X*
Un homme de beaucoup de talent, et ce qui vaut mieux encore D'UNE PIÉTÉ TROP RARE AUJOURD'HUI, a bien voulu, NOUS AIDER DANS CE TRAVAIL, que nous prions Dieu de bénir et de faire fructifier.	Un homme de beaucoup de talent, et, ce qui vaut mieux encore, D'UNE PIÉTÉ TROP RARE AUJOURD'HUI, a bien voulu se charger *de la plus grande partie* de ce travail, que nous prions Dieu de bénir et de faire fructifier.

Au surplus, en 1828, dans le salon de Mme de Roussy,

Félicité, comme nous l'avons vu, va préciser quelle est la part de collaboration revenant à **cet homme de beaucoup de talent, et, ce qui vaut mieux encore d'une piété trop rare aujourd'hui.** Ce n'est pas lui, va-t-il même avouer, l'auteur de la *Traduction* qu'il signe, depuis 1824.

Ce n'est même pas lui, encore, l'auteur véritable des admirables *Réflexions* qui portent son nom dans les éditions de 1820 et 1824.

En réalité, des cent quinze Réflexions qui existent, dix-sept seulement seraient son œuvre et, ces dix-sept, il les pointe, avec le crayon, dont parle le chanoine Auber...

Mais est-ce donc même dix-sept Réflexions qui sont dues à Félicité?

Et pourquoi, encore, cette nouvelle question?

C'est que je retrouve bien, toujours identiques, depuis 1820, dans toutes les éditions successives de l'Imitation, les 17 Réflexions pointées au crayon, dans le salon de Mme de Roussy (1); je les retrouve, même encore identiques, à partir de cet événement de 1829, dont parle Genthon, alors que, cependant, toutes les autres Réflexions ont été modifiées. Ce rapprochement paraît bien faire supposer que les Réflexions, toujours les mêmes, ce sont celles-là qui, dès le principe, étaient l'œuvre de Félicité. Mais les AVIS des éditeurs de 1831 et 1854, laissent planer quelque doute sur ce point, et il nous paraît intéressant de les mettre en regard sous les yeux du lecteur :

______

(1) Si je voulais préciser davantage, je dirais même que, dans toutes les éditions, depuis 1820, on retrouve non pas seulement toujours les mêmes, les dix-sept Réflexions pointées par Féli, mais d'autres encore: Ainsi, les Réflexions qui suivent les chapitres 13, 18, et 19 (livre 1er); enfin, les Réflexions 13, 16, 17 (livre IV), extraites de Bossuet, sont aussi toujours identiques.

Avis des éditeurs (1)

« La plupart de celles (les Réflexions) qu'on lit dans les éditions précédentes n'étaient pas de l'auteur de la traduction, et l'on avait eu soin d'en avertir page x de la préface. On les a retranchées, dans celle-ci, et M. de la Mennais y en a substitué de nouvelles, ce qui donne plus d'unité à son ouvrage. On n'a d'ailleurs rien négligé, sous le rapport typographique, pour rendre cette édition digne du succès que les autres ont obtenu. »

Avis des éditeurs (2)

« Les personnes qui recherchent, avec une préférence fondée sur le mérite incontestable de la Traduction et surtout des Réflexions, *l'Imitation de J.-C.* de M. l'abbé de la Mennais sont induites en erreur, lorsqu'on leur présente comme enrichie de ces Réflexions, la Traduction qui a paru sous le nom de M. Genoude. Ce qui a paru accréditer cette erreur, c'est que M. de la Mennais a donné en effet, des Réflexions pour *quatre ou cinq chapitres* de cette Traduction, lorsqu'elle a été publiée par les Editeurs des Dames chrétiennes. » (3)

Pour être complet dans notre exposé, ajoutons qu'il y a longtemps, même, qu'a disparu dans les préfaces des éditions que nous signalions à l'instant, la petite phrase, d'ailleurs fort timide, faisant allusion au mystérieux collaborateur de 1820 et de 1824, et, ce-

(1) *L'Imitation de J.-C.* Traduction nouvelle avec des Réflexions à la fin de chaque chapitre, par M. l'abbé F. de la Mennais, Paris Belin-Mandard libraires, 1831 (page 1 et 2).

(2) *L'Imitation de J.-C.* Traduction nouvelle avec des Réflexions à la fin de chaque chahitre, par F. de la Mennais, 29ᵉ édition, Paris, Sannier et Bray éditeurs, 1854, page 1.

(3) Notez que cet avertissement se retrouvera, toujours désormais, identiquement le même, notamment, dans toutes les éditions successives d'Ambroise Bray. Ainsi en 1858, et 1863. (40ᵉ et 52ᵉ édition).

pendant, c'est toujours cette préface, ainsi tronquée, qui précède toutes les éditions actuelles, avec le millésime, décembre 1824.

Et pourquoi donc une pareille façon d'agir?

Pauvre page X!!...

Mais, alors, qui est donc l'auteur véritable tant de la *Traduction* de l'*Imitation*, que des *Réflexions* qui l'accompagnent? Quel est celui qui a bien voulu ainsi, si bénévolement, se laisser dépouiller? Quel est cet homme de *beaucoup de talent et ce qui vaut mieux encore d'une piété trop rare aujourd'hui*, auquel il est fait allusion dans les préfaces de 1820 et 1824? Quelle est cette MAIN AMIE, dont parle Félicité, dans le salon de Mme de Roussy?

Cet homme de beaucoup de talent et ce qui *vaut mieux* ENCORE D'UNE PIÉTÉ TROP RARE AUJOURD'HUI : *C'est l'abbé Jean de la Mennais.*

Cette *main amie*, c'est la main du « *Père.* »

A la date du 20 août 1820, l'abbé Jean de la Mennais avait adressé à Mgr de la Romagère sa démission de Vicaire Général du diocèse de S.-Brieuc et ce n'est que le 22 novembre 1822, qu'il partit prendre son poste de Vicaire général de la Grande Aumônerie.

Or, c'est durant cet espace de temps, que le « Père » qui n'était pas homme à se croiser les bras, occupa ses loisirs à écrire son admirable livre.

Et, dans son admirable livre, on retrouve, en vérité, Jean de la Mennais tout entier : son genre de style, sa ponctuation favorite, ses tournures de phrases, ses idées et ses expressions les plus habituelles.

On y retrouve surtout son âme, son âme ardente et profondément pieuse; son âme digne de ce livre des parfaits; *son âme de saint.* Et les admirables Réflexions qui jaillissent de sa plume inspirée n'en sont en vérité que le fidèle et merveilleux miroir.

D'ailleurs, si comme livre de piété, l'idéal du « Père » fut toujours *l'Imitation* dont, chaque soir, il lisait un chapitre, avant de s'endormir; l'idéal du « Père » fut aussi *la vie de Mgr de Solminiac*, ainsi que le « *Guide spirituel* » ou le « *Miroir des âmes religieuses* » par Louis de Blois.

« J'espère, mon ami, que vous serez content de Louis de Blois : il est si pieux! si saint! Il parle du bon Dieu avec un amour si vif, avec une onction si pénétrante! Les maximes les plus pures de la vie spirituelle coulent de sa plume, ou plutôt, sortent de son cœur, avec une douceur ineffable, comme le lait du sein d'une nourrice.

« Tenez, j'aime, de toute mon âme, ce bon Louis de Blois. »

Ainsi écrivait (1) le « Père » à son ami M. Bruté.

Or, entre ces différents ouvrages, l'*Imitation* du « Père », et le *Guide spirituel* quel curieux et éloquent rapprochement on pourrait faire!

En se souvenant que le *Guide spirituel*, — ce que nous démontrerons, dans le chapitre suivant, — a été traduit par le « Père », ils tireront, forcément, sur la paternité de l'*Imitation* de La Mennais, la même conclusion que nous.

Du reste, si en 1828, Félicité a déclaré qu'il n'était, en réalité, l'auteur ni de la Traduction, ni des Réflexions, l'abbé Jean-Marie, de son côté, à différentes reprises, a avoué que cet ouvrage était bien son œuvre.

Il l'a avoué à l'abbé Ruault, l'ancien aumônier de l'Institut; à l'abbé Hérisson, curé de Mordelles; au

____

(1) *Lettres inédites*, précitées, page 51 et 52, (lettre écrite en 1809).

cher Frère Maximilien (1). Il l'a formellement déclaré au cher Frère Donat, celui-là qui était spécialement attaché à sa personne.

Et quand, les jours derniers, je posais à ce bon Frère, une fois encore cette question :

— Est-ce donc bien certain que le « Père » vous a déclaré que l'*Imitation* était son œuvre?

— Mais, me répondait-il, je vous l'ai déjà dit. Et est-ce que vous croyez, par exemple, que je doute de sa parole!

— Non, mon cher Frère Donat, je n'en doute en aucune façon, d'autant que votre parole se corrobore d'une multiplicité d'arguments qui nous donnent l'évidence.

Et telle était, du reste, à l'époque où vivait le Père, l'opinion unanime, ainsi que me l'a déclaré, notamment M. l'abbé Rozé, enfant de Ploërmel et ancien recteur de Saint-Nicolas.

— « Tout le monde, me disait ce vénérable ecclésiastique, qui a beaucoup connu le « Père, » était intimement convaincu que c'était bien lui l'auteur de l'Imitation. *Cela ne faisait doute pour personne.* Il fallait, du reste, pour écrire l'*Imitation*, sa profonde piété, sa foi ardente, son intime connaissance de la vie intérieure et Féli ne possédait pas toutes ces qualités. »

Mais, nous dira-t-on, Féli signait ? — Sans doute, répondrons-nous, et, en réalité, Jean en était enchanté.

___

(1) Le Frère Maximilien se plaisait même, souvent, à rappeler à ses confrères cette déclaration du « Père ». Le Frère Odile a bien voulu nous l'assurer dans l'enquête que nous avons faite, très minutieusement, pour éclaircir, aussi bien par les témoignages que par les autres preuves, le curieux point d'histoire littéraire que nous traitons ici.

Car il se disait avec raison, que plus Féli se serait manifesté, comme auteur ascétique, moins il oserait, plus tard, se modifier et plus, dès lors, sa conversion serait persistante.

L'*Imitation de la Mennais*, est bien, on peut l'affirmer, l'œuvre du « Père. »

Certes, je ne prétends pas, par cette modeste étude, porter atteinte au génie si grand et si malheureux de Félicité.

J'ai voulu, seulement, ici, éclaircir un des points, les moins connus de la curieuse collaboration des frères de la Mennais et rendre au trop modeste abbé Jean, dans le domaine des lettres, la haute et glorieuse place, à laquelle il a droit.

Pour être complet, je dois ici m'arrêter un instant à l'objection de M. l'abbé Genthon, disant que si, en 1828, Félicité de la Mennais n'était pas l'auteur véritable de l'*Imitation*, il en était autrement à la fin de 1829.

Sans doute, en effet, postérieurement à 1828, parut une nouvelle édition de l'*Imitation*, que, cette fois, Féli aurait déclaré être son œuvre.

Dans cette édition, je le sais, les Réflexions ne sont plus les mêmes, sauf vingt toutefois, qui restent absolument identiques à celles des éditions antérieures.

Quant à la Traduction, elle est mot à mot, la reproduction de ses devancières, ainsi que le remarque, très judicieusement, le Révérend Père Mercier, dont nous avons déjà cité l'opinion, à ce sujet.

Et dans ces conditions peut-on dire même, que, depuis 1829, l'*Imitation de La Mennais* est devenue l'œuvre de Félicité?

Non, d'une façon absolue.

Et en 1829, il a trompé ses amis, si comme le déclare le vénérable abbé Genthon il s'est donné alors, comme l'auteur *d'une nouvelle Traduction,* puisque la Traduction de 1829 et années suivantes est, mot à mot, identique aux autres Traductions depuis 1824.

C'est donc le génie de Jean et non pas celui de Féli, qui méritait les magnifiques éloges, dont fut saluée, dès son aurore, l'*Imitation de Lamennais* et lui ont assuré, de suite, une place d'honneur, parmi les premiers chefs-d'œuvre de notre littérature.

Et, maintenant, qu'il me soit permis d'émettre un vœu, en terminant cette étude.

Puisse l'*Imitation de 1824* qui est *en entier l'œuvre du Père* être rééditée, par ses enfants, pour la consolation des âmes pieuses!

Puisse cette *Imitation* de 1824, celle-là qui eut l'immense retentissement dont nous avons parlé, être ramenée à son texte original, tel qu'il sortit de la main du « Père ». Puisse, enfin, cette *Imitation,* œuvre d'un vrai saint, paraître désormais sous sa vraie signature, *signature digne, celle-là, de signer une pareille œuvre!*

Suum cuique!

CHAPITRE VII

Le *Guide spirituel*. — *Vie de M*^{gr} *de Solminiac*. — *Livre d'Heures*. — Autres ouvrages.

Parmi les ouvrages dus à Jean de la Mennais, il nous faut encore citer ici la Traduction du vieux et curieux livre, aujourd'hui si injustement oublié : le *Guide spirituel ou le Miroir des âmes religieuses par Louis de Blois*. (1)

Ce livre, on le sait, publié originairement en 1556 par Jacques Fréjus, disciple de Louis de Blois, est un recueil de tous les préceptes, les plus purs et les plus éclairés de la vie spirituelle. « Nous n'en connaissons aucun, est-il justement dit, dans la préface de cet ouvrage, sans même excepter l'Imitation de Jésus-Christ, qui réunisse au même degré, la douceur, la tendresse, la vivacité du sentiment et la naïveté de l'expression... »

Jean devait assurément être attiré par le charme mystique de ce livre. C'est pourquoi, il prit la résolution

(1) Le *Guide spirituel* ou le *Miroir des âmes religieuses par Louis de Blois*, traduit par M. l'abbé F. de la Mennais, avec une préface du traducteur, à Paris, librairie Belin-Mandar et Deveaux; à Bruxelles, même maison.

de le traduire et de le remettre en lumière, pour le plus grand bien des âmes.

La traduction du *Speculum religiosum* fut accueillie, sitôt son apparition en librairie, avec un vif succès de curiosité et valut à son auteur les plus chaleureuses félicitations.

A son sujet, l'abbé Duclaux professeur au Séminaire de Saint-Sulpice écrivait (1), notamment, à l'abbé Jean : « On m'a remis, de votre part, l'ouvrage du vénérable abbé de Liesse. Je l'ai lu tout entier; j'en suis très content, il n'appartient qu'aux saints d'écrire ainsi. Je vous remercie d'un si beau présent. Ce livre est digne de vous et de M. votre frère. Je suis enchanté qu'il ait pris le parti de se consacrer au Seigneur dans l'état ecclésiastique. »

Le saint abbé Tesseyre, de Saint-Sulpice, que l'abbé Jean avait connu à Paris et pour lequel il professait une grande vénération écrivait, (2) de son côté, à Jean et à Féli! « J'ai eu tout récemment

Abbé Tesseyre, de Saint-Sulpice.

l'occasion de lire le *Guide spirituel*, avec une âme chérie de Dieu mais violemment éprouvée, qui a retiré,

(1) Lettre inédite.

(2) *L'abbé J.-M. de la Mennais*. Ploërmel, Procure de l'Institut des Frères, pages 26 et 27. Année 1894.

ainsi que moi, de cette lecture, beaucoup de lumière et de consolation. »

« Ce livre n'est pas assez connu : il y règne une onction et une douceur inimitables. Je vous dirai cependant franchement que je soupçonne le traducteur de l'avoir beaucoup embelli. Il me semble que nos bons aïeux n'avaient pas tant d'esprit et de délicatesse dans la pensée et l'expression. »

Citons encore l'extrait suivant d'un article signé Saint-Prosper et paru dans le journal *le Défenseur*. « Je ne me permettrai point, dit l'auteur de cet article, de donner aucun éloge à cet ouvrage ascétique. Je préfère laisser parler son illustre traducteur (1) : « Nous n'en « connaissons aucun, dit-il, même l'Imitation de Jésus- « Christ, si supérieure à d'autres égards, qui réunisse, « au même degré, la douceur, la tendresse, la vivacité « du sentiment et la naïveté de l'expression... »

Que conclure de ces diverses citations que nous pourrions multiplier encore, sinon que la traduction dont il s'agit est due, au moins à la collaboration de l'abbé Jean, bien que signée du seul nom de Féli.

Des renseignements oraux que nous avons recueillis, il résulterait même que cette traduction serait due uniquement à la plume de Jean.

Ce que je dis du *Guide spirituel* est d'ailleurs également vrai en ce qui concerne un autre ouvrage intitulé *Vie de Mgr de Solminihac, évêque, comte et baron de Cahors, et abbé régulier de Chancellade*, (2) par le P. Léonard Chastenet, Prieur des chanoines réguliers

(1) Journal *le Défenseur*, p. 397, année 1821.

(2) Nouvelle édition. St-Brieuc chez Prud'homme, imprimeur libraire M. DCCC. XVII.

du prieuré de Notre-Dame de Cahors de la réforme Chancellade.

Sans nous étendre sur le sujet traité dans cet ouvrage, disons seulement qu'Alain de Solminihac, évêque de Cahors, était l'un des plus pieux amis de saint Vincent de Paul, en même temps que l'un des prélats les plus distingués du XVIIe siècle. Mort en odeur de sainteté le 31 décembre 1759, « il possède maintenant, dit son panégyriste, un grand degré de gloire parmi les bienheureux, ayant consommé toute sa vie au service de Dieu et dans la pratique de la vertu... » Et c'est pourquoi il entreprend de raconter la vie de ce saint évêque, « se servant de l'épithète ci-dessus seulement au sens auquel saint Paul le donne à tous les fidèles et non pour le mettre au rang des saints canonisés ce qui n'appartient qu'au Saint-Siège. » (1)

Cet ouvrage rentrant aussi, comme le précédent dans la littérature éminemment ascétique, doit être, bien que paru sans nom d'auteur, également attribué à Jean de la Mennais, et à Jean tout seul.

Qu'il me suffise d'ailleurs ici, pour établir ce point, de citer ce passage d'une lettre que ce dernier adressait à Mgr Bruté, son intime ami, en même temps que son zélé confident littéraire.

« .... Mansuy, lui dit-il, m'a engagé à faire réimprimer la vie de Mgr de Solminihac, avec des corrections ; elle est sous presse chez Prud'homme, vous en aurez quelques exemplaires... » *(Lettres inédites, p. 129)*

A ces ouvrages dus à Jean de la Mennais, il importe de joindre encore un *Livre d'Heures*, avec préface, sorte de petit Psautier, qu'il publia en 1832.

(1) Ouvrage précité, protestation de l'auteur.

Il importe enfin de joindre une brochure sur l'enseignement mutuel, le commentaire de la loi Villemain, et différents autres livres qui étant plus particulièrement relatifs à l'éducation de la jeunesse et aux lois d'alors sur l'enseignement, seront bien plus naturellement l'objet de notre examen, dans la seconde partie de cette étude.

Dans celle-ci, en effet, nous voulions seulement montrer le rôle considérable que joua notre si distingué compatriote, au commencement de ce siècle, tant comme *apologiste* que comme *littérateur*.

Nous voulions, également, remettre au point, la curieuse collaboration qui exista alors, entre lui et Féli, dont il se fit le mentor littéraire, pour arriver à maintenir Féli dans le chemin du ciel, après l'y avoir ramené.

DEUXIÈME PARTIE

L'ABBÉ J.-M. DE LA MENNAIS

ÉDUCATEUR

DE L'ENFANCE ET DE LA JEUNESSE

Sinite parvulos venire ad me
« Laissez venir à moi les petits enfants »
St. MATH.

CHAPITRE PREMIER

De l'enseignement en général. — Genèse de l'enseignement
en France.

Tout le monde connaît la fameuse parole de Leibnitz :
« Si on réformait l'éducation, on réformerait aussi le
genre humain. »

L'éducation de l'enfance, c'est bien là, en effet, une
des plus graves questions, un des intérêts les plus considérables qui puisse se poser, dans toute société
civilisée.

Est-ce que de l'éducation de l'enfant ne dépend pas le
sort des familles? Est-ce que l'agglomération des
familles ne constitue pas le pays tout entier?

Alors, quelles idées inculquer à l'enfant? Quelle
instruction lui donner? Quels principes de morale et
de religion?

Problème grave entre tous! puisque c'est sa solution
qui fera la société de demain, avec ses institutions et
ses croyances.

On comprend, dès lors, combien de tout temps,
l'éducation de l'enfance a dû exercer la sollicitude des
familles et attirer l'attention des gouvernements.

On comprend, comment, à cette question si primordiale, se sont toujours rattachés les plus grands noms de

l'histoire : Aristote, Jules César, Auguste, Justinien, Charlemagne, Richelieu, Napoléon,... et surtout ceux-là qui, de tout temps, ont eu, plus spécialement, dans les sociétés, le souci des âmes, l'amour du bien et de la religion.

Et voilà pourquoi, tout jadis, dans notre antique Armorique, nous voyons déjà le droit de l'enseignement, uniquement réservé aux Druides, et ceux-ci, à l'ombre des forêts de chênes, apprenant à nos aïeux, la pureté de la conscience, le mépris de la mort et l'immortalité de l'âme.

Voilà pourquoi, aussi, dès l'aurore de la vie monastique, nous voyons les Évêques et les Religieux qui évangélisèrent notre vieille Gaule, fonder des écoles pour l'instruction des enfants, dans leurs palais épiscopaux et dans leurs monastères.

Dès cette époque, même, on ne saurait trop le dire : « l'Église et l'École furent inséparables pour le peuple » (1) et « là où s'élevait un clocher, on pouvait être à peu près certain de trouver une école. » (2)

Puis, c'est le pieux Charlemagne qui crée l'École du Palais, et aidé du savant Alcuin, des évêques, et des moines, s'efforce de répandre, dans tout son vaste empire, l'étude des arts libéraux.

Plus tard, voici les rois, tels que Philippe le Bel, Philippe de Valois, Jean le Bon, Charles V, Charles VI qui comblent de leurs faveurs et de leurs privilèges, l'Université de Paris.

Puis, c'est le Collège de France qui va se fonder pour

---

(1) David — *Grégoire VII*. p. 216.

(2) Ed. Schmit — *L'Instruction primaire à la campagne, en Lorraine, il y a cent ans*. p. 6.

lutter contre la Compagnie de Jésus qui, désormais, jouera toujours, en France, un rôle prépondérant, en matière d'enseignement.

Et, avec les siècles, l'enseignement prendra les formes les plus diverses et s'établira dans les demeures les plus variées : l'Université, l'Académie, l'école des Cadets, les petites écoles de Port Royal, Écouen, Saint-Denis. . .

Enfin, en 1679, un simple et vénéré prêtre, l'abbé de la Salle, concevra le magnifique projet de procurer une éducation chrétienne aux enfants pauvres et il fondera l'Institut des Frères des Écoles chrétiennes.

Mais voici la Révolution qui vient. Evidemment, elle ne va pas manquer de comprendre l'éducation, dans son plan de rénovation universelle.

L'Assemblée Constituante, en effet, en proclamant toutes les libertés, va proclamer aussi, la liberté de l'enseignement.

Rappelez-vous plutôt le rapport de Talleyrand, à l'Assemblée Constituante, dans sa séance du 11 septembre 1791 : « Il sera libre à tous particuliers, en se soumettant aux lois générales, sur l'enseignement public, de fournir des établissements d'instruction. Ils seront seulement tenus d'en instruire les municipalités et de publier leurs règlements. »

L'Assemblée Législative suivra le même programme et la Convention, elle-même, ne se départira pas, tout d'abord, de la ligne de conduite tracée par ses devancières. On connaît en effet, le rapport de Lakanal à la Convention et l'art. 41 du projet de loi, s'exprimant ainsi : « La loi ne peut porter atteinte au droit qu'ont tous les citoyens d'ouvrir des écoles particulières et libres, sur toutes les parties de l'instruction et de les diriger comme bon leur semble... »

C'est seulement Lepelletier, Danton et Robespierre qui, voulant fonder l'unité de l'enseignement, dans un but politique, oseront, les premiers, jeter à celui-ci la première entrave, en supprimant l'éducation domestique; et, afin de bien inculquer les idées révolutionnaires, dans l'âme des enfants, prescriront l'*éducation en commun*, par le décret du 13 août 1793.

Mais, rapporté dès le 20 octobre de la même année, ce décret sera suivi de celui de Frimaire an II, (1) de la loi du 27 Brumaire an III, (2) et de la Constitution de l'an III, elle-même, (3) qui, respecteront, à nouveau et sans réserve, la pleine liberté de l'enseignement, en France.

Cependant, avec Napoléon, tout va changer. En vain, tous les régimes politiques antérieurs; en vain, tous les hommes d'État, comme Talleyrand, Condorcet, Cambacérès, Merlin, Portalis, Boissy d'Anglas..... auront admis, proclamé et consacré l'opinion contraire, Napoléon, voulant tout ramener à lui, et voulant tout modeler à sa nouvelle politique, n'hésitera pas, dans les décrets des 17 mars, 17 septembre et 11 décembre 1808, à créer l'*Université* et à déclarer que, désormais, l'enseignement, en France, sera exclusivement confié à celle-ci.

Alors, « légataire de tous les projets précédents, l'Université, « comme le remarque, si judicieusement M⁁ᵍʳ Angebault (4) va s'élever, d'abord, comme un enfant timide qui commence à essayer des pas mal assurés, mais qui, prenant ensuite, avec les années, de la force

(1) Octobre 1793.
(2) 12 novembre 1794.
(3) Année 1794.
(4) *Empiètement de l'Université sur la Puissance paternelle*, par Mgr Angebault, p. 18. Nantes, imprimerie Merson, rue Notre-Dame.

et de l'audace, maîtrise, frappe et renverse tout ce qui s'oppose à ses caprices. On l'a dit quelquefois : rien au monde n'est plus tyrannique que les enfants gâtés et celle dont nous allons tracer l'histoire, a justifié tous les proverbes. »

En effet, un décret du 15 novembre 1811 va venir, bien vite, compléter l'œuvre commencée, en décidant que, désormais, un seul grand séminaire sera autorisé par département et que les petits séminaires autorisés, notamment, par le décret de 1809, seront désormais, gouvernés et organisés par l'Université.

« Certes, » dit un savant auteur (1) « il faut admirer ici le génie de Napoléon, sachant créer, au lendemain de la Révolution, un corps laïque, chargé d'enseigner, exclusivement, le catholicisme en France ; mais une institution de ce genre, exagérant jusqu'au despotisme, la pensée de l'ordre, ne pouvait survivre à son fondateur et s'harmoniser, avec l'esprit de la charte de 1814. »

En 1814, en effet, lors de la première restauration des Bourbons, il se fit contre le mode d'enseignement, créé par le régime impérial, une réaction *anti-absolutiste*, suivant l'expression de M. Guizot, dans son discours du 31 janvier 1846.

Par ses ordonnances des 5 octobre et 17 février 1816, la Restauration, en effet, atténua le monopole universitaire, mais ce qui la perdit, ce fut de vouloir « adapter, à une charte libérale, les rouages administratifs du despotisme impérial, et de vouloir maintenir, malgré les réclamations éloquentes des la Mennais, Frayssinous,

---

(1) *Lettre à Messieurs les Électeurs du département du Gard, sur l'enseignement,* par F. Béchard, avocat au Conseil du roi et à la Cour de cassation.

Chateaubriand, Benjamin Constant, ce monopole universitaire, dont ses ennemis firent une arme contre elle. (1)

« Dans ce siècle, où l'on ne parle que de liberté, « continue Mgr Angebault, » où les peuples la réclament, où les gouvernements la décrètent ; dans ces temps où, à la tête de tous les codes, on inscrit l'inviolabilité des propriétés, s'il est une propriété sacrée, inviolable, imprescriptible, c'est surtout celle de nos enfants : c'est là le trésor de la famille ; c'est la joie de la mère, c'est l'espérance du père, et il ne peut pas être permis de les leur dérober, sans violer les droits de la nature et contrister leurs affections les plus chères. »

« L'État peut aussi sans doute revendiquer ses droits, il doit veiller sur celui qui lui prêtera son appui et son concours ; pénétrant sous le toit paternel, il doit être admis en tiers pour délibérer sur le sort de cet enfant, dont les destinées seront attachées à celles du pays qui l'a vu naître ; ainsi l'État lui devra conseils, secours, protection ; il doit encourager ses efforts, récompenser ses talents, lui préparer même et lui offrir des écoles et des couronnes ; mais si en s'introduisant au sein de la famille, l'État non plus comme un protecteur, mais comme un ravisseur, vient le saisir, l'arracher, l'enchaîner ; si malgré les cris impuissants de ses parents, il le condamne despotiquement à suivre la voie qu'il lui plaira de tracer, alors, il y a perturbation, violence, oppression ; alors au lieu d'encourager les familles, on les contriste et on les aigrit ; au lieu de favoriser le développement des talents, on les comprime et on les étouffe ;

<hr>

(2) *Empiètement de l'Université sur la Puissance paternelle*, par Mgr Angebault. Nantes, imprimerie Merson, rue Notre-Dame.

le malaise et l'inquiétude travaillent sourdement les esprits et l'on prépare imprudemment les réactions et leurs violences. »

« Telles sont les réflexions que nous inspirent les nouvelles instructions ministérielles, qui viennent d'être mises au jour. L'une renouvelant les dispositions du trop fameux décret de 1811, veut forcer les parents, les instituteurs, les chefs d'établissement à conduire et entasser leurs enfants dans les classes des collèges royaux, les autres ferment la porte du baccalauréat, et par suite de toutes les professions libérales, à tous ceux qui n'auront pas puisé l'instruction dans les établissements de l'Université. On ajoute même, mais nous ne pouvons le croire, que des parents ne pourront plus donner à leurs enfants des certificats constatant qu'ils les ont fait élever sous leurs yeux. Ainsi des raisons d'éloignement, de santé, d'affection ne pourraient affranchir du despotisme de pareils règlements et un père n'aurait pas le droit d'être lui-même l'instituteur de son fils. »

« L'État réclame des garanties de talents et de connaissances acquises pour permettre de monter à certaines carrières plus élevées; cela ne peut être compris, et des examens doivent constater la capacité des candidats, mais un gouvernement peut-il, doit-il, imposant des lois à l'intelligence, s'enquérir de la route qu'on a parcourue, des établissements qu'on a fréquentés, des méthodes d'instruction qu'on a suivies? C'est de l'instruction qu'il réclame; pourvu qu'elle soit acquise, les conditions voulues ne sont-elles pas remplies? » (1)

_____

(1) **Mgr Angebault**, précité.

Quoiqu'il en soit, après la révolution de 1830, les pouvoirs nouveaux crurent devoir donner satisfaction à l'opinion, en inscrivant dans la charte, sinon la liberté de l'enseignement, du moins, la promesse de cette liberté; et c'est alors, on le sait, que Lacordaire et Montalembert ouvrirent des écoles dans lesquelles ils donnèrent, eux-mêmes, l'enseignement primaire, à de jeunes enfants, contestant la valeur légale des décrets qui avaient constitué l'Université nouvelle, et revendiquant, avec un éloquent éclat, la liberté de l'enseignement.

Alors, arriva la loi du 28 juin 1833, à laquelle M. Guizot attacha son nom. C'est cette loi qui, sans donner entière satisfaction aux partisans de l'enseignement libre, contribua du moins, dans une très large mesure, au développement de l'enseignement populaire, en France, en autorisant, sous la condition, notamment d'un brevet de capacité, l'ouverture des écoles primaires privées.

La bataille recommença, d'ailleurs, en 1840, mais cette fois, sur le terrain de l'instruction secondaire et à cette lutte, le clergé et la presse prirent, on le sait, une part des plus actives. Les plus graves projets, du reste, étaient alors agités! Il s'agissait, notamment, de savoir quels étaient en matière d'enseignement, les droits de l'État, quels étaient ceux du père de famille et dans quelle étendue, enfin, les membres du clergé et des congrégations religieuses devaient être admis à contribuer, à l'instruction des enfants.

C'est alors, enfin, que fut promulguée la loi Falloux, loi du 15 mars 1850, dont nous aurons à parler, spécialement, dans les chapitres suivants.

Et sans nous étendre plus longuement, désormais,

sur l'innombrable série de lois qui, dans les derniers temps, vint encore modifier, en France, les règles de l'enseignement, mentionnons toutefois le système de *bifurcation* introduit par M. de Fortoul; dans l'enseignement secondaire et, surtout, la loi toute récente du 28 mars 1882 qui, modifiant, considérablement la loi du 15 mars 1850, agita si profondément les familles chrétiennes, en décrétant l'enseignement laïque, gratuit et obligatoire.

Telle est, à très grandes lignes, la genèse si complexe de l'enseignement, dans notre pays, genèse que nous avons cru devoir rappeler, ici, aussi brièvement que possible, en insistant toutefois, un peu. sur les différentes phases qui la caractérisèrent, à partir de Napoléon.

C'est qu'alors, en effet, l'abbé Jean de la Mennais figure au premier rang des lutteurs qui rompent, sans compter, des lances, en faveur de la liberté de l'enseignement; et cet exposé, à vol d'oiseau, était indispensable, pour bien comprendre, à ce point de vue, le rôle si important et si remarquable de notre vénéré compatriote.

CHAPITRE II

L'enseignement mutuel. — Cet enseignement est le précurseur de l'enseignement laïque. — Son origine. — Son introduction dans les régiments. —

Comme nous l'avons dit, dans la première partie de ce livre, Jean de la Mennais voyait loin, très loin.

C'est parce qu'il voyait loin, très loin, que, soulevant le voile mystérieux de l'avenir, il se mit, du fond de ses landes incultes, à proclamer tout à coup l'infaillibilité du pape qui allait bientôt devenir un des dogmes fondamentaux de l'Église.

C'est aussi parce qu'il voyait loin, très loin, que, guidé par son génie — le génie de la foi — et pressentant toutes les péripéties que l'enseignement, en France, allait traverser, il se mit à combattre, sitôt son apparition, le nouveau genre d'instruction qui tendait à s'implanter chez nous, sous le nom d'*Enseignement mutuel*.

Mais, qu'est-ce donc, tout d'abord, que l'enseignement mutuel ?

C'est le précurseur immédiat de l'instruction laïque et obligatoire, telle qu'elle est régie par notre législation actuelle. Et, si on veut chercher le commencement du cycle dont l'instruction laïque et obligatoire est, elle-même, au moins jusqu'à présent, comme le dernier terme, on est obligé alors de remonter jusqu'à la vieille législation indoue. C'est dire, n'est-ce pas, que l'idée n'a toujours guère le mérite de la nouveauté ?

C'est Herbault, instituteur français, qui, empruntant aux Indiens leur système d'instruction, l'applique pour la première fois en France, en 1747, à une école de trois cents élèves confiés à ses soins, dans l'hospice de la Pitié, à Paris.

Au lieu de livres, il imagine des tableaux imprimés qu'il suspend dans ses classes, et, du bout de sa baguette, montrant à ses élèves les syllabes écrites en gros caractères, il se met à clamer de sa plus belle voix, à laquelle ses élèves font écho : b a ba; b e be; b i bi;.... Inutile d'insister sur la méthode.

En Angleterre, Herbault avait eu un imitateur immédiat, appelé Joseph Lancaster.

Lancaster, en 1798, ouvrit à Londres une école gratuite pour les enfants, auxquels il enseigna à lire par la méthode indoue, à laquelle il donna son nom : la méthode lancastérienne.

Cependant, le clergé formant contre lui une opposition puissante, l'obligea à quitter l'Angleterre où, faute de fonds, périclitaient ses écoles.

Lancaster partit alors pour l'Amérique, où, recueilli à bras ouverts par Bolivar, il organisa l'enseignement mutuel. A la chute de Bolivar, il se décida à aller initier les États-Unis, à la méthode lancastérienne.

Aux États-Unis, il mourut oublié et misérable.

En France, la tentative d'enseignement mutuel organisé par Herbault tomba si vite en désuétude, qu'en réalité on ne fait remonter qu'à Carnot, ministre de l'Intérieur, à l'époque des Cent-Jours, l'application de cet enseignement, en France, enseignement que la Société d'Encouragement adopta, dans sa première séance, tenue le 16 mai 1815.

« ... Alors, dit l'abbé Jean de la Mennais, (1) quatre écoles furent ouvertes à Paris : on y lisait l'Évangile dans des versions hérétiques (émanant du protestantisme). On y priait Dieu debout et en le tutoyant, suivant l'usage des Quakers. En peu de mois, les scandales se multiplièrent, au point que le Grand Aumônier crut devoir en instruire le roi. Sa Majesté reconnut que ces désordres existaient, puisqu'elle rendit une ordonnance, le 3 février 1816, pour les faire cesser.

« Quelque temps après, on invita trois ecclésiastiques à prendre part aux travaux de la Société d'Encouragement. Ils y consentirent, parce qu'ils se flattaient, en modifiant le régime des nouvelles écoles, d'empêcher, au moins en partie, le mal qu'elles devaient produire; mais, trompés dans leur espoir, ils se retirèrent presque aussitôt, et il n'est pas inutile de remarquer que l'un deux, M. l'abbé d'Astros, grand vicaire à Paris, a démenti, dans les journaux, ceux qui ont prétendu se servir de son nom pour autoriser une méthode dont il avait été à même de juger parfaitement les inconvénients et les dangers.

« On n'en continue pas moins à vanter cette prétendue découverte. (2) Un journal payé pour cela pu-

(1) *De l'Enseignement mutuel,* par Jean de la Mennais, vicaire général du diocèse de Saint-Brieuc 1819. Chez Prud'homme à St.-Brieuc.

(2) Leibnitz connaissait la méthode de l'enseignement mutuel; il la jugeait propre à donner quelques connaissances bornées aux enfants qui ont eu le malheur de vivre dans un état voisin de l'idiotisme. (**Note de l'auteur, ouvrage précité.**)

bliait les miracles qui s'opéraient journellement dans les classes lancastériennes. On ne parlait que d'enfants qui avaient appris à lire, écrire et calculer en neuf mois et même dans un temps plus court, et, comme si tant de choses prodigieuses n'eussent pas dû épuiser l'admiration des gens les moins disposés à croire ce qui est incroyable, on annonçait que, *lorsque cette philanthropique institution serait portée à son dernier terme, elle ne pourrait manquer d'exercer une grande amélioration sur le sort de l'espèce humaine, qu'elle changerait la face du monde...* »

L'engouement pour l'enseignement mutuel, comme le prouve notamment la dernière citation ci-dessus qui est de Carnot, était donc extrême.

On sait, du reste, que l'enseignement mutuel, tout à fait alors à l'ordre du jour, avait même été introduit dans les régiments, et, dans le journal le *Conservateur* (année 1818, p. 610), je trouve à ce sujet un article intitulé : *Sur l'Enseignement mutuel dans les Régiments.* Cet article d'une note pittoresque, émanant d'un officier, M. de Saint-Marcellin, est curieux à rappeler ici.

« ... On ne concevra peut-être pas, d'abord, dit l'auteur de l'article en question, ce que l'enseignement mutuel peut avoir de martial. Cependant, depuis quelque temps, on ne parle que de régiments qui vont ou iront à l'école lancastérienne, et l'art de s'instruire *en demi-cercle* marche de front avec le *maniement des armes.*

« On avait cru jusqu'à présent qu'un grenadier en savait assez long, lorsqu'il se servait de son fusil dans les règles et partait à propos du pied gauche: quand il joignait à cela la subordination envers ses chefs, le dévouement envers son prince, on le regardait comme accompli.

« Toute sa littérature se bornait à quelques chansons à boire, et à quelques vieux refrains, en l'honneur de son Roi et de son pays; mais, depuis que nous *perfectibilisons* tout, nous avons voulu mettre nos braves, à la hauteur du siècle.

« En attendant qu'ils suivent les cours littéraires de l'Athénée, la craie et l'ardoise remplacent dans leurs mains le sabre et la baïonnette. MM. les libéraux, dont l'extrême sensibilité est connue pleurent d'admiration en se représentant un vieux vétéran d'Égypte ou de Russie, les mains derrière le dos, le bonnet a poil suspendu au cou par une ficelle, (cérémonial des écoles à la Lancaster), répétant ba, be, bi, bo, bu, après un enfant de sept ans. »

L'auteur de cet article, disons-le, ne blâme pas au fond les écoles régimentaires. Ce qu'il blâme surtout, c'est la méthode nouvelle, à l'usage des grenadiers.

« Maintenant, dit-il, on veut les instruire *par colonnes en masse* et faire passer l'éducation, de rang en rang, comme un feu de file : je ne vois point quels avantages en retirera le service du Roi... »

Si l'école lancastérienne pénétrait jusque dans les rangs des grenadiers, par voie de réciprocité, hâtons-nous de le dire, l'école du soldat pénétrait aussi dans les rangs des écoliers, et il est curieux, ne serait-ce qu'en souvenir des *bataillons scolaires* récemment décédés, de citer ces paroles de Jean de la Mennais, relatives à leurs aïeux de 1819 : « Je ne ferai aucune réflexion sur les moyens qu'on emploie pour peupler ces pauvres écoles lancastériennes..., je ne dirai pas que nous avons vu des petits enfants à l'a, b, c, divisés par escouades, manœuvrer gravement sur nos places publiques, parcourir nos rues au son du tambour... »

Maintenant que nous avons dit ce qu'était *l'Enseignement mutuel*, voyons comment va le combattre l'abbé Jean de la Mennais.

CHAPITRE III

L'abbé Jean de la Mennais administrait le diocèse de Saint-Brieuc, en qualité de Vicaire Capitulaire, quand tomba entre ses mains le fameux rapport de Carnot à Napoléon, sur l'organisation de l'instruction primaire. Il comprit, immédiatement, la portée considérable que devait avoir ce rapport. Il y vit un plan général d'organisation pour toute la France. Il eut comme la lointaine vision — lui qui savait si bien percer les brumes de l'avenir — de ce que serait un jour *l'école neutre, l'école sans Dieu;* et disent ceux qui l'entouraient à ce moment, *«après avoir lu ce rapport, il resta dans l'effroi.»*

C'était alors l'époque de la retraite ecclésiastique de 1816, la première retraite ecclésiastique organisée grâce à lui, depuis la Révolution, dans le diocèse de Saint-Brieuc. Aux nombreux prêtres qui alors se trouvaient réunis pour la circonstance, il voulut de suite signaler le mal. « Il y a là, leur dit-il, le germe d'un mal immense. J'aperçois comme un petit point noir, aux extrémités de l'horizon : c'est le nuage qui recèle la foudre ! » (1)

Avec sa sagacité habituelle, l'abbé Jean, en effet, avait pressenti que ce rapport serait désormais la base sur laquelle le législateur édifierait, dès qu'il songerait à s'occuper de la réglementation de l'enseignement primaire en France. Il avait compris, que dans un avenir plus ou moins lointain, l'instruction allait devenir la règle générale et l'ignorance allait être l'exception; que, par voie de conséquence, les maîtres d'école étaient appelés à devenir les guides tout puissants de l'esprit et de l'âme des enfants — les enfants qui sont la France de demain.

Cathédrale de Saint-Brieuc

Or, les futurs instituteurs, tels que le projet de Carnot les faisait pressentir, ne présageaient rien de bon, à l'abbé Jean de la Mennais.

Aussi, de toutes ses forces, va-t-il combattre, aussitôt, le nouvel enseignement, avant même qu'il ne

(1) *Vie de Gabriel Deshayes,* par l'abbé Laveau, page 83. — Vannes, imprimerie Gustave de Lamarzelle.

soit entré dans le domaine pratique. Et il est fort curieux, vraiment, de rapprocher ici les virulentes attaques et les rudes coups de massue qu'il se plaît à lui envoyer, des ripostes non moins énergiques qu'il ne manque pas de s'attirer.

Parmi les très nombreuses lettres qu'il lança alors, à droite et à gauche, partout où le besoin se faisait sentir, partout où le mal prenait racine, citons spécialement la suivante qui nous paraît, tout particulièrement, digne d'être connue :

« Saint-Brieuc, 16 juin 1817. (1)

« Monsieur et cher Confrère,

« Rien ne pouvait arriver de plus funeste à la paroisse de Saint-Servan que l'établissement d'une école à la Lancaster ; ce fut, comme vous le savez, pendant les Cent Jours que Carnot introduisit en France cette méthode d'instruire les enfants ou plutôt de les corrompre. Depuis cette époque, le charme de la nouveauté dans les uns, la haine du prêtre dans les autres et le désir d'arracher l'éducation de ses mains, ont contribué à répandre une instruction qui achèvera de ruiner, en France, le peu de religion qui y reste.

« Que ce soit l'objet qu'on se propose, je n'en peux douter, car j'ai lu, il n'y a pas longtemps, dans le *Moniteur*, le programme d'un prix de mille francs, destiné à celui qui aura composé *le meilleur ouvrage de morale*, à l'usage des élèves de ces écoles ; or, une des conditions est qu'il ne soit pas question des dogmes,

(1) **Lettre inédite.**

afin sans doute que le livre puisse convenir à tout le monde.

« La méthode elle-même est vicieuse : les enfants sont dans un perpétuel mouvement, ils manœuvrent comme dans un camp; et dans un âge où il serait nécessaire de leur faire prendre l'habitude du recueillement et de la soumission, on leur donne celle de la dissipation, inséparable des marches et contre-marches qu'on leur fait faire; le maître n'est que le simple témoin de ce qui se passe sous ses yeux; agiter une sonnette, voilà toutes ses fonctions; ces petits républicains soumis à un joug composé de leurs pairs se jugent et se gouvernent eux-mêmes, et l'amour-propre est l'unique mobile qu'on emploie pour maintenir l'apparence d'ordre au milieu de ces réunions tumultueuses.

« Je sais *qu'on parle de parler* religion dans ces écoles, mais comment y sera-t-elle enseignée et quelle confiance pouvons-nous avoir dans les hommes qui dirigent *d'en haut* cette vaste entreprise !

« Sans doute, il est bon que les enfants sachent lire, écrire et calculer, quand, en leur apprenant tout cela, on leur apprend à bien vivre, quand ce n'est pas seulement la lettre du catéchisme qu'on cherche à graver dans leur mémoire, qu'on les oblige à le pratiquer, qu'on leur inspire l'amour de leurs devoirs, qu'on les soumet à une discipline sévère : autrement il serait malheureux pour la société et pour eux-mêmes qu'on les élevât à un degré d'instruction dont on est certain d'avance qu'ils ne feraient qu'abuser.

« On vante beaucoup la rapidité avec laquelle les enfants apprennent ce qu'ils se montrent ainsi les uns aux autres. A mes yeux, cela n'est point un avantage : que ferez-vous de ce petit prodige qui, au bout de six mois, n'aura plus à recevoir de vous aucune leçon ? Vous l'abandonnez à lui-même, vous lui donnez un emploi : mais son éducation morale est-elle donc finie ? A-t-il pris l'habitude de la dépendance, le goût des choses sérieuses ? Son intelligence est-elle développée, comme elle devrait l'être, par cette éducation toute naturelle qu'il a reçue de vous ou plutôt de ses camarades ? Quelle pitié ! Est-ce ainsi qu'on régénère les mœurs et qu'on répand la lumière ?

» La méthode d'enseignement pour l'écriture est bien inférieure à celle qui avait été en usage jusqu'ici ; à peine les lignes sont-elles tracées, qu'aussitôt on les efface et dès lors on ne peut comparer le travail de la veille avec celui du lendemain ; l'élève qui doit écrire avec une plume, commence par écrire avec une pierre, ce qui ne doit pas, ce me semble, le disposer merveilleusement à se servir plus tard, de l'instrument avec lequel il doit former, sur le papier, les caractères. »

A la lettre qu'on vient de lire, joignons également la suivante que l'abbé Jean publia dans le journal *L'Ami de la Religion*. (1)

« Au Rédacteur.

« Saint-Brieuc, le 27 juin 1819.

« J'ai lu, Monsieur, dans *Le Courrier* du 21 juin, un article où on me reproche de m'opposer de tout

____

(1) *L'Ami de la Religion et du Roi.* — Journal ecclésiastique, politique et littéraire. P. 256, т. xx, année 1819.

mon pouvoir à l'introduction de l'enseignement mutuel, dans les écoles du département. « Un curé du diocèse, ajoute-t-on, ayant donné son approbation à une école de ce genre qui s'établissait dans sa paroisse, il paraît que le grand-vicaire l'en a réprimandé; mais le curé a persisté dans sa conduite, se fondant sur la nécessité d'instruire le peuple, et l'école s'est établie. »

« Je déclare que ce fait est absolument faux; aucun curé du diocèse n'a été tenté d'établir une école d'enseignement mutuel dans sa paroisse; celle qui existe depuis quelques mois, au chef-lieu du département, suffirait pour ôter toute envie pareille, à quiconque s'intéresse à la religion et aux mœurs. Cette entreprise ne serait pas, d'ailleurs, aujourd'hui sans difficulté, le peuple a trop vu, chaque famille a acquis trop d'expérience, et les hommes qui jouissent d'un traitement ou qui se trouvent, par leur position, dans une dépendance analogue, sont en trop petit nombre pour que leurs enfants puissent remplir, dans ces écoles, le vide qu'y laissent ceux dont les parents n'ont à s'occuper que de la bonne ou mauvaise éducation qu'on y reçoit.

« Veuillez, Monsieur, insérer ma lettre, dans un des prochains numéros de votre journal, et agréez l'assurance de ma considération très distinguée.

« Votre très humble et très obéissant serviteur.

« L'abbé Jean-Marie de la MENNAIS,

« Vicaire général de Saint-Brieuc. »

L'abbé Jean de la Mennais, pour porter un plus rude coup à l'enseignement mutuel prit, en outre, sa meilleure plume, sa plume la plus judicieuse et la plus acérée, et publia contre cet enseignement une brochure qui eut un énorme retentissement.

Cette brochure, (1) dont nous avons ci-dessus tiré un extrait important, en analysant l'histoire du nouvel enseignement, est ainsi annoncée par le journal *L'Ami de la Religion*, dans son numéro du 3 nov. 1819 :

« Ce pauvre enseignement mutuel se débat de tous côtés contre la raison et l'expérience. Il voit se déclarer à la fois contre lui des écrivains observateurs, et des amis zélés de la religion et des magistratures populaires. C'est une véritable conspiration qui se trame contre lui, et elle mérite d'être dénoncée aux feuilles libérales, qui font avec tant de zèle, tous les matins, la guerre aux préjugés religieux et royalistes. Je leur défère, pour mon compte, deux ennemis déclarés des écoles lancastériennes : les raisonnements et les faits...

» En attendant, voilà un nouveau coup qui lui est porté par un adversaire d'un nom distingué dans la littérature. M. l'abbé de la Mennais, l'aîné, que la nature de ses fonctions a mis en état d'observer, de plus près, les avantages et les inconvénients des écoles lancastériennes, a cru devoir faire part au public du jugement qu'il en a porté, après un examen attentif. Il a lu les éloges qu'on a fait de ces écoles, et il les a trouvés quelque peu exagérés.

« On avait annoncé, en effet, que l'enseignement mutuel *devait amener une grande amélioration dans l'espèce humaine*, que c'était *une clef qui ouvrait l'accès des sciences, des arts et des lois*, et on a pro-

_____

(1) *De l'Enseignement mutuel*, par J.-M. Robert de la Mennais, vicaire général du diocèse de Saint-Brieuc, 1819. Ouvrage précité.

posé sérieusement d'*élever une statue à l'inventeur
de cette découverte merveilleuse, comme à l'inventeur de la pomme de terre.* Ces exagérations seules
inspiraient de la défiance, pour une méthode qu'on
croit devoir soutenir par de tels moyens.

« Cependant M. de la Mennais l'examine en elle-même et
d'après la pratique habituelle. Il voit que c'est un enseignement matériel, qu'on n'y exerce point l'esprit des enfants, qu'on ne s'y attache point à faire entrer des idées
morales dans leur tête, qu'on ne les habitue qu'à des
mouvements tumultueux et précipités, qu'on ne les
forme qu'à l'orgueil et à l'indépendance. Des protecteurs de l'enseignement mutuel ont eux-mêmes déclaré qu'on ne doit point s'y occuper de dogme. On
n'y apprend point donc aux enfants leur religion, on
n'y cherche point à les corriger de leurs défauts, à
leur inculquer le respect pour leurs parents et l'a-
mour du travail. La société, pour l'instruction élémentaire, établie à Paris, en proposant un prix pour
le meilleur ouvrage de morale, a mis pour condition
qu'on n'y parlerait point des dogmes controversés,
entre les communions chrétiennes. Il est donc clair
que dans ces écoles on ne songe point à en faire des
catholiques; et d'après cela, doit-on être étonné que
les personnes religieuses refusent de prendre part à
un tel enseignement, et que le clergé y soit contraire?

« La société anglaise pour les écoles, dans un rapport
du mois de mai dernier, disait que la méthode de
Lancaster avait été adoptée dans des pays étrangers,
*parce qu'on n'y prescrit aucune croyance, qu'on n'y
tente point de faire de prosélytes, et qu'on laisse les
consciences libres de toute chaîne.*

« Voilà qui est précis, et cet aveu nous montre assez

l'intention de cette société-mère, et ce qu'on peut attendre des soins des maîtres qu'elle envoie. Les enfants seront élevés dans l'indifférence, et on ne *tentera* point de leur *prescrire aucune croyance.* Pour répondre à ce reproche, on nous fait remarquer qu'il est écrit dans les règlements de cette école, que la prière sera récitée, matin et soir, que le catéchisme et l'Évangile seront appris, et que les enfants seront conduits le dimanche à la messe. Hélas ! on faisait aussi tout cela dans les lycées, sous Bonaparte, et l'on sait quel y était l'état de la religion. Ce ne sont pas quelques pratiques de cette nature, faites en courant, qui inspirent la religion; ce sont des instructions réitérées, ce sont surtout les exemples des maîtres. Les enfants s'aperçoivent bien vite si ceux qui les dirigent obéissent pour la forme au règlement, ou s'ils sont mus par un sentiment profond, et il est bien difficile qu'ils aient quelque religion si le maître n'en a pas et ne leur en parle jamais.

« C'est ainsi que M. de la Mennais fait sentir le danger de la nouvelle méthode, et la nécessité de s'en rapporter, pour l'éducation des enfants, à des maîtres chrétiens, pieux, éprouvés, et qui donnent à l'Église, à la société, aux parents, des garanties de leurs principes, de leur enseignement et de leur conduite. *Cette brochure est, dans sa brièveté, un excellent résumé* des principales difficultés qu'on oppose à l'enseignement mutuel, et on y reconnaît à la fois le zèle d'un digne ministre de la religion, le coup d'œil d'un observateur judicieux et le talent d'un écrivain distingué. »

Il est évident que la brochure de l'abbé Jean, si elle valut à l'auteur, de la part de ses amis les plus sincères félicitations, souleva, par contre, de la part des partisans du nouvel enseignement, les plus ardentes polémiques.

Il en fut ainsi, notamment à Saint-Brieuc, à cause de la haute situation que l'abbé Jean occupait dans cette ville, en sa qualité de Vicaire Capitulaire, et à cause des circonstances vraiment topiques dont il sut se servir pour lancer sa brochure.

A Saint-Brieuc fonctionnait, en effet, une école lancastérienne. A cette école, avait été fait, le jour de la distribution des prix, le panégyrique de l'enseignement mutuel et ce panégyrique avait été vivement applaudi, par les plus notables personnalités de la ville. Or, c'est pour répondre à ce panégyrique que l'abbé Jean, au bout seulement de quelques jours, lança sa virulente brochure, à laquelle fut chargé de répondre M. Bienvenu (1) qui s'explique ainsi à ce sujet :

« La Commission établie à Saint-Brieuc, par ordre du Gouvernement, pour prêter à l'Enseignemnet mutuel, un appui trop nécessaire, avait reçu de la commission centrale de Paris, trois prix d'encouragement destinés aux élèves qu'elle en jugerait les plus dignes. La distribution en fut fixée, au jour saint Louis, afin de rendre plus présent et plus cher à ces jeunes français, le Protecteur auguste dont la fête devenait la leur.

« Un membre de la commission y prononça un discours où, sans ostentation, sans recherche et surtout

(1) *Réponse à l'écrit de M. Robert de la Mennais,* Vicaire Général de Saint-Brieuc, sur l'Enseignement mutuel, par L. Bienvenu. — A S.-Brieuc, chez Lemonnier, libraire 1819.

sans sarcasmes, il exposait les avantages de la nouvelle méthode d'enseignement. Les nombreux auditeurs, à la tête desquels on voyait toutes les autorités qui résident à Saint-Brieuc, applaudirent unanimement, non de cet air faible et froid qui n'est que de la complaisance, mais avec cette chaleur, cet élan spontané qui marque une vive satisfaction... »

L'auteur, alors, prenant à partie M. de la Mennais, essaie de réfuter tous ses vigoureux arguments et se complaît à lui citer, par le menu, tous les ecclésiastiques qui patronnent le nouveau mode d'enseignement.

Et à la fin de l'opuscule, je lis la curieuse mention suivante qui, à elle seule, peint d'une façon bien frappante, quel était alors l'état des esprits au sujet de cette fameuse question de l'enseignement mutuel :

« Ce jour, 16 octobre 1819, aux 10 heures du matin, la Commission de la Société de Saint-Brieuc, pour l'Enseignement mutuel, réunie à l'Hôtel de la Mairie, en la salle ordinaire de ses séances, M. Bienvenu lui a donné lecture du projet de Réponse qu'elle l'avait chargé de faire à l'écrit de Monsieur Robert de la Mennais, vicaire général du diocèse de S.-Brieuc, sur l'Enseignement mutuel.

« La Commission, après avoir entendu cette lecture, arrête que la dite réponse sera immédiatement imprimée. »

Du reste, à partir de ce moment, le feu est aux poudres. Les brochures pleuvent; les procès se multiplient; les conseils municipaux sont sur les dents. Les interpellations se suivent à la Chambre. Pour se faire une idée de l'émotion unanime que provoque le nouvel enseignement, il n'y a d'ailleurs qu'à se rappeler ce qui se passa, en France, lors de la promulgation de la loi de 1882.

Ce furent alors les mêmes polémiques, les mêmes résistances; j'allais dire les mêmes articles de journaux, tant les deux questions sont extraordinairement identiques.

Ainsi, ne dirait-on pas qu'il a été écrit hier, cet article, paru dans le *Journal d'Éducation*, numéro du 8 octobre 1819, et répondant dans les termes suivants à la brochure de notre sagace et illustre compatriote :

«Je viens de lire un pamphlet intitulé : *De l'Enseignement mutuel*, par J.-M. de la Mennais, Vicaire Général à S.-Brieuc; il y est dit : « Dans la *Direction* ou le *Manuel des Maîtres et des Maîtresses d'Enseignement mutuel*, p. 26, on leur recommande de *s'imposer le silence le plus absolu sur ce qui est du domaine de la foi.* Je vous envoie cette *Direction*, et, à l'article Religion vous lirez, page 26 : « Il est juste que vos moniteurs s'assurent que les leçons de religion et de morale ont été apprises et qu'elles sont dans la mémoire; mais, pour ne pas faire des enfants, dans une chose si importante, de pures machines rendant des sons sans intelligence, vous pouvez choisir vos moments pour faire comprendre à vos moniteurs, aux élèves les plus âgés et les plus raisonnables, ce qui peut et ce qui doit être expliqué, en vous *imposant toutefois le silence le plus respectueux sur ce qui est du domaine de la foi et seulement en le faisant connaître!...*

Et, alors, l'auteur fulmine contre l'abbé Jean, qui démasque le procédé, le publie et le combat.

L'abbé Jean, d'ailleurs, ne devait pas se laisser

9

intimider par toutes ces attaques. Ces attaques, en réalité, ne devaient même que stimuler son zèle — son zèle toujours sur la brèche pour combattre *l'école neutre, l'école sans Dieu.* — En effet, disent les auteurs des *Anciens Évêchés de Bretagne*, «en 1817, l'homme qui, dans le XIXe siècle, a le plus fait pour l'éducation populaire, M. J.-M. de la Mennais, alors Vicaire Général de Saint-Brieuc, rappela les Frères dans cette ville, et, moyennant dix mille francs qu'il leur donna, il pourvut à tous les frais de premier établissement. » (1)

Par ce moyen, toutefois, il n'atteint que la ville de Saint-Brieuc; aussi, en même temps qu'il combat avec la plume, prend-il bientôt l'importante détermination de couvrir son pays d'écoles, suivant son cœur et suivant sa foi.

---

(1) *Anciens Évêchés de Bretagne.* T. I., p. 334.

CHAPITRE IV

Aux *Écoles Lancastériennes*, l'abbé Jean de la Mennais oppose
ses *Frères de l'Instruction chrétienne*. — Interpellation à la Chambre
des Députés. — A l'idée d'*Enseignement mutuel*, il riposte, aussi,
par l'idée d'*Enseignement agricole*. — Genèse de cet enseignement.

Oui, ce fut principalement pour combattre « l'enseignement mutuel » simple formule, nous ne saurions
trop le rappeler, sous laquelle se cachait l'école sans
Dieu, que Jean de la Mennais résolut de semer d'écoles,
suivant son cœur et sa foi, les plus humbles campagnes, les villages les plus isolés et les plus perdus de
sa tant pieuse et tant aimée Bretagne.

« Les Frères du Bienheureux de La Salle, aux termes
de leurs Constitutions, ne peuvent vivre moins de trois
ensemble, ce qui n'est pas possible dans la plupart des
paroisses de campagne. L'objectif de M. de la Mennais
était de créer un Institut spécial dont les membres,
destinés au besoin à vivre isolés, au milieu du monde,
fussent néanmoins réguliers par la seule force de leur
obédience. » (1)

D'où la nécessité du nouvel Ordre.

Le 29 septembre 1817, il reçut les trois premiers

(1) *L'abbé Jean de la Mennais*. Procure des Frères de Ploërmel
pages 73.)

postulants qu'il logea dans sa propre maison, rue Notre-Dame, « comme à l'abri du premier oratoire de Saint-Brieuc. » (1)

Et ainsi fut posée la première pierre de l'Institut de Ploërmel, et, de cet Institut, l'abbé Jean, aidé d'ailleurs par Gabriel Deshayes, curé d'Auray, fit rayonner aussitôt ses bons « petits Frères » vers les plus oubliées, les plus modestes, les plus pauvres paroisses de notre province.

Et n'est-ce pas à cette belle institution, n'est-ce pas à cette création, si populaire et si divinement inspirée, que nous devons aujourd'hui, en grande partie, l'esprit si foncièrement religieux qui anime nos populations agricoles ?

Oui, je vous le dis, l'École du « Père, » celle-là qui, depuis bientôt un siècle, ouvre l'âme et l'intelligence des enfants de nos campagnes, aux idées de la Religion, en même temps qu'à celles de la science, a joué, sans contredit, dans notre Bretagne, un rôle social et a créé un mouvement d'idées, bien plus importants qu'on ne saurait le croire, à première vue.

Chapelle de N.-D. de la Fontaine
à Saint-Brieuc.

Combien, d'ailleurs, ce mouvement était intelligent,

(1) *Anciens Évéchés de Bretagne*, tome 1er page 336 — précité.

sagace et opportun; combien il était « dans la note, »
le nouvel enseignement imaginé par Jean de la Mennais!

Qu'est-ce, en effet, que le petit Frère de la Mennais
va enseigner à ses humbles écoliers des villages?

Il va leur enseigner, surtout, le catéchisme, dont ne
veulent plus les écoles lancastériennes et voilà pourquoi
les partisans de ces écoles vont bientôt essayer, par une
interpellation à la Chambre des Députés, de faire rapporter l'ordonnance autorisant la Congrégation fondée
par le vénéré « Père »

Lisez plutôt :

« . . . M. Amilhau rend compte ensuite d'un mémoire
du conseil municipal de Vitré (Ille-et-Vilaine), qui
demande la révocation de l'*Ordonnance royale* du 22 mai
1822, autorisant la Société désignée sous le nom de *Congrégation de l'Instruction Chrétienne*, formée par MM.
les abbés Jean de la Mennais et Deshayes. Les pétitionnaires prétendent que le maintien de cette Société est
une infraction aux lois de 1790 et 1792, qui ont aboli les
congrégations religieuses. La commission, après de soi-
gneuses recherches, conclut à l'ordre du jour, attendu
que l'établissement dont il s'agit n'est point une association politique, mais un établissement d'instruction
créé et autorisé selon les formes prescrites par la loi sur
les écoles primaires, et qui ne peut qu'être favorable à
l'éducation du peuple. Les Frères d'ailleurs se sont con-
formés à la loi; ils se sont même réunis aux conférences
formées par les autres instituteurs primaires. Il est assez
étonnant que le conseil municipal de Vitré leur ait retiré
l'allocation et le local dont ils jouissaient. M. le Rapporteur donne d'ailleurs quelques détails sur le bien que
font les Frères de M. Jean de la Mennais; ils se sont
établis dans 120 communes et reçoivent 20000 élèves;

75 de ces communes accordent une allocation, les 58 autres ne paient aucune rétribution.

« M. Leprovost prétend que la congrégation dont il s'agit a été fondée dans un but politique, qu'elle est alliée aux Jésuites, qu'elle est secondée par le parti légitimiste et par le jeune clergé, et qu'elle use de tous les moyens d'intrigues *pour s'opposer à l'établissement d'écoles mutuelles dans les campagnes*. MM. J. de la Mennais et Deshayes, ajoute-t-il, se trouvent avoir le commandement de 4 à 500 moines d'une nouvelle espèce, refusant les contributions et le service de la garde nationale, et possédant le monopole de l'instruction primaire d'une population de plus de deux millions de Français.

« M. Dubois (de la Loire-Inf^re), inspecteur de l'Université, qui, il y a quelques jours, sollicitait, dit-il, des mesures de répression contre les désordres de l'Ouest, croit devoir aujourd'hui dans l'intérêt des mêmes départements, défendre l'institution des Frères dont il s'agit. Il démontre qu'elle n'a pas le caractère proprement dit d'une corporation religieuse et qu'elle est au contraire soumise à toutes les Règles de l'Université, et que c'est un établissement d'utilité publique. La pétition porte atteinte à la liberté de conscience et d'enseignement. En supposant même que les Frères enseignent des doctrines répréhensibles, il y a une juridiction établie pour y porter remède.

« M. Salverte demande avec chaleur le renvoi au ministre de l'instruction publique. Il croit savoir que les Frères de M. de la Mennais font des vœux religieux. Le ministre dément cette assertion.

« M. de Lamartine défend l'institution de M. J. de la Mennais, elle ne s'occupe point de politique, mais seulement d'instruction et de morale. L'orateur espère

que, dans un moment où l'on songe à multiplier les
moyens d'instruction populaire, on ne s'arrêtera pas
à l'étonnante réclamation des pétitionnaires de Vitré.
S'ils eussent visité comme lui les contrées de la Turquie,
que l'on appelle barbares, ils auraient vu que la tyrannie ne va pas jusque là; on n'y force pas les parents
à faire passer la morale et le dogme par l'organe légal
d'instituteurs jurés. Il y a deux libéralismes : l'un
égoïste, exclusif, oppresseur qui est pire que la tyrannie,
parce qu'il est l'hypocrisie de la liberté; il en est un autre
élevé, intelligent, sincère, qui veut la liberté pour les
autres, qui admire tout ce qui est bien. L'orateur pense
que la Chambre se renfermera dans celui-ci. Il présente
d'ailleurs des considérations puissantes sur la liberté
d'enseignement. Les réflexions de M. de Lamartine, que
distingue toujours une éloquence soignée, ont produit
beaucoup d'impression.

« M. Glais-Bizoin voudrait du moins que la congrégation de l'Instruction chrétienne laissât propager l'enseignement mutuel.

« M. de Grammont répond que, si on préfère à celui-ci
l'éducation des Frères de M. de la Mennais, c'est qu'elle
est meilleure, et qu'ils enseignent mieux. Il fait observer
que cette éducation coûte d'ailleurs infiniment moins
que celle des écoles primaires ordinaires, qu'elle fait le
plus grand bien en Bretagne et que l'on n'a rien à redouter
pour la politique jusqu'à l'âge de 12 ans.

« L'Ordre du jour est prononcé à une grande majo-
rité. »

Ce n'est pas, du reste, seulement l'Enseignement
religieux que l'abbé Jean de la Mennais, en dépit des
difficultés dont nous parlions plus haut, va enseigner à
ses humbles écoliers du village. Ce n'est pas, seulement

le catéchisme, l'écriture, la grammaire, l'arithmétique. Il va aussi leur enseigner l'agriculture, et l'agriculture va même devenir, de suite, un des points les plus importants de son ingénieux programme.

Et, ainsi, il va renouer complètement, la chaîne interrompue par la période révolutionnaire.

Ainsi, il va reprendre, au point de vue agricole, la séculaire tradition des anciens couvents.

De tout temps, on le sait, les moines s'occupèrent, très-spécialement, de l'agriculture. (1)

« Chateaubriand (2), qui avait vécu, sous l'ancien régime, affirmait, qu'à l'époque de la Révolution, malgré le relâchement de certains ordres religieux, les plus belles cultures, les paysans les plus riches, les mieux nourris et les moins vexés, les équipages champêtres les plus parfaits, les troupeaux les plus gras, les fermes les mieux entretenues se trouvaient dans les abbayes...

« Et ce n'est pas seulement, » ajoute l'auteur que nous citons ici « la grande culture qui doit beaucoup aux travaux des moines. L'art des jardins, et en particulier l'arboriculture, avait fait, sous leur impulsion, de grands progrès. Les couvents possédaient seuls à peu près les bons fruits et connaissaient la manière de les propager. Lorsque ces établissements furent dispersés, l'arboriculture revint, à peu de chose près, à son état primitif, et, si elle est de nouveau en progrès, depuis quelques années, c'est que nous reprenons les excellents procédés des moines. »

---

1 Ce point est très-judicieusement développé dans un ouvrage récent : *La Civilisation chrétienne. — Étude sur les Bienfaits de l'Église*, par l'abbé Brin et le R. P. Laveille.

(2 *De la Civilisation chrétienne.* Tome II, page. 370 et suivantes.

Et l'auteur ajoute encore, après avoir rappelé les travaux des premiers Cisterciens et des Trappistes, leurs dignes successeurs : « Une autre congrégation religieuse, l'Institut des Frères de l'Instruction chrétienne, créée dans notre siècle par l'abbé Jean-Marie de la Mennais, continue dignement la tradition des anciens couvents. »

Mais avant de voir, à vol d'oiseau, ce qu'a fait, au point de vue agricole, l'Institut fondé par notre glorieux et saint compatriote, disons au moins un mot, sur ce qu'a pensé et ce qu'a fait le « Père, » à ce point de vue.

Dès 1833, l'abbé Jean de la Mennais écrivait au ministre, M. Guizot : « Je me propose de répandre en Bretagne la connaissance des meilleures méthodes d'agriculture.... »

Et, voilà pourquoi dès l'année 1841, le « Père, » véritable initiateur de l'enseignement de l'agriculture à l'école primaire, aussi bien en France que dans nos colonies, écrivait à l'un de ses Frères (1) dans les termes suivants :

« Faites bien attention à ce que je vous ai marqué au sujet du travail : rien n'est plus important : si vous parvenez à employer un certain nombre de jeunes noirs à la culture, ce sera un grand bien... »

Et, dans le même sens, à la même époque, il écrivait à l'aumônier des Frères de la Guadeloupe (2) :

« Joignez-vous au Frère Ambroise, pour attirer au *Morne-Vannier* quelques jeunes noirs, et les engager

---

(1) Lettre inédite, 13 octobre 1841, au frère Ambroise. Directeur général des Frères de la Mennais, aux Antilles.

(2) *Rapport à l'Association bretonne*, par le comte Harscouet, page 8, et page 10.

à cultiver la terre : ceci est de la plus haute importance : mettez-y du zèle et un soin particulier. »

Et, en 1848, M. le comte de Sesmaisons, Directeur
de l'*Association Bretonne*, sachant les idées de Jean-
Marie de la Mennais, sur ce sujet, lui écrivait une
lettre vraiment fort curieuse, d'où je détache les pas-
sages suivants qui montreront bien quel était le triple
élément constitutif du programme rêvé par notre sagace
compatriote, pour toutes ses écoles villageoises; j'ai
nommé l'enseignement chrétien, l'enseignement primaire proprement dit, et l'enseignement agricole.

« J'espère, lui disait M. de Sesmaisons, (1) très peu
de bien, pour l'agriculture, des fermes-écoles, des écoles
régionales et de l'Institut de Versailles. J'ai grand'peur
que ces institutions n'aient d'autres résultats que de
nous former une agriculture officielle, des fonctionnaires
agricoles qui ne comprendront de l'agriculture que
l'émargement au budget de l'État et, peut-être, une
Université agricole, avec tout un attirail d'examens,
de grades et de diplômes...

« Or, je vois un moyen très simple de répandre les
connaissances agricoles, dans nos campagnes : c'est
d'en faire un accessoire de l'instruction primaire, et
voilà pourquoi je m'adresse à votre expérience pour
peser cette idée et pour lui donner un corps, si elle est
réellement bonne...

« Mais, comment donner cette instruction agricole,
sans nuire à l'étude bien autrement essentielle de la
Religion? Comment faire porter un nouveau faix, à ces
pauvres enfants qui se trouvent déjà si chargés pour
leur âge et leur intelligence?

(1) Lettre inédite, 23 octobre 1841.

« Je crois que le seul moyen est de faire intervenir l'agriculture, comme moyen d'apprendre les autres choses que l'on doit leur enseigner...

« Je désire, que les institutions religieuses soient les premières à faire accepter cet enseignement, à la Bretagne, et que ce soit à elles qu'on le doive. »

Certes, on ne pouvait écrire à l'abbé Jean une lettre plus en rapport avec ses goûts les plus chers, goûts qu'il avait déjà, d'ailleurs, essayé de mettre en pratique dans ses écoles.

Mais, entre l'idée émise et sa réalisation parfaite, combien souvent la marge est grande ! Combien il fallait d'efforts, de tenacité et de volonté pour établir définitivement, dans toutes les écoles primaires de France, dans celles du « Père » comme dans les autres, un enseignement aussi nouveau et aussi différent de toutes les idées jusqu'alors acceptées et consacrées par une constante et durable tradition.

Pourtant, comme le disait si judicieusement le vénéré Père, « pourquoi vouloir élever et instruire le petit pâtre de Squiffiec, comme le fils d'un commerçant, d'un industriel de Rennes ! De même que le fils de l'ouvrier doit apprendre les notions qui lui sont indispensables, plus tard, pendant son apprentissage, de même le fils de l'agriculteur doit être initié de bonne heure, à ce qui regarde la culture du sol. » (1)

Combien, du reste, il est vraiment curieux de suivre, pas à pas, la marche du nouvel enseignement imaginé par le « Père »! Combien il est intéressant de voir ses timides balbutiements du début, ses pas chancelants du

______

(1) Rapport général au congrès provincial de Saint-Brieuc en 1896 — par Alain Raison du Cleuziou, page 89.

premier âge, sa marche périodique et toujours croissante, jusqu'au moment où, les années dernières, sortant définitivement de ses langes, il s'impose partout, par l'excellence de sa méthode, et, partout, dans toutes les écoles, conquiert enfin le droit de cité.

Sur les débuts modestes de l'enseignement agricole, sur la période où il n'est encore qu'à l'état de très humble chrysalide, sur les premiers efforts tentés par le « Père », j'aurais certes, ici, beaucoup d'exemples à citer.

Bornons-nous, à esquisser les œuvres de deux de ses humbles instigateurs, les Frères Auguste et Augustin. Ces œuvres nous feront suffisamment connaître, les premières applications de l'enseignement agricole, dans nos petites écoles villageoises, sous les auspices du vénéré Jean de la Mennais.

Il résulte de nos recherches que le cher Frère Augustin, placé à la tête de l'école de Pleurtuit, en 1850, enseignait déjà, avec beaucoup de zèle, l'agriculture, à ses jeunes élèves auxquels, comme récompenses, il donnait des graines de premier choix, qu'il faisait venir de la maison Leroy d'Angers.

Le « Père » l'avait même autorisé à dépenser, pour l'installation d'un champ de démonstration, une somme de huit cents francs, provenant de la vente d'une petite maison.

Or, ce champ, cultivé par des journaliers, était fumé, labouré, ensemencé, récolté, sous les yeux des élèves qui, non seulement, à titre de délassements, s'occupaient de magnifiques parterres de fleurs, mais aussi se livraient, très spécialement, à l'étude du blé, du colza, du tabac et autres cultures principales de la région.

L'enseignement agricole théorique, avec application sur le terrain, voilà donc bien, on le voit, l'enseignement-agricole actuel, tel qu'il a été, dès le début, non seulement imaginé par le « Père » mais encore tel qu'il a été mis, immédiatement, en application dans ses écoles.

D'autre part, il résulte d'un rapport présenté au comice agricole de Cancale, en 1853, par le Frère Auguste, directeur de l'école des Frères de la Mennais, à Saint-Méloir-des-Ondes, que ce Frère qui débuta, dès 1845, dans ses fonctions d'instituteur, à Saint-Méloir-des-Ondes, découvrit combien il était urgent de donner à ses élèves, appartenant, tous, à des familles de cultivateurs, quelques principes en matière d'agriculture. Il se mit donc à l'œuvre, ne faisant, d'ailleurs, qu'obéir à la ligne de conduite qui lui était tracée par le « Père. »

Tout d'abord, ce fut en dehors des classes, qu'il voulut réunir ses petits élèves, pour leur parler des beautés de la vie champêtre, des avantages si précieux qu'elle présente, et pour leur donner, en même temps, les notions les plus indispensables, en agriculture.

En 1853, le cher Frère Auguste fut autorisé, verbalement, par le Recteur de l'académie de Rennes, à comprendre l'enseignement agricole, dans le programme des matières apprises dans son école.

A partir de cette date, il développa, dans une notable proportion, ses leçons d'agriculture et d'horticulture ; et le nombre de ses élèves, suivant le nouvel enseignement, progressa de jour en jour.

De 1845 à 1853, la moyenne de ses élèves, au cours d'agriculture, était de dix. De 1853 à 1860, elle s'éleva à vingt-cinq, et, à partir de cette dernière année, elle dépasse soixante.

Quant à la façon dont s'y prenait le Frère Auguste, elle est vraiment digne d'être notée ici.

Son enseignement agricole consistait en lectures faites

dans de bons ouvrages, tels les *Éléments d'agriculture* par Bodin et encore la *Chimie agricole* de Malagutti. Il consistait encore dans le choix de dictées et de narrations, puisées dans des traités d'agriculture; dans des promenades faites sur les terres intelligemment drainées, les champs les mieux labourés.

Il menait, aussi, ses élèves visiter les fermes bien tenues, les exploitations munies des meilleurs instruments aratoires. Il leur prêtait des livres et des journaux techniques. Il avait même monté, à ses frais, un petit cabinet de chimie.

D'ailleurs, ce n'est pas seulement à ses écoliers actuels, c'est aussi à ses anciens élèves que le Frère Auguste se plaisait à enseigner l'agriculture; à ces derniers, au nombre d'une quinzaine, il faisait même, chaque dimanche, à partir de l'année 1856, des conférences d'agriculture et d'horticulture.

Aussi, ces jeunes gens, remportaient-ils toujours les premiers prix, dans les concours agricoles.

Mais tout cela, c'est la période de début; c'est l'effort isolé; c'est le tâtonnement, forcément plus ou moins imparfait.

Comment, d'ailleurs, en serait-il autrement quand en face d'une question aussi primordiale, les pouvoirs publics demeurent aussi muets que si la question agricole n'avait jamais existé en France? — en France, où, cependant, les cultivateurs forment la moitié de la population, et où il nous semble aujourd'hui vraiment incroyable, qu'on n'ait pas songé plutôt à s'occuper de donner un enseignement agricole aux enfants de ses dix-huit millions de cultivateurs.

« On s'en occupe, il est vrai, disait le cher Frère Martial, dans son Rapport présenté au congrès de l'Association Bretonne, à Ancenis, le 8 septembre 1894, pour leur apprendre que *délice* et *orgue* sont *masculins* au singulier et *féminins* au pluriel. On cultive leur logique naissante en leur enseignant, d'après l'Académie, que *bataille* s'écrit avec un seul *t*, tandis que *batterie* en exige deux ; de même, on écrit *chariot* avec un *r* parce que (?) *charrette*, *charrue*, etc. en prennent deux. Gare au petit *imbécile* qui écrirait *imbécillit* sans doubler la consonne.

« L'enfant de 12 à 13 ans qui s'est bien assimilé ces chinoiseries orthographiques peut prétendre au *Certificat d'études*. On pourra exiger de lui encore qu'il connaisse les causes de la rivalité des deux reines Frédégonde et Brunehaut ; qu'il puisse tracer fidèlement le cours du Niger ou celui du Mékong, mais on ne lui tiendra pas rigueur d'ignorer ce que c'est qu'une *houe* et il aura toute liberté de confondre *irrigation* avec *drainage*.

« Pour être invraisemblable et anormal, le fait n'en est pas moins vrai. A l'école primaire, on enseigne tout, excepté l'agriculture... »

Dans la loi de 1850 (1), cependant, voilà qu'il est enfin question d'« instructions élémentaires d'agriculture. »

En 1866, une Commission, nommée pour rechercher les causes de l'infériorité de notre agriculture nationale, conclut en priant M. le Ministre de l'Instruc-

(1) Lire spécialement à ce sujet le très remarquable *Rapport sur l'Enseignement Primaire*, présenté au Congrès de l'Association Bretonne à Ancenis, le 8 septembre 1894 par le Frère Martial, de l'Institut de Ploërmel. Rennes, imprimerie Simon, 1894.
Lire aussi le *Rapport* du comte Harscouët au Congrès Provincial de Saint-Brieuc.

tion publique de « recommander aux Instituteurs des communes rurales de donner, par le choix des dictées, des lectures et des problèmes, une direction agricole à l'enseignement. »

Plus tard, la loi du 18 mars 1882, les décrets des 18 janvier 1889 et 29 décembre 1891, prescrivent définitivement, l'obligation d'enseigner l'agriculture.

Mais comment donc l'enseigner d'une manière pratique ? Où trouver la vraie forme d'application ? C'est toujours l'écueil à franchir.

Alors, voilà l'Institut des Frères de Ploërmel, qui, de nouveau, entre en lice. En 1892, le Frère Abel et M. le Vicomte de Lorgeril, présentent enfin à la Société des Agriculteurs de France un vrai programme d'enseignement agricole. Ce programme est acclamé. Il est décidé, en outre, qu'un *Concours-examen* servira désormais de sanction au nouvel enseignement et que des récompenses seront décernées, tant aux élèves qu'aux maîtres qui s'y seront le plus distingués.

La Société départementale d'agriculture et d'Industrie d'Ille-et-Vilaine et la Société d'Agriculture de l'arrondissement de Ploërmel, adoptent aussitôt le nouveau programme, qu'elles proposent chaleureusement aux écoles primaires de leur ressort.

Puis, la Société d'Agriculture de Brest, à son tour, emboîte le pas ; et enfin, sur l'initiative de M. de Lorgeril, notre distingué compatriote, l'examen-concours de 1894, pour toute la province de Bretagne, est préparé sous la haute direction de l'Association Bretonne.

Et « de 1892 à 1896, 6996 élèves subissent les examens du *Certificat agricole primaire*, 5012 obtiennent ce certificat ; quant au *degré supérieur*, institué en

1895, 497 élèves s'y sont présentés, 182 ont été jugés dignes de ce diplôme. » (1)

Désormais, c'est la traînée de poudre.

L'enseignement agricole est définitivement fondé.

Il a jailli comme une lumineuse étincelle de l'âme ardente de Jean de la Mennais. C'est son âme toujours avide de bien qui l'a conçu, et c'est d'elle vraiment qu'il est né.

Et, la grande idée, le Révérend Frère Cyprien l'a recueillie dans l'héritage du « Père ».

Et, de la grande idée, deux Frères distingués, le Frère Abel et le Frère Martial, se sont faits les infatigables apôtres, et c'est à eux, très principalement, qu'appartient aujourd'hui le grand mérite d'avoir définitivement organisé l'*Enseignement agricole à l'École primaire*.

____

(1) Association Bretonne, 1896.

CHAPITRE V.

Du livre intitulé : « *L'Agriculture à l'école primaire.* » — L'enseignement agricole entre définitivement dans le domaine pratique. — L'édition canadienne.

Qu'est-ce donc que cet « enseignement agricole » dont l'idée et l'application en France reviennent, ainsi que nous venons de le dire, à notre illustre compatriote, l'abbé Jean de la Mennais ?

Certes, il s'agit là d'une question trop actuelle, trop intéressante, pour qu'elle ne soit pas ici l'objet d'une attention toute spéciale et d'un développement surabondamment mérité.

L'expérience démontre, on le sait, que, pour attacher les cultivateurs au sol et pour faire progresser l'agriculture, il est nécessaire de s'adresser à l'enfant, dès qu'il est en âge de comprendre. Il est incontestable, en effet, que les cultivateurs, dès qu'ils sont arrivés à un certain âge, ne sont plus aptes, en règle générale, à changer leurs méthodes. La routine devient alors pour eux une règle immuable, un dogme quasi sacré. Ce qu'ils ont vu faire à leurs aïeux, ils le feront, sans en changer un iota. Comme leurs pères ont labouré, ils laboureront. Comme leurs pères ont semé, ils sèmeront.

D'où ces préjugés extraordinaires, ces pratiques surannées ? Parce qu'autrefois, dans la ferme, le père mélangeait de la chaux au fumier, — ce qui cause, on le sait, sans aucun profit, une déperdition considérable d'ammoniaque et de principes fertilisants, — ainsi procédera le fils, quand il aura, à son tour, pris la direction de l'exploitation familiale.

Les vaches n'ont plus de lait, les brebis dépérissent. Le père, au lieu de songer à nettoyer ses étables, serait allé bien vite consulter le sorcier, afin de conjurer les sortilèges. Ainsi le fils croira devoir faire

L'abbé de la Mennais comprit bien vite où était le mal. Le mal ayant sa source dans la routine, dans la paresse intellectuelle, dans le défaut d'initiative et la peur de l'innovation, il se dit qu'il fallait, pour le déraciner, s'adresser à l'enfant.

Et, reprenant l'idée du « Père, » les Frères de Ploërmel composèrent alors, sous le titre : « *L'Agriculture à l'Ecole primaire,* » un petit manuel contenant, dans une forme claire et précise, un véritable cours d'agriculture.

Ils imaginèrent, en d'autres termes, un véritable *Catéchisme agricole.*

Ce modeste ouvrage (1) est divisé en quarante-deux leçons, correspondant aux quarante-deux semaines scolaires.

Chaque *leçon* est suivie d'un *questionnaire*, et, pour répondre aux questions posées dans ce questionnaire, l'élève, s'il n'a pas parfaitement compris, de prime

______

(1) *L'Agriculture à l'École primaire,* en quarante-deux leçons, par les Frères de l'Instruction Chrétienne. (Procure générale des Frères de l'Instruction Chrétienne, à Ploërmel.)

abord, est obligé de se reporter à la leçon, ce qui force son attention et l'oblige à comprendre.

La leçon est, en outre, suivie de *trois problèmes* dont le sujet est pris dans la pratique agricole, avec mission de confirmer et préciser la théorie dont elle découle.

Quelques *expériences* simples et à la portée des enfants complètent la leçon.

« On juge la valeur très pédagogique et très raisonnée de ce cours d'enseignement qu'un proverbe ou une pensée moralisante placée en vedette, au début de chaque leçon, caractérise et rehausse. » (1)

Les Frères ont vite compris, en effet, que la théorie, surtout en fait d'agriculture, n'est rien sans la pratique. Aussi, encore, autour de chacune de leurs écoles, ils ont cherché une exploitation agricole destinée à montrer à leurs élèves l'application de la théorie enseignée dans le manuel.

Et, ainsi, ils ont, en vérité, résolu la séculaire difficulté, car est-il rien de probant, comme la réalisation sur le terrain, au milieu des champs, des instructions enseignées à l'école ? C'est là, la leçon de choses, la leçon démonstrative, par excellence, la leçon profitable entre toutes.

Quand, en effet, sur le terrain, ils ont vu l'opération exécutée sous leurs yeux, avec les explications fournies par le *professeur pratique*; quand, ensuite, les enfants ont appris la leçon par cœur, sur les bancs, ils ne sont plus exposés à oublier. Ce qui est entré, par les yeux, dans l'intelligence de l'enfant, ce qui a frap-

______

(1) *Bulletin de la Société des Agriculteurs de France.* — 15 septembre 1893.

pé son imagination, ne s'est-il pas aussi à jamais sûrement gravé dans sa mémoire ?

D'où le succès incroyable de ce petit livre, vrai catéchisme agricole, qui s'appelle, ainsi que nous le disions à l'instant, *l'Agriculture à l'École primaire.*

Éditée seulement depuis quatre ans, *l'Agriculture à l'École primaire* a déjà été traduite en trois langues, et elle atteint son trente-cinquième mille !

Quel incroyable et merveilleux succès ! Quelle révolution bienfaitrice et morale accomplie par lui dans nos petites écoles de villages !

Aussi, de quels magnifiques témoignages il a été salué, ce petit livre si modeste, conçu de la foi géniale du vénéré Père, et, tout à coup, propagé aux quatre coins du monde, grâce à l'excellence si merveilleuse de sa méthode !

L'*Association Bretonne* a décerné à cet ouvrage une *médaille d'or* au Congrès de Quimper, en 1895, et un *Diplôme d'honneur* au Concours-Congrès provincial de Saint-Brieuc, en 1896.

Écoutez maintenant ce que le cardinal Rampolla, écrivait, au Révérend Frère Cyprien, le 18 août 1895 :

« Révérendissime Frère,

« Je me suis empressé de remettre entre les mains du Saint-Père l'ouvrage l'*Agriculture à l'École primaire*, que l'Institut des Frères de l'Instruction Chrétienne a édité, dans le dessein de combattre l'émigration des habitants des campagnes, secondant ainsi les vues et les désirs de l'ancienne *Association Bretonne.*

» Sa Sainteté a reçu ce présent avec satisfaction,

et, espérant que ce travail de votre Institut tournera à l'avantage de la population à laquelle il est destiné, de l'Église et des âmes, Elle a accordé de tout cœur la bénédiction demandée.

» De mon côté, en vous remerciant de l'exemplaire que vous m'avez destiné, je me réjouis de vous exprimer les sentiments de mon estime la plus distinguée.

» De votre Révérence, le très affectionné en N.-S.

« M. Card. RAMPOLLA. »

Écoutez encore, si vous le voulez bien, la façon dont s'exprime aussi, à son sujet, l'illustre camérier qui, suivant la si poétique tradition bien connue, a pour mission, chaque année, d'aller offrir la rose d'or bénite par le Pape, à la Souveraine du monde qui, par ses bonnes œuvres, a le plus mérité de la Sainte Église. J'ai nommé le comte Eduardo Soderini, camérier secret de cape et d'épée, qui, dans son si remarquable ouvrage, intitulé *Socialismo Catholico*, s'exprime ainsi sur les moyens à prendre pour conserver la prospérité dans les campagnes :

« Les mesures les plus importantes, à prendre, à notre avis, sont les suivantes : favoriser le maintien et le développement des sentiments religieux et de la moralité dans les campagnes : répandre, parmi les agriculteurs, de solides connaissances agricoles, au moyen de conférences agraires, journaux et opuscules techniques, et particulièrement au moyen de l'enseignement agricole donné, comme nous l'avons dit, aux enfants des écoles, et, autant que possible, avec le concours d'un Institut religieux, comme, par exemple, celui des *Frères de l'Instruction chrétienne*. On obtiendrait ainsi une instruction qui serait saine et en même temps ne coûterait que fort peu. » (1)

Et l'auteur ajoute, dans une note que nous tenons à reproduire :

« L'Institut français des *Frères de l'Instruction chrétienne*, que nous avons indiqué ci-dessus et, dont la Maison-mère est située à Ploërmel (Morbihan), s'est proposé le noble but d'enseigner l'agriculture dans les écoles primaires.

« Ce qui a surtout engagé ces bons religieux à entrer dans cette voie, c'est la persuasion qu'ils empêcheraient de cette manière la dépopulation des campagnes. Ils ont voulu convaincre, dès l'enfance, les paysans que le travail des champs est pour ainsi dire l'état normal de l'homme, ici-bas; celui auquel est appelé le plus grand nombre.

« Pour propager cette vérité dans les écoles, ils se sont appuyés sur l'enseignement de l'agriculture raisonnée et ont eu soin qu'il y eût, dans le voisinage de l'école, une exploitation modèle, appartenant à un propriétaire intelligent et entendu, où les élèves puissent aller voir souvent de quelle façon la pratique doit répondre à la théorie...

« Les *Frères de l'Instruction chrétienne* qui dirigent, à présent, un grand nombre d'écoles de campagne, ont obtenu en peu de temps des résultats splendides. » (2)

Citons enfin ces quelques lignes extraites du rapport présenté par M. Blanchemain, le 20 février 1895, à l'Assemblée générale de la Société des Agricul-

---

(1) *Socialisme et Catholicisme*, par le comte Édouard Soderini. — Traduit de l'italien par le chanoine Le Monnier, p. 284.

(2) *Socialisme et Catholicisme*. Ouvrage précité, p. 285.

teurs de France : « Comme l'Ordre des Frères de Ploërmel en a pris l'initiative dans la Bretagne, la plupart de nos grands Ordres enseignants se préparent à donner l'enseignement de l'agriculture.» (1)

Ajoutons ici que ce rapport se termine par le vœu suivant qui fut immédiatement adopté à l'unanimité : «... La Société attribue dès à présent deux diplômes d'honneur, l'un à l'*Association bretonne* qui, la première, a inauguré le mouvement agricole; l'autre à l'Ordre enseignant des Frères de Ploërmel, qui a répondu pleinement à cette initiative, en créant, de toutes pièces, pour ses nombreuses écoles, un système pratique qui peut devenir le point de départ d'un immense progrès. »

Ajoutons, à tout ceci, que le petit livre des Frères de Ploërmel, franchissant les frontières de la Mère Patrie a été également adopté comme livre d'enseignement par le conseil de l'Instrution publique du Canada, sous le titre de *l'Agriculture dans les Écoles.* (2) Et voici la lettre si élogieuse, qu'après cette admission, reçut de Rome le R. F. Cyprien :

« Très Révérend Frère,

« C'est avec grand plaisir que j'ai remis au Saint-Père la lettre que vous m'avez adressée, le 31 juillet dernier,

---

(1) *Société des Agriculteurs de France.* — « L'Enseignement agricole. » — Rapport présenté à l'assemblée générale le 20 février 1895, par M. Paul Blanchemain.

(2) *L'Agriculture dans les Écoles* en 41 leçons, par les Frères de l'Instruction chrétienne. Ouvrage approuvé par le Conseil de l'Instruction publique. — Montréal, Beauchemin et fils, libraires-Imprimeurs.

avec le livre *L'Agriculture dans les Écoles*, adapté par vos Frères du Canada, à la culture de cette contrée.

« Sa Sainteté s'est montrée très satisfaite de cet hommage. Elle fait des vœux pour que l'enseignement agricole de vos Frères au Canada, soit couronné des mêmes succès qu'il a obtenus en France.

« C'est pour cela que Sa Sainteté vous accorde très affectueusement à vous, ainsi qu'à tous vos Frères, la bénédiction apostolique.

« Je vous remercie, en outre, personnellement, de l'attention délicate que vous avez eue de m'offrir un exemplaire de ce petit livre et je suis heureux de vous renouveler l'expression de mes sentiments de profonde estime.

De votre Seigneurie Révérendissime,
Le très affectionné dans le Seigneur,

† *M. Card*. RAMPOLLA.

Rome, le 18 août 1896. »

Terminons par l'extrait suivant d'un article paru dans le *Journal d'Agriculture illustré*, publié par le Ministère de la Province de Québec, à Montréal (Canada) — numéro du 15 novembre 1896.

LA QUESTION AGRAIRE ET LE CLERGÉ. — HONNEUR
A NOS PRÊTRES ET A NOS ÉVÊQUES.

« Dans un article sur le danger du Socialisme révolutionnaire et la gravité de la question agraire, « l'*Osservatore Catholico* (d'Italie) dit ce qui suit :

« L'avenir réserve aux curés de campagne une mission des plus importantes : celle de prémunir avec efficacité les habitants des campagnes contre les séductions et les sophismes de ceux qui prétendent résoudre les difficiles problèmes de l'heure actuelle, sans le secours et même contre Dieu et contre l'Évangile.

« Voyons ce qui, à cet égard, se passe au Canada. Là, officiellement, le clergé se montre le protecteur, le vrai directeur du mouvement agricole, et il est bon de rappeler, qu'en ce pays-là, l'agriculture n'en est que plus prospère. Toute la contrée est divisée en *cercles agricoles*, dont le prêtre est l'âme et la vie. C'est lui qui fait des conférences, au moyen desquelles le peuple est mis en garde contre des idées dangereuses et apprend à en combattre le développement, aussi bien qu'à en neutraliser les succès ; c'est le prêtre qui enseigne aux fidèles la science du ciel en même temps que celle de la terre.

« Puisse-t-il en être ainsi au milieu de nous. »

Tel est, esquissé dans ses grandes lignes, le nouvel enseignement dû aux chers Frères de Ploërmel. Telle est l'origine de cet enseignement remontant à Jean de la Mennais ; telle est sa genèse et tel est le développement qu'il a atteint à l'heure actuelle.

Faut-il voir en lui le grand remède à la crise agricole et à la dépopulation de nos campagnes ?

Nous l'espérons et nous le croyons.

L'idée de ce nouvel enseignement ne vient-elle pas, en effet, d'un saint prêtre vraiment inspiré, et le nouvel enseignement n'a-t-il pas reçu, en outre, et les encouragements et les bénédictions du Souverain Pontife :

« Si comme nous le croyons, disait le Frère Alexis-Marie, au Congrès d'Auray, en 1895, cette idée vient vraiment de Dieu, quelque bon ouvrier de la sainte cause s'en emparera, il la cultivera avec soin, et, l'heure venue, elle produira les fruits que nous en attendons. Et comme, après quelques mois, le grain de blé, ayant subi quelques transformations, devient, à la parole du prêtre, le corps sacré de Jésus-Christ, ainsi l'idée que nous lançons aujourd'hui produira, l'heure venue, de fervents chrétiens, c'est-à-dire d'autres Christs.

« Je termine, Messieurs sur cette espérance. Elle est d'autant plus fondée qu'à la date du 18 août dernier. S. E. le cardinal Rampolla écrivait au R. F. Cyprien, au nom de N. T. S. P. le Pape Léon XIII : « Le travail que vous vous êtes imposé tournera « à l'avantage de la classe que vous dirigez et au bien de l'Église « et des âmes. » Il s'agit, est-il besoin de le dire, de l'enseignement agricole, de tout ce qui peut contribuer à retenir à la campagne les populations rurales... »

Et, comme conséquence de la parole du Saint-Père, le cher Frère émettait un double vœu, adopté par l'assemblée générale, l'un tendant à la propagation de l'enseignement agricole dans les campagnes, l'autre relatif à l'établissement des *Patronages paroissiaux*.

Et en terminant, il rappelait ces paroles du poète :

> Et que le déserteur s'arrête, et qu'il revienne
> Vers la ferme à l'endroit où ses pères sont morts!
> Du métier désappris, que l'absent se souvienne!
> C'est le travail des champs qui nous rendra plus forts! (1)

Et c'est vraiment la même prière, encore, que, dans ces vers toujours si empreints du mélancolique parfum de nos landes, Brizeux, le barde inspiré, adressait à ses chers Bretons :

> Si vous laissez encor les beaux genêts fleuris
> Et les champs de blé noir pour aller à Paris,
> Quand vous aurez tout vu dans cette grande ville,
> Combien elle est superbe et combien elle est vile,
> Regrettant le pays. . . . . (2)

Et, on le sait, le chantre de la Bretagne disait encore, ailleurs, dans le même ordre d'idées :

> Oh! ne quittez jamais le seuil de votre porte,
> Mourez dans la maison où votre mère est morte :
> Voilà ce qu'à Paris avait déjà chanté
> Un poète inconnu qu'on n'a pas écouté.

---

(1) Paul Harel. — *Les voix de la Glèbe.*

(2) Œuvres de Bizeux. — *L'Élégie de le Braz.*

Brizeux et Jean de la Mennais : il me plaît vraiment ici de rapprocher ces deux grands esprits si profondément épris tous deux de leur sol natal.

Brizeux et Jean de la Mennais !

Oh ! combien, vraiment, ils surent tous les deux éloquemment dépenser, l'un son âme de poète, l'autre son cœur d'apôtre, afin de persuader à tous l'immuable et constant amour de la vieille terre de Bretagne, l'ancienne patrie des landiers en fleurs, des beaux champs de lin et de blé noir, des mélancoliques landes semées de bruyères et d'ajoncs et remplies aussi de saintes traditions, de jolies coutumes et de naïves légendes.

Est-ce que, d'ailleurs, de tout temps, les paisibles attraits de la campagne n'ont pas inspiré et charmé toutes les âmes éprises du beau et du bien ?

Lisez plutôt Homère, Virgile, Horace, Lamartine....

Aussi, combien, en face de la soudaine dépopulation de la campagne, — cette campagne qui fut toujours célébrée par les poètes, — il est naturel que notre illustre compatriote aille chercher dans son génie et dans sa foi le moyen d'enrayer le mal.

Combien il est naturel qu'il vienne en hâte apporter son aide si puissant à Brizeux, le barde Breton, criant de sa voix inspirée à ses compatriotes qui s'éloignent :

> Oh ! ne quittez jamais, c'est moi qui vous le dis,
> Le devant de la porte où l'on jouait jadis.

CHAPITRE VI

Fondation de l'Institut de Ploërmel. — L'abbé Jean de la Mennais
et M. Deshayes. — Développement de l'Institut. — Décret laudatif.
— Lettre du Saint Père, le Pape Pie IX. — Lettre de Son Emi-
nence le Cardinal Vannutelli, Protecteur de l'Institut. — Décret
d'approbation. — Le R. F. Cyprien, digne successeur de l'abbé
Jean de la Mennais. — Son magnifique généralat. — Distinctions
méritées. — Prospérité toujours croissante.

Il convient de dire, ici, un mot spécial sur l'Institut
de Ploërmel, car cet Institut n'est pas seulement l'œuvre
principale du vénéré Père il est, aussi, le cœur
vivant, l'âme véritable du grand mouvement scolaire
dont nous avons parlé dans les chapitres précédents.

Comme nous l'avons déjà rappelé, l'Institut des Frères
de la Mennais date, en réalité, du 29 septembre 1817.

Ce jour là, le « Père, » débutant aussi humblement
que son compatriote l'abbé Lepailleur, fondateur des
Petites Sœurs des Pauvres et, avec une analogie qu'il
est vraiment curieux de signaler, reçut chez lui, rue
Notre-Dame, à Saint-Brieuc, trois jeunes postulants qui
lui étaient adressés, par le Curé de la Roche-Derrien.

Plusieurs autres jeunes gens ne tardèrent pas à venir,
du reste, se joindre à ceux-ci et le « Père » avant de les
mettre à la tête des petites écoles dont il projetait la

création, se mit à leur donner des leçons d'instruction primaire.

« Or, pendant que l'abbé de la Mennais jetait ainsi les premiers fondements de son Institut, (1) « Dieu suscitait, pour une création analogue, un autre prêtre pieux et zélé comme lui, qui gouvernait l'une des paroisses les plus fidèles de la Bretagne.

« Quand le nom de M. Gabriel Deshayes, vicaire général de Vannes et curé d'Auray, arriva jusqu'à Saint-Brieuc, et que le vicaire capitulaire apprit qu'une création toute semblable à la sienne existait déjà, au centre même de la province, tout autre que lui se fût arrêté peut-être, ou se fût hâté de donner à sa Congrégation une empreinte personnelle.

« Mais lui, qui savait si bien qu'il ne peut y avoir de rivaux dans l'Église, courut se jeter dans les bras de M. le curé d'Auray.

« Dès que M. de la Mennais et M. Deshayes se rencontrèrent, disent les auteurs des *Anciens Évêchés de Bretagne*, ils se reconnurent et s'embrassèrent, comme l'avaient fait saint François et saint Dominique.

« Les deux serviteurs de Dieu, qui avaient le même but, crurent qu'ils devaient s'unir et ne former qu'un seul Institut. Huit jours après avoir reçu la visite du vicaire capitulaire, le curé d'Auray se rendit à Saint-Brieuc, où les deux fondateurs signèrent un traité stipulant la fusion de leurs deux Congrégations.

« Les deux essaims réunis ne formèrent donc plus qu'une famille, et les deux supérieurs eurent un égal droit de supériorité sur l'Institut. Le traité fut signé à Saint-Brieuc, le dimanche de la Trinité, 6 juin 1819.

(1) *L'abbé J.-M. de la Mennais.* — Procure des Frères, p. 74 et suivantes.

« Nous avons fait là un chef-d'œuvre d'absurdité, disait plus tard M. de la Mennais, avec une simplicité charmante ; mais comme les deux fondateurs se conviennent admirablement l'un à l'autre, et qu'ils s'aiment, tout va à merveille... »

« Le 9 septembre 1820, les membres des deux noviciats furent réunis, pour la première fois, dans une retraite commune, à Auray ; et ce fut là que les deux fondateurs donnèrent à leurs disciples le nom de *Frères de l'Instruction chrétienne*, avec la devise : *Dieu seul !*

« A la fin de la retraite, la règle du nouvel Institut fut promulguée... »

Cependant, quelques jours s'étaient à peine écoulés, que M. Gabriel Deshayes, appelé à Saint-Laurent-sur-Sèvre, fut nommé assistant du T. R. P. Duchesne, Supérieur général des Sociétés du Bienheureux de Montfort. Le 17 janvier suivant, il fut élu Supérieur général des mêmes Sociétés ; mais il continua, jusqu'à sa mort, de diriger, avec M. de la Mennais, les Frères de l'Instruction chrétienne de Bretagne, et de se rendre chaque année à leur Retraite annuelle.

Les quelques sujets bretons, que M. Deshayes emmena à Saint-Laurent-sur-Sèvre, formèrent le noyau d'une nouvelle Congrégation qui prit, du nom de son fondateur, l'appellation de *Frères de l'Instruction chrétienne de Saint-Gabriel*.

A nous, il ne semble pas sérieusement contestable que le Père Deshayes soit bien comme nous venons de le dire, le vrai fondateur des Frères de Saint-Gabriel.

C'est là, cependant, durant ces dernières années, un point qui a été longuement discuté.

Pourtant, les Constitutions de la congrégation de Saint-Gabriel — et c'est là, me semble-t-il une raison décisive — sont absolument identiques à celles données à l'Institut des Frères de l'*Instruction chrétienne* de Ploërmel.

En outre, dans le Manuel de Piété, des Frères de Saint-Gabriel, publié, en 1846, par leur Supérieur général, le R. F. Augustin, avec l'approbation de Mgr l'évêque de Luçon, le titre de *Fondateur* et de *Père* est toujours donné exclusivement, au Père Deshayes.

Et c'est encore exactement, dans le même sens, que s'exprime, dans ses circulaires du 2 Janvier 1864 et 25 mars 1872 le R. F. Eugène-Marie, également Supérieur général de l'Institut de Saint-Gabriel,

Si, en effet, il se plaît à considérer parfois le vénérable Grignon de Montfort comme son *aïeul* spirituel, il réserve toujours à l'abbé Deshayes, le titre de *Fondateur* et de *Père*.

Ainsi (page 19, circulaire du 2 Janvier 1864), parlant du vénérable Grignon de Montfort : « C'est bien ainsi » dit-il « que l'a compris celui dont nous sommes incontestablement les *petits enfants* et dont la tombe nous a servi de berceau. »

Ainsi, dit-il encore, dans le même sens : « Le *Père Deshayes* était loin de considérer comme complets et définitifs les statuts et les règles qu'il donnait à *sa* congrégation (page XXXIII, circulaire du 25 mars 1872)...... En se constituant, la congrégation ne s'écarte donc point de la pensée du *Père Deshayes*... En premier lieu, *le Père* a travaillé *avec ses enfants*... C'est toujours *le Père* qui s'occupe d'affermir *sa* maison et *ses* œuvres. *Le Fondateur* vit en effet dans *sa* congrégation, comme un père vit dans ses propres enfants... Et quel a été notre but (page XXXV,) sinon de faire pénétrer ces principes et cet esprit dans

le cœur de tous les *petits enfants* du Père de Montfort, dans la doctrine duquel le Père Deshayes les
a puisés. »

C'est enfin, dans notre sens, que s'exprime l'abbé
Laveau. (1) Du reste, les circonstances qui entourent
le voyage à Rome du Père Deshayes, tant pour l'introduction de la Cause du Père de Montfort que pour
l'approbation des Missionnaires de Marie et des Filles
de la Sagesse ; le *Bref de Louanges* du 13 mars 1825
qui ne parle que de ces deux congrégations ; le Bref
de Léon XII au Père Deshayes, conçu dans le même
sens, corroborent pleinement l'opinion du savant
auteur.

Son opinion est aussi celle de tous les journaux de
l'époque (2) et comme le dit, si justement, avec sa
haute autorité, Mgr Bécel, Évêque de Vannes, parlant du R. P. Maurille auteur de la brochure intitulée
Deux points d'Histoire (3) : « Avec une logique irrésistible, appuyée sur des documents puisés à bonne
source, il établit péremptoirement... que le Père
Deshayes est le fondateur des Frères de St-Gabriel. »

Mais revenons aux Frères de l'Instruction chrétienne
dont les écoles ne tardèrent pas à se propager partout en Bretagne : Pordic, Dinan, Lamballe, Guingamp
les possèdent, dès 1820.

---

(1) *Vie de Gabriel Deshayes* par l'abbé Laveau. Vannes, imprimerie
Lamarzelle 1866.

(2) Voir *l'Univers* du 7 Janvier 1842. — *L'ami de la Religion* du 4
Janvier 1842. — Le *Mémorial Catholique* tome II, Janvier 1855. Voir
aussi *l'Hermine*...

(3) *Deux points d'Histoire* par le R. P. Maurille Supérieur général
des Frères de la Compagnie de Marie et des Filles de la Sagesse.
Vannes imprimerie, Galles.

De 1840 à 1850, l'Institut de Ploërmel devint alors, surtout, comme le centre d'un vaste apostolat de l'éducation chrétienne de l'enfance et le modèle choisi par nombre de Congrégations enseignantes.

« Plus de 60 évêques de France, de nos colonies ou de l'étranger écrivirent à l'abbé de la Mennais, pour lui demander des Frères, ou pour le prier de leur indiquer la marche à suivre pour fonder des Congrégations d'instituteurs religieux. (1) » Ainsi, entre beaucoup, Mgr l'évêque de Beauvais ; ainsi, le cardinal Wiseman qui, au nom de l'épiscopat anglais tout entier, lui écrit dans les termes suivants : « Nous voulons vous prendre pour modèle dans la difficile entreprise de la régénération des enfants du peuple ; avec votre concours, nous ne désespérons pas d'arriver au but. »

Et l'illustre cardinal envoie, alors, au Noviciat de Ploërmel, huit jeunes Anglais qui, « devaient rapporter à Londres, (c'est Mgr Wiseman qui parle,) l'esprit de l'excellente institution de M. de la Mennais et former le noyau d'une Congrégation de religieux instituteurs. » (2)

Vers la fin de mai 1841, Mgr de la Croix d'Azolette, archevêque d'Auch, vient, lui aussi, en Bretagne étudier l'œuvre du « Père » et, dès l'année suivante, il envoie, au Noviciat de Ploërmel, quelques jeunes gens de son pays, parmi lesquels il importe de citer le Frère François Xavier, qu'on pourrait justement, appeler le premier Frère Gascon. D'une angélique piété, d'une admirable mansuétude, le Frère François Xavier était aimé de tous ceux qui le connaissaient. « Il avait

----

(1) *L'abbé Jean-Marie de la Mennais.* Procure des Frères page 106.

(2)   *id.*   page 107.

mis sa belle voix au service de la Sainte Eucharistie
et de la bienheureuse Vierge-Marie. Dieu ne voulut
pas laisser plus longtemps sur la terre ce cœur qui
ne battait que pour lui. Il voulait sans doute en le
couronnant bien jeune encore donner un protecteur
à la petite communauté de Gascogne. » (1)

Le Frère François Xaxier entré au postulat d'Eauze
le 1er mai 1842, mourut,
en effet à Ploërmel, dès
le 23 septembre de la
même année.

Cependant, l'œuvre
de Gascogne, ainsi pro-
tégée de Dieu, continu-
ait à prospérer.

De nouveaux Frères,
— les Frères Jean-
Louis de Gonzague.
Alphonse de Liguori,
Sébastien, Augustin,
Paul... venaient, tour
à tour, en grossir la

Mgr DE LA CROIX D'AZOLETTE,
archevêque d'Auch.

pieuse phalange et par un traité spécial signé le 17
octobre 1849, l'abbé de la Mennais en acceptait la
haute direction.

Au mois de juillet 1850, l'abbé Duguey, vicaire à
Tinchebray, vient à son tour s'inspirer de l'œuvre du
« Père » et ainsi va se fonder, encore, l'ordre des Frères
de Sainte-Marie de Tinchebray, qui gardera son auto-

---

(1) *Chronique* de l'Institut des Frères (années 1878-79-80) page 139
Note sur la fondation des Frères de l'Instruction chrétienne en Gascogne par le Frère Paul (d'Auch).

nomie jusqu'en 1880, pour s'annexer alors, définitivement, à l'Institut de Ploërmel.

Et c'est jusqu'en Pologne, que se fait sentir l'influence du « Père, » toujours infatigable, lorsqu'il
s'agit de l'éducation chrétienne de l'enfance.

C'est ce qu'établit la curieuse lettre suivante :

... « En ce moment (1), je m'occupe de former
une autre congrégation de Frères, sur le modèle de
la mienne, mais distincte
pour la Normandie, de concert
avec Mgr l'Évêque de Cou-
tances ; nos arrangements
sont prêts : il doit m'envoyer des sujets dans le mois
prochain : comme il ne faudra
pas moins de dix-huit mois
pour-les bien instruire, et
les mettre en état d'en élever
d'autres, vous voyez que cette
nouvelle œuvre n'est encore
que dans son germe, mais

R. P. Duguey,
fondateur de l'Œuvre des Frères
de Normandie.

enfin nous allons commencer. J'entreprends la même
chose pour la Pologne : un charmant jeune homme
est venu tout exprès de ce pays et j'en attends deux
autres, du moins je les ai demandés : un ecclésiastique polonais, mon intime ami, plein de zèle et de
talents, reprendra et dirigera ses compatriotes aussitôt
qu'ils auront achevé leur Noviciat.

Agréez...

J.-M. de la MENNAIS.

(1) Lettre inédite du 21 janvier 1830 à M. Mazelier, curé de St-Paul-
trois-Chateaux. (Drôme).

« Je vous écris de Redon où je suis en passant pour donner une retraite d'hommes. »

Et à mesure que l'arbre planté par le vénéré « Père » étend plus loin ses rameaux, il se fortifie aussi dans ses racines.

En effet, voilà, le 7 janvier 1851, la Congrégation des Évêques et des Réguliers qui décide que l'Institut des Frères de l'Instruction chrétienne doit être loué par un décret.

DÉCRET

« Notre Très Saint Père le Pape Pie IX.

« Vu les lettres de recommandation du Nonce Apostolique et les fruits abondants produits par la Société des Frères dits de l'Instruction chrétienne, comme aussi les légitimes espérances qu'elle donne pour l'avenir.

« Ouï le vœu des Cardinaux de la S. E. R. formant la Sacrée Congrégation préposée aux affaires et aux consultations des Évêques et des Réguliers, — a résolu de louer et de recommander singulièrement, non seulement le but pieux du suppliant, mais encore l'Institut lui-même, comme par la teneur du présent Décret il le loue et le recommande dans les termes les plus bienveillants, plein de cette confiance que, par la bénédiction du Seigneur, il s'accroîtra de jour en jour pour l'éducation chrétienne des enfants.

« Donné à Rome, de la Sacrée Congrégation des Évêques et des Réguliers, le 7 janvier 1851.

« J. AF. CARD. ORIOLI, *préfet.* »

A ce décret il faut joindre la lettre si paternelle et si élogieuse que le Souverain Pontife écrivit ensuite au vénéré « Père » : « Vous avez, lui disait-il, dans le Décret, que la Congrégation préposée aux affaires des Évêques et Réguliers a rendu sur ce sujet, avec Notre approbation, le 7 du mois dernier, le témoignage de cette louange Pontificale ; ainsi, croyez bien que, vous et votre Société, persévérant avec courage dans l'œuvre commencée et élevant la jeunesse dans la saine doctrine chrétienne, trouverez toujours en Nous et en ce Saint Siège apostolique, faveur et protection.

« Poursuivez donc, cher fils, poursuivez avec ardeur, l'œuvre vraiment belle que vous avez entreprise, depuis déjà tant d'années, et déployez jusqu'au dernier jour de votre vie, votre zèle, vos efforts et toute votre activité, pour faire régner parmi tous les membres de votre Institut, la mutuelle concorde des esprits, et augmenter en eux, de jour en jour, le désir ardent de pourvoir, surtout en ces temps de deuil et d'amertume, à la chrétienne éducation des enfants du peuple...

« Donné à St-Pierre de Rome, le 1er Février de l'an 1851, de Notre Pontificat le Ve

PIE IX, Pape. »

On sait comment les Frères de la Mennais, après le décès de leur saint fondateur, ont poursuivi son œuvre si belle dans la personne de son vénéré successeur, le Révérend Frère Cyprien, et comment celui-ci, après cinq voyages à Rome, a eu enfin la joie de voir son cher Institut définitivement approuvé.

Rappelons ici, d'ailleurs, la lettre (1) si élogieuse par laquelle le vénéré Cardinal Vannutelli, le haut Protecteur de l'Institut, auprès du Saint Siège, faisait

_____

(1, *Chronique de l'Institut*. N° du 1er février 1891.

présager l'heureuse nouvelle, aux chers Frères de la Mennais.

« Mes très chers Frères,

« Vous avez tous les droits à mes plus vifs remerciements, à mes vœux les plus sincères, et à mes félicitations les plus chaleureuses.

« Soyez assurés, mes très chers Frères, que j'ai été on ne peut plus sensible aux splendides témoignages que vous m'avez donnés de votre piété, de votre dévouement à la sainte Église, de votre attachement à ma personne, de votre fidélité aux devoirs de la noble mission que la Providence vous a confiée.

« Aussi je me réjouis de pouvoir me dire le protecteur de votre Institut près le Saint Siège; et comme tel, je ne manquerai certainement

Cardinal Séraphin Vannutelli, protecteur de l'Institut de Ploërmel.

pas de faire, en son temps, les démarches pour obtenir l'approbation définitive de votre chère Congrégation.

« A une époque comme la nôtre, où l'on essaye, par tous les moyens, d'arracher les âmes à l'influence bienfaisante de l'Église, il est beau et bien consolant de prêter son concours aux cœurs généreux qui se dévouent à la rude tâche de protéger les enfants contre les séductions du monde et les pièges des méchants, de leur inspirer l'attachement à la Religion, l'amour du bien, le respect envers l'autorité, et d'en former, en un mot, de bons citoyens et des chrétiens sérieux. Tel est le rôle tout apostolique de votre Congrégation.

« Je suis heureux de vous appartenir en quelque sorte, et vous souhaite les meilleures bénédictions d'en haut.

« Votre dévoué en N.-S.

« Cardinal VANNUTELLI. »

Quand au décret d'approbation, qui fut solennellement promulgué par Mgr l'Évêque de Vannes, le 7 avril 1891, il est ainsi conçu :

DÉCRET D'APPROBATION

« De l'union des deux fondations distinctes établies pour l'instruction chrétienne et civile des enfants du peuple, l'une à Auray en l'année 1816, l'autre à Saint-Brieuc l'année suivante en 1817, par les soins et le zèle d'un prêtre dévoué, Jean-Marie de la Mennais, alors vicaire général de Saint-Brieuc, est née, en 1821, la pieuse Congrégation des Frères de l'Instruction chrétienne de Ploërmel, ainsi dite du lieu de la Maison-Mère.

« La fin ou le but spécial de cette Congrégation, comme son titre lui-même l'indique, est l'instruction chrétienne des enfants du peuple, surtout dans les écoles appelées primaires.

« Ces Frères, qui vivent en communauté, ne forment absolument qu'une seule classe; et quoique, dans le commencement, ils ne fussent liés que par le vœu d'obéissance, ils émettent aussi maintenant les deux autres vœux simples ordinaires de pauvreté et de chasteté, d'abord ponr un temps, puis à perpétuité; en outre ils sont soumis à la direction d'un Supérieur Général.

, « La pieuse société s'est tellement étendue, avec l'aide de Dieu, que le 7 janvier 1851, elle mérita d'être honorée d'un *Décret laudatif* du Pape Pie IX, de sainte mémoire.

« Encouragés par ce témoignage public du Siège Apostolique, les Frères rivalisèrent d'ardeur pour la cause de Dieu et de son Église, et s'efforcèrent de tout leur pouvoir d'atteindre le but proposé : ils virent la Congrégation prendre les plus magnifiques développements. Et, en effet, aujourd'hui cette Congrégation compte environ 1900 membres, avec 380 écoles; elle est répandue dans 27 diocèses de France, ainsi que dans plusieurs colonies de cette nation, et d'autres pays, au grand profit de la Société chrétienne et de la Société civile.

« C'est pourquoi, exposant toutes ces choses, et les confirmant par des lettres de recommandation de tous les Ordinaires des lieux où se trouvent des maisons de la pieuse Congrégation, le Supérieur général actuel, le Frère Cyprien, supplia très humblement Sa Sainteté le Pape Léon XIII, d'accorder à l'Institut et aux Constitutions qui le régissent l'approbation pontificale.

« Le rapport en fut fait à Sa Sainteté par Monseigneur le Sécretaire de cette Sacrée Congrégation préposée aux affaires et aux consultations des Évêques et des Réguliers dans l'audience du 13 Mars 1891. Après avoir tout examiné, et tenant compte surtout des lettres de recommandation des Ordinaires, Sa

Sainteté a daigné avec bienveillance approuver et confirmer ladite Congrégation des Frères de l'Instruction chrétienne de Ploërmel, comme Institut à vœux simples, ainsi que par la teneur du présent Décret le même Institut est *Approuvé et Confirmé,* sauf la juridiction des Ordinaires, conformément aux Sacrés Canons et Constitutions Apostoliques ; Sa Sainteté diffère à un temps opportun l'approbation des Constitutions, au sujet desquelles, en attendant, Elle a ordonné de communiquer plusieurs observations.

« Donné à Rome, au Secrétariat de la Congrégation des Évêques et des Réguliers, le 11 Mars 1891.

Signé : I. Card. VERGA
Préfet,

Place du Sceau   FR.-LOUIS, Ev. de Callinice, »
Secrétaire.

« En cette année 1891 » dit *l'Ami de l'Enfance,* (1) auquel nous empruntons la plupart de ces renseignements, les bénédictions de toutes sortes pleuvaient, sur l'Institut de Ploërmel, avec une persistance digne de remarque...

« En effet, le 20 septembre le R. F. Cyprien recevait, du Prince de Léon, la lettre qui suit, à laquelle, sans doute, il était loin de s'attendre :

Paris le 19 septembre 1891.

« Mon Révérend Frère

« Je suis heureux de vous apprendre qu'en considération de vos mérites personnels et des services

---

(1, *Jean-Marie de la Mennais.* Procure des Frères, précité, page 217-218.

que rend votre Institut, le roi de Portugal vient de vous conférer la croix de *Chevalier de l'ordre du Christ.*

« Recevez tous mes compliments les plus sincères, mon Révérend Frère, et croyez à ma haute considération.

« Le Prince de LÉON »

« Ajoutons que, dès 1880, le gouvernement de la Catholique Espagne avait, lui aussi, voulu adresser à l'Institut de Ploërmel, un témoignage particulier de sa sympathie, en envoyant à son vénéré Supérieur général la *Croix de Saint-Jean de Jérusalem.* »

Récompenses celles-la, combien méritées, au centuple !

Quelle serait longue et belle, en effet, l'éloquente énumération des actes, par lesquels le Révérend Frère Cyprien a si merveilleusement travaillé à la prospérité de son cher Institut, particulièrement béni de Dieu !

Comme le disait éloquemment M. l'abbé Daniel, le 7 septembre 1886, (1) « les actes sont là, qui parlent assez haut : la tenue de quatre chapitres, qui ont donné à l'Institut sa complète organisation ; deux voyages à Rome ; les études fortifiées, élevées ; le noviciat vigoureusement établi ; les Frères envoyés en Haïti, cette vieille colonie de nos anciens Rois, envoyés au Canada, où, loin d'une patrie qui semble vouloir rejeter des enfants dévoués, ils retrouvent une autre France avec toute la saveur du vieux langage, des vieilles mœurs et de la vieille foi... Quoi encore ? Cinq juvénats fondés dans une sage prévoyance et au prix de grands sacrifices ; puis, la famille

(1) Page 8 et 9. *Discours prononcé à Ploërmel le 7 octobre 1886,* par l'abbé Daniel à l'occasion du 50ᵉ anniversaire de l'entrée en Religion du R. F. Cyprien. Vannes imprimerie Lafolye. 1886.

agrandie par ces excellents Frères de Tinchebray à qui elle a été si heureuse d'ouvrir les bras; avec cela, d'incessantes sollicitudes — n'est-ce pas le lot de qui gouverne? — ... Ici et là, vos Frères brutalement chassés des écoles, où s'était épuisée leur vie, dans l'ingrate besogne de l'enseignement; des écoles libres à fonder et à entretenir pour abriter la liberté sacrée de l'enseignement et l'âme de l'enfance... Ai-je dit tout ce qui résume ce laborieux et fécond généralat d'un quart de siècle? »

Oui, laborieux et fécond généralat, dont la semence a produit tant de merveilleux fruits? Pieux et saint généralat aussi, qui poursuit toujours son cours bienfaisant, sans cesse avide du bien des âmes et de la prospérité toujours croissante du cher Institut de Ploërmel, qu'éclaire et bénit le souvenir de son vénéré Fondateur.

C'est à Ploërmel, on le sait, à l'ombre de saint Armel, au cœur même de la vieille Armorique que se trouve la Maison-Mère de l'Institut : elle a remplacé l'ancien couvent des Ursulines, abandonné par les Religeuses, depuis la Révolution et acquis le 6 Mars 1824, par M. de la Mennais.

La maison tombait en ruines. Voici, du reste, le portrait qui en a été fait à l'origine, par un des plus anciens Frères de l'Institut (1) : «... La Maison était basse, les ouvertures petites et sans vitres. La chapelle servait de remise et de grange; on y logeait de la paille, du foin, des fagots... »

M. de la Mennais y fit d'abord, les réparations les plus urgentes. A la date du 3 novembre 1824, il put

____

(1) *Chronique de l'Institut*, années 1874-75-76 page 11.

y transférer son Noviciat et dès le 8 septembre 1854, il avait le bonheur d'inaugurer l'exercice du culte, dans cette magnifique chapelle « dont la voûte élancée et la sévère ornementation produisent à l'intérieur un imposant effet (1) et « dont la beauté architecturale doit tant au talent du R. F. Cyprien » (2). Et quand « parfois la communauté prenait l'alarme au sujet de ces constructions interm..inables, se demandant par quel tour de force le « Père » arriverait à mettre ses finances en équilibre, celui-ci écoutait les observations, souriait doucement et disait en levant un doigt au ciel :

« — J'ai une bourse ouverte, là-haut, mes enfants, et jamais la Providence ne me la ferme, quand l'heure est venue d'y puiser, pour remplir nos engagements. Je dors en paix. Là-dessus, faites comme moi. » (3)

Et depuis le décès du bon « Père », encore, quels changements, quelles améliorations ! ainsi que nous venons de le dire.

Oui. Elle est profondément vraie cette parole de Châteaubriand, cet autre Malouin, à l'immortel génie : « Celui qui fonde une famille religieuse se prolonge sur la terre. Son action dans la Société humaine échappe à tous les calculs et reste le secret de Dieu. »

(1) *Mémorial catholique*, précité, page 6. Année 1851.
(2) *Discours de M. l'abbé Daniel*, précité. page 3.
(3) *Mirecourt*, précité, page 172.

CHAPITRE VII

L'abbé Jean de la Mennais et l'Émancipation des Noirs. —
Comment il prépare, par l'envoi de ses Frères aux colonies, les
lois abolitives de l'esclavage. — Départ des Frères pour les
Missions. — Cérémonies du départ. — Sermons du Père. —

L'abbé Jean de la Mennais, que nous voyons à la
tête de tous les grands mouvements, de toutes les
idées généreuses, libérales et humanitaires, ne pouvait,
évidemment, se désintéresser de la question relative
à l'esclavage des noirs, aux colonies ; — cette question qui, au milieu de ce siècle, joua, en réalité, un
rôle aussi prépondérant que celle concernant la liberté
de l'enseignement.

Semblable par ses effets à l'antique servitude du
droit romain, l'esclavage des noirs, dans nos colonies
françaises, en différait essentiellement par ses origines.
Chez nous, en effet, il s'agissait, surtout, de terres
qui, désertées à la suite de la conquête, étaient me-
nacées de la solitude et de l'abandon. Il fallait donc
les repeupler et le moyen dont on se servait, c'était
l'esclavage, ainsi que la traite des noirs. Des navires
européens — les négriers — restés tristement célèbres
dans les annales de notre histoire, cinglaient, avec de
nombreux équipages, sur les côtes de l'Afrique, y dé-

barquaient inopinément et s'en allaient ensuite, vendre dans nos colonies, le lugubre produit de leurs razzias.

Un livre qui a fait la célébrité de son auteur — la « Case de l'Oncle Tom » — a relaté, on le sait, en termes émouvants, les navrantes épopées de cette page de notre histoire coloniale.

En tout cas, dans nos colonies, tout comme autrefois dans le droit romain, l'émancipation des esclaves ne commença, d'abord, que par des moyens indirects, parmi lesquels il faut citer, spécialement la simplification des formes de l'affranchissement, décrétés par les Ordonnances du 1ᵉʳ Mars 1831 et 12 Juillet de l'année suivante.

C'est seulement, en 1837 (1), que par l'organe de M. Passy, député, la question de l'abolition radicale de l'esclavage dans nos colonies, fut, en réalité, pour la première fois, comme principe absolu, portée à la tribune.

Alors, des commissions furent nommées et de nouvelles mesures furent encore prises, pour faciliter les affranchissements...

En 1840, la question cependant, n'était pas encore résolue, malgré les réclamations réitérées de la presse et de l'opinion publique, justement froissées des durs traitements que de trop nombreux colons, assurés de l'impunité, infligeaient aux malheureux noirs placés sous leur dépendance.

Et combien, vraiment, ils sont d'un poignant intérêt, les journaux de l'époque, traitant de cette si

---

(1) On sait qu'après la récente conquête de Madagascar la même question s'est présentée devant le Parlement et a été immédiatement résolue dans le sens de l'abolition de l'esclavage.

brûlante question ; combien elles sont émouvantes, les séances du Parlement où elle s'agite, sans cesse, sans pouvoir aboutir à la solution que tous les cœurs réclament si impérieusement.

« L'ordre du jour », lit-on dans le journal l'*Univers* du 8 Mars 1841, « appelle les interpellations de M. Lacrosse, sur le régime disciplinaire des ateliers d'esclaves dans les colonies. »

« La Révolution de 1830, dit M. Lacrosse, a introduit dans les colonies le système de l'égalité entre les personnes libres, mais là s'est arrêté son bienfait. Le gouvernement a prescrit diverses mesures, pour l'amélioration du sort des esclaves, mais ceux-ci n'en restent pas moins soumis au régime de la détention arbitraire...

« Dans les derniers temps, divers procès ont établi que les colons se croient encore le droit d'user et d'abuser des esclaves. Ce n'est pas ainsi « que doit être entendue la possession de l'homme par l'homme...

« Je voudrais » ajoute l'orateur en terminant, « que l'autorité civile fut chargée de visiter avec soin les habitations et qu'elle fit détruire ces massifs de pierre, décorés du nom de cachots, dans lesquels de malheureuses créatures ne peuvent ni se tenir debout ni se coucher... »

Quoiqu'il en soit, ce n'est que le gouvernement de 1848 (1), qui arriva à consacrer l'abolition absolue de cette lamentable institution, décrétant que, désormais, « *nulle terre française ne pourrait plus porter d'esclaves.* »

---

(1) Décrets du 4 Mars 1848, — du 27 avril 1848. — arrêté du 27 avril 1848 — etc.....

Si aujourd'hui « *nulle terre française ne peut plus porter d'esclaves* » ; si même, l'esclavage, aujourd'hui, tend, de plus en plus, à disparaître des contrées les plus lointaines et les plus sauvages, sous l'incessant effort des héroïques apôtres de la civilisation chrétienne, il faut dire, pour être juste, que ce magnifique résultat est dû, pour une grande part, au saint abbé Jean de la Mennais.

Que faisait-il, en effet, ce dernier, lorsque cette si grave question s'agitait, pour la première fois, devant le Parlement?

Lui, déjà, quand les autres seulement, soupçonnant à peine la question, péroraient et se disputaient, il avait, depuis longtemps, commencé à agir.

Oui. Il y avait même longtemps quand arriva, en 1848, la loi abolitive de l'esclavage, qu'il était parti en guerre, en faveur de l'émancipation des noirs et avait envoyé dans nos colonies, ses Frères toujours avides de dévouement et de sacrifice.

En effet, dès le 27 novembre 1835, cinq d'entre eux quittaient la Maison-Mère, pour fonder la Mission de la Guadeloupe et le 22 octobre 1839, cinq autres Frères partaient pour la Martinique.

Dès 1839, ces deux colonies possédaient déjà trente Frères de l'Instruction chrétienne et ces trente Frères dirigeaient sept écoles importantes.

Le 3 Novembre 1842, c'est pour Cayenne, que partaient trois nouveaux Frères. Deux Frères partaient aussi pour le Sénégal, le 3 septembre 1841 et deux autres, enfin, en Avril 1842, quittaient, à leur tour, la Maison-Mère, pour aller porter l'enseignement religieux, aux Iles Saint-Pierre et Miquelon, où l'Institut de Ploërmel possède, aujourd'hui, une importante maison, dirigée par quinze Frères de la Mennais.

A la date du 15 Avril 1864 (1), après une émouvante cérémonie présidée par Mgr Testard du Cosquer, premier archevêque de Port-au-Prince, quatre Frères de Ploërmel, les Frères Athénodore, Clément, Corentin et Hyacinthe s'en allaient, à leur tour, fonder la belle mission d'Haïti.

Avec eux aussi, quittaient la Mère-Patrie, non seulement Mgr du Cosquer qui s'en allait prendre possession de son siège Métropolitain, mais encore Messieurs l'abbé Ribault et l'abbé Guilloux, futur archevêque de Port-au-Prince.

Mgr GUILLOUX
archevêque de Port-au-Prince.

La première école haïtienne, fut ouverte à Port-au-Prince, capitale de la République, le 20 octobre 1864. Elle fut bénite par Mgr du Cosquer et le cher Frère Athénodore en fut le premier Directeur

Rapidement, l'œuvre naissante sut conquérir les sympathies, aussi bien du gouvernement que des familles et, aujourd'hui, Port-au-Prince possède cinq écoles de Frères de la Mennais, instruisant plus de quinze cents enfants.

De la capitale, les écoles des Frères ont su gagner

(1) Voir. *Chronique des Frères*, année 1883, page 92.

les provinces où elles existent au nombre de vingt.
C'est donc vingt-cinq écoles que les Frères de l'Instruction chrétienne comptent, dans leur mission d'Haïti
et ces vingt-cinq écoles comptent 5 795 enfants. Chiffre
bien éloquent et qui cependant serait vite doublé si
les Frères pouvaient occuper les trente écoles que
les Chambres leur ont votées, depuis trois ans, déjà !

Noviciat de Laprairie (Canada).

Rappelons que le Gouvernement Français a tenu,
lui-même, à reconnaître le succès des Frères, dans la
mission d'Haïti, en accordant les palmes académiques
au Frère Directeur de l'une des principales écoles de
la colonie. Au Directeur principal, il a décerné également, la même récompense et, plus tard, les palmes
d'Officier de l'Instruction publique.

Sur le Canada, aussi, s'est étendue l'œuvre civili-
satrice du « Père ». Et pouvait-il en être autrement ?

Les Frères de la Mennais, en effet, ne devaient-ils
pas se sentir entraînés plus qu'ailleurs, vers cette
« seconde France » que Jacques Cartier, cet autre
grand Malouin, compatriote du « Père », était allé

conquérir à la foi, après s'être agenouillé humblement, dans le chœur de la vieille cathédrale de Saint-Malo?

La mission des Frères de l'Instruction chrétienne au Canada, possède aujourd'hui quatorze Écoles dirigées par soixante-quinze religieux : Laprairie (Noviciat), résidence du T. C. F. Directeur principal, Sainte-Scholastique, Verchères, Montréal (trois établissements), Buckingam, Chambly, Louiseville, Saint-Cutbert, Saint-Henri-de Mascouche, Saint-Ours, Sainte-Anne-de-Bellevue et Laprairie (École).

« *Venez au Canada* » (1). écrit le cher Frère Pierre-Émile à l'un de ses confrères de France.

« Vous y trouverez la sympathie, le respect et l'affection des populations ; vous pourrez cultiver en paix les sentiments chrétiens dans l'âme des enfants ; en un mot, vous travaillerez, avec pleine liberté, à atteindre le but que s'est proposé notre vénéré Père, en fondant notre Institut. »

Après avoir retracé l'expansion de l'œuvre glorieuse et sainte du « Père », aux colonies, il importe, maintenant, d'analyser les émotions que ressentent ceux-là qui, disant adieu au berceau de leur Institut, s'en vont, par delà les mers lointaines, cultiver à la sueur de leur front et au péril de leurs jours, la parcelle du champ divin assignée à leur zèle ardent et à leur noble amour du sacrifice, par la sainte obéissance religieuse et l'insatiable soif du sacrifice.

« Cette dernière communion faite dans le sanctuaire de la Maison-Mère (2), le baisement des pieds, les

---

1 Ibidem, p. 595.

(2) Lettre du cher Frère Hermias au Révérend Frère Cyprien, après son départ pour Haïti. (*Chronique des Frères* p. 54 — années 1877-78-79).

prières si belles de l'itinéraire, la consécration à Marie, patronne des voyageurs, comme tout cela » dit le Frère Hermias, auquel nous empruntons ces lignes, « parle au cœur et le remue profondément!... Et puis, le baiser fraternel reçu de toute la communauté, des vétérans comme des plus jeunes de la famille qui tous veulent nous souhaiter un heureux voyage ; la dernière visite à la chapelle, au moment du départ, avant de franchir pour jamais peut-être le seuil de cette Maison bénie où, de loin comme de près.....

« ...restent fixés nos cœurs !

« Tout cela, je le répète, attendrit l'âme et lui fait mieux sentir la grandeur de l'obéissance, le mérite du sacrifice entier de soi-même, lorsqu'on ne s'immole réellement que pour Dieu »

Certes, elle a souvent été décrite par les littérateurs cette émouvante cérémonie du départ, mais nulle part, je crois, elle n'est aussi émouvante qu'à l'Institut des Frères de la Mennais.

« J'ai vu, (1) dit Ropartz, la même cérémonie dans la chapelle des Missions étrangères, je ne sais si je me fais illusion, mais il m'a semblé que la royauté du sacerdoce la rendait moins touchante et, qu'à Ploërmel, ces hommages insignes grandissaient, à raison même de l'humble condition des enfants du peuple à qui on les rendait. »

Mais quels sont donc ces hommages insignes auxquels fait allusion ici le pieux historiographe de l'abbé Jean de la Mennais?

Pour les connaître, pénétrez, si vous le voulez bien, dans la belle chapelle de l'Institut au moment de l'un

(1) Ropartz, *Vie de M. l'abbé J.-M. de la Mennais.*

de ces départs pour la Guadeloupe, Haïti, la Martinique, Saint-Pierre et Miquelon... que je relatais, il y a un instant.

Toute la communauté est assemblée à la chapelle.

On a chanté l'hymne d'invocation à l'Esprit-Saint : le *Veni Creator*, et ceux qui vont partir se sont groupés, au milieu de la chapelle.

Alors douze Frères s'approchent et, s'agenouillant sur le sol, ils baisent les pieds de ceux-là qui vont partir, — ces pieds d'apôtres que saint Paul et le prophète Isaïe proclament bienheureux ! Pendant cette scène émouvante, la communauté chante l'hymne : « *Quam speciosi pedes evangelisantium pacem, evangelisantium bona.*

Viennent alors les belles et imposantes prières qui évoquent les plus éclatants témoignages de la protection divine : *Moïse traversant la Mer Rouge, l'Étoile guidant les Mages.*

Enfin, c'est la consécration à la Sainte Vierge, à l'*Étoile de la Mer*, à celle-là qui, par delà les Océans, guidera les petits Frères héroïques, vers les lointains rivages sur lesquels il y a toujours tant de bon grain à semer dans les âmes, jusqu'alors fermées à la religion du divin Crucifié.

Combien, certes, aussi, elles étaient touchantes, les belles allocutions que l'abbé Jean-Marie de la Mennais, dans ces émouvantes cérémonies, savait adresser à ses chers enfants !

Combien, alors, il faisait déborder son âme qu'emplissait, à la fois, son ardente foi d'apôtre et son inquiète sollicitude de Père !

Écoutez-le, plutôt :

« L'œuvre nouvelle à laquelle Dieu vous appelle

aujourd'hui était depuis longtemps l'objet de vos vœux et des miens, sans que nous l'eussions, d'abord, ni les uns ni les autres, nettement comprise, et sans que nous pussions dire, quand et de quelle manière elle s'exécuterait.

« En effet, plusieurs d'entre vous m'ont souvent entretenu du désir qu'ils avaient d'aller dans les contrées étrangères, enseigner la religion aux petits enfants, qui n'ont aucun moyen de la connaître, tandis qu'en France, tous ceux qui veulent être instruits, le sont si facilement : je vous répondais alors : attendez, si la divine Providence vous destine à cette belle et sainte mission, l'occasion se présentera de vous y dévouer, et vous me trouverez disposé alors, à seconder de tout mon pouvoir votre pieux dessein, mais ajoutais-je, dans une affaire aussi grave, il ne faut rien précipiter, et surtout il ne faut pas que vous soyez vos propres juges : vous devez ressembler à ce serviteur de l'Évangile, qui toujours obéit avec une humble docilité à la voix de son maître ; lorsque son maître lui dit : venez, il vient ; allez, il va ; et cet abandon total de soi-même, ce renoncement à toute autre volonté que celle des supérieurs, est la marque la plus sûre, ou plutôt la seule sûre d'une vocation véritable.

« Eh bien ! le moment est venu, mes chers Enfants, où je vous annonce de la part de Dieu, que le moment est arrivé pour vous, de rompre les derniers liens qui vous attachaient encore à votre famille, à vos amis les plus chers... »

CHAPITRE VIII

Et, maintenant, suivons dans leurs lointaines colonies, les humbles petits Frères qui viennent de quitter, comme nous venons de le voir, le berceau de l'Institut, l'âme encore toute remplie des éloquentes paroles, des sages conseils, de l'adieu vibrant et attendri de leur vénéré « Père ».

Eux autres, là-bas, tandis que dans la Mère-Patrie, les politiciens continuent à discuter, eux autres, ils vont au péril de leur vie et au nom du Christ, travailler à l'émancipation des noirs, en leur enseignant le catéchisme.

Et le catéchisme, ils ne l'enseigneront pas seulement dans les écoles qu'ils fonderont au milieu des villages, ils iront aussi l'enseigner, en plein air, au milieu des champs, *dans les habitations.*

Voici, d'ailleurs, sur l'existence des Frères de la Mennais aux colonies, la magnifique page qui a été

écrite par les auteurs si compétents des *Anciens Évêchés de Bretagne.*

« Mais (1) où l'œuvre brille surtout d'un merveilleux
éclat, c'est à la Martinique, à la Guadeloupe, à Cayenne
et au Sénégal, partout où il y a des esclaves à trans-
former en chrétiens et en citoyens. Les divers gouvernements qui se sont succédé en France, ont tous compris que des décrets ne font pas des hommes, et que
l'éducation religieuse peut seule arracher nos colonies
aux dangers qui les menacent. Pour obtenir ce grand
bienfait, le département de la Marine s'est adressé à
M. de la Mennais, et il s'en est bien trouvé.

« Au milieu de ces pauvres créatures, nées et élevées
en dehors de la famille comme du bétail, les Frères
avaient à remplir un apostolat qui rappelle, sous plus
d'un rapport, celui de nos missionnaires, parmi les
sauvages. Ils l'ont compris, et ils ne se montrent pas au-
dessous de leur sublime mission. Ils ne se bornent pas
aux écoles du jour et du soir, pour les enfants et les
adultes : sous l'écrasant soleil des tropiques, ils montent
à cheval, à six heures du matin partent dans diverses
directions, emportant un morceau de pain, et sans qu'il
leur soit permis de rien accepter dans les habitations.

« A chaque groupe de travailleurs qu'ils rencontrent,
les sons d'une corne rassemblent les populations dis-
persées dans les mornes ou dans les plantations d'alen-
tour : hommes, femmes, enfants, tous accourent,
apprennent quelques lignes du livre le plus simple et le
plus élevé, le catéchisme ; tous chantent quelques cantiques, car, à ce peuple-enfant, il faut toujours des

(1) *Anciens Évéchés de Bretagne,* diocèse de Saint Brieuc. Précité,
tome 1ᵉʳ, pages 338 et suivantes.

chants ; puis l'ouvrier évangélique remonte à cheval pour recommencer plus loin son pénible apostolat. Il ne rentre à la communauté que quand le soleil a cessé d'éclairer toutes ces souffrances, toutes ces misères physiques et morales.

« Deux occasions surtout se sont présentées pour les Frères de déployer toute la charité qu'ils ont portée dans ces contrées meurtrières : ce fut, d'une part, la crise terrible dans laquelle les hommes de couleur prirent la liberté qu'on leur promettait ; ce fut, de l'autre, les effroyables ravages de l'épidémie de 1852. Dans ces circonstances, surtout, il reçurent, tant des populations que du Gouvernement, des témoignages de vénération et de gratitude, qui ont été pour eux une première et trop légitime récompense.

« Leurs travaux aux colonies peuvent se résumer en trois mots : ils ont créé la famille parmi les esclaves ; ils ont fait naître l'habitude du travail volontaire ; ils ont donné l'exemple du dévouement le plus héroïque. Ainsi, le grain de sénevé déposé sur le sol de St-Brieuc, est devenu un arbre vigoureux dont les vastes rameaux s'étendent sur les deux hémisphères. Il est donné à l illustre vieillard, dont la main a semé et arrosé, de jouir du bien qu'il a fait dans trois parties du monde, de voir, par ses efforts, l'esclave noir s'élever peu à peu à la dignité de citoyen, tandis que, dans nos campagnes, les mœurs grossières font place à des habitudes plus honnêtes et plus pures. »

Et l'auteur ajoute en note :

« Notre cadre ne nous permet de citer à l'appui de cette assertion qu'un bien petit nombre de faits, parmi tous ceux dont abondent les pièces officielles que nous avons sous les yeux. Quand les nègres brûlaient

et dévastaient la Martinique ; quand, dans leur exaspé-
ration sauvage, ils demandaient à la Sainte-Vierge de
ne pas laisser échapper un seul de ces cruels blancs,
l'habitation des Frères, entourée de flammes, était seule
protégée, déménagée, et, dans tout ce cataclysme, les
pieux instituteurs de la race noire ne perdaient qu'une
chaise et un matelas.

« Dans un rapport adressé le 6 décembre 1852 au ministre de la Marine, pour obtenir la croix d'honneur au
Frère Arthur, le gouverneur de cette même colonie
disait : « Au milieu des difficultés les plus sérieuses,
ayant ses écoles désorganisées par la mort ou par la
maladie, le Frère Arthur s'est multiplié pour faire face
à tous les besoins, en se transportant incessamment sur
tous les points de la colonie pour soutenir le moral de
ses frères et c'est grâce à son zèle, à son courage et à
sa persévérante sollicitude, que les écoles ont pu rester
ouvertes pendant l'épidémie... C'est encore lui qui,
secondé par ses collaborateurs, a réussi à ramener à la
culture de la terre les enfants qui fréquentent les écoles
en exigeant d'eux un travail sérieux sur les habitations
avant et après les heures des classes ; tout récemment,
447 élèves de cette catégorie m'ont été signalés, d'après
des certificats de propriétaires, pour leur assiduité aux
travaux des champs... »

« Pour se faire une idée de tout le bien que cet Ordre
a fait dans nos colonies, il faut savoir qu'il a catéchisé et
et enseigné au delà de vingt-huit mille enfants et douze
mille adultes dans ses écoles, et plus de dix mille
nègres et négresses sur les habitations. »

Et l'abbé Jean de la Mennais — « le Père » — pendant que ses chers enfants travaillent ainsi, le crucifix
à la main, à l'émancipation des Noirs, il les suit, lui,

avec toute sa sollicitude, ne cessant de leur adresser de sa maison de Ploërmel, les plus sages et les plus bienveillants conseils.

Tantôt, il leur recommande, tout spécialement, l'instruction *dans les habitations*; tantôt, à l'occasion de la nouvelle année, il laisse déborder son cœur et on dirait vraiment alors un père qui parle. D'autres fois, quand il a appris, encore un nouveau décès — car là bas, la mort va vite, — c'est alors un épanchement attendri et ce sont, aussi, des avis inquiets, comme une mère seule sait en donner à ses enfants.

Laissons-le, du reste, parler.

Le 7 juin 1843, il écrit au Directeur général des colonies :

« A l'occasion, demandez à Monsieur le Préfet comment il concevrait l'organisation des catéchistes, qui iraient enseigner la religion aux noirs dans les *habitations*. Je désire beaucoup que cela se fasse, mais je ne sais pas comment cela pourrait s'exécuter... »

Puis le 28 octobre 1843, il écrit au Frère Arthur :

« Le Ministre attache une grande importance à l'instruction des esclaves dans les habitations, et pour moi, je vous avoue, c'est une affaire de cœur : je prévois les difficultés que nous rencontrerons pour organiser le service d'une manière complète, mais il faut nous hâter de saisir l'occasion que la Providence nous offre de commencer : mettez au moins un Frère de plus à St-Pierre, à cette intention-là, et même deux, s'il le faut : exigez des maîtres d'habitations, qu'ils fournissent des chevaux pour ces courses, afin que la fatigue des Frères ne soit pas excessive, et ne vous chargez d'abord que d'un petit nombre d'habitations et des moins éloignées. Nous verrons plus tard ce qu'il y aura à faire, et nous

irons par degrés : un règlement sera nécessaire ; faites-
le : mettez-le en exécution provisoirement et en-
voyez-le moi après l'avoir éprouvé pendant quelque
temps...»

Et, au même Frère, il écrit, encore, le 28 mai 1844.

«Plus nous allons, plus notre œuvre s'étend, si bien
qu'à présent notre horizon semble n'avoir plus de
bornes, car très cer-
tainement, si nous
sommes assez nom-
breux, en peu d'années
nous aurons à ins-
truire tous les escla-
ves, ou du moins, on
nous demandera pour
eux l'instruction. Mais
avant que les choses
en soient là, il s'écou-
lera beaucoup de
temps, et nous aurons
des obstacles de tout
genre à surmonter.

Frère AMBROISE.

« Toutefois il ne faut pas que cette prévison nous
intimide, comme il ne faut pas, non plus, qu'une trop
grande ardeur nous fasse précipiter une œuvre, qui ne
peut se développer que peu à peu ; c'est pourquoi, en
demandant à Dieu le succès de nos travaux, demandons-
lui aussi la patience, car nous en avons grand besoin.

« Je vous embrasse avec un cœur de père. »

C'est au Cher Frère Ambroise qu'il adresse les deux
lettres suivantes, le 24 novembre 1844 et le 21 octobre
1847.

« Ploërmel, le 24 novembre 1844.

« Pour l'œuvre de l'instruction des esclaves, je sens très bien les difficultés qui se rencontreront infailliblement : mais nous devons avoir en Dieu d'autant plus de confiance que nous aurons moins d'appuis humains : cependant, nous pouvons compter sur celui du ministre de la Marine. . . »

« Il est bon de se prêter aux désirs de l'administration, pour l'instruction sur les habitations, mais pour rien au monde ne consentez point à désorganiser les classes régulières. — Remarquez que l'ordonnance relative aux catéchismes en charge les curés et non vous; elle dit seulement que les curés pourront se faire aider par vous. — C'est moi qui, me trouvant à Paris, au moment où on rédigeait l'ordonnance, ai fait modifier l'article dans ce sens-là. . . »

Citons, encore, les deux lettres suivantes adressées au cher frère Lambert.

A la Chesnaie, le 17 février 1845.

« Il est à souhaiter que vous puissiez établir l'instruction sur les habitations; ce serait un bien immense, mais il serait nécessaire que l'on vous fournît un cheval, à moins qu'il n'y ait des habitations voisines où vous puissiez aller sans trop de fatigue. »

Paris, le 28 avril 1845.

« Je regrette que vous n'alliez pas dans les habitations voisines, du moins de temps en temps, pour y faire le catéchisme : mais je comprends que le cheval vous serait nécessaire : instruire ces pauvres Noirs de la doctrine du salut, oh! quelle belle œuvre! Je désire ardemment que nous puissions la faire, et j'espère qu'un peu plus tard nous pourrons l'entreprendre avec succès. . . »

Toujours en rapport avec ses chers Frères des colonies, que son cœur de « Père » suivait au milieu de leurs lointaines et périlleuses missions, voici en quels termes touchants il leur exprimait ses vœux, au début de l'année 1856.

« Ploërmel, 15 janvier 1856. (1)

« A cette époque mémorable de l'année, ma pensée se transporte tout naturellement vers vous, mes Enfants bien-aimés, vers ces contrées lointaines que vous arrosez de vos sueurs et qu'avec les secours divins, vous vous efforcez d'arracher de la puissance des ténèbres. — C'est toujours avec une sollicitude toute paternelle, que je suis chacun de vos pas dans ce glorieux pèlerinage, et que j'apprends les bénédictions que le Seigneur daigne, dans sa grande miséricorde, verser tous les jours, sur vos pénibles travaux. Aussi est-ce avec un cœur bien reconnaissant que je le remercie de la protection visible qu'il accorde aux enfants qu'il m'a donnés en vous ; mais souvenez-vous bien que ces abondantes faveurs sont de nouveaux motifs pour ranimer votre zèle, échauffer vos cœurs, purifier vos intentions et vous pénétrer de plus en plus de l'importance de votre divine mission.

« Ecoutez donc avec la docilité qui vous est ordinaire, les conseils que vous adresse aujourd'hui votre vieux « Père », je voudrais bien vous les dire à chacun en particulier.

« Efforcez-vous d'acquérir de plus en plus la perfection

(1) Lettre inédite (330).

de votre saint état, le moyen vous en est très facile, car il vous suffit de vous attacher à la fidèle observance de votre sainte Règle ; ne cessez de la regarder comme votre sauvegarde, votre appui, votre défense dans les périlleux dangers où vous, si faibles, si dépourvus, êtes sans cesse exposés, et, aidés de son secours, vous continuerez à combattre vaillamment pour la sainte œuvre de Jésus-Christ, marchant à sa suite, dans la pratique de la sainte humilité, de la parfaite obéissance et du complet détachement de toutes les choses de la terre, de cette généreuse vertu de pauvreté que le divin Maître a embrassée, d'une manière si particulière, durant sa vie mortelle.

« C'est avec un cœur bien attendri, mes Enfants bien-aimés, que je conjure l'Auteur de tous dons parfaits, de répandre sur vous, son esprit de charité et de dévouement et que je vous donne de bien loin, hélas! ma paternelle bénédiction. . . . .

. . . .

« De partout on me demande des Frères missionnaires : dans ce moment, trois évêques de l'Amérique me font les plus vives instances, pour en avoir : mais hélas! à mon regret, je ne puis les satisfaire tous.

« Adieu, mes chers Enfants, je vous embrasse, bien tendrement, en Jésus-Christ. »

« L'abbé **J. de la MENNAIS.**

Et, pour mieux marquer, encore, la sollicitude du vénéré « Père » pour ses chers Frères missionnaires, avec lesquels il ne cesse de correspondre, qu'il nous soit permis, encore, de reproduire cette dernière lettre, au Frère Ambroise.

« Coëtmieu, le 9 février 1842 (1).

Mon très cher Frère.

« Les pertes récentes et si douloureuses, que nous avons faites dernièrement m'ont profondément affligé : sans doute nous devons envier le sort de ceux que Dieu a déjà jugés dignes de la grande récompense à laquelle nous aspirons tous : cependant, il est dans l'ordre de sa Providence que vous preniez tous les moyens que la prudence indique, pour prolonger autant que possible, une vie que vous consacrez tout entière à sa gloire : je vous recommande donc expressément de prendre, pour la conservation de votre santé, les précautions suivantes :

« 1° Faites des promenades, le matin et le soir ; mais ne vous exposez pas au soleil, depuis huit heures du matin, jusqu'à quatre heures de l'après-midi.

« 2° Ne vous livrez point avec trop d'ardeur à l'étude particulière : occupez-vous modérément à votre instruction, et travaillez quelquefois des mains, sans cependant trop vous fatiguer.

« 3° Votre nourriture doit être saine et bien apprêtée : ne multipliez pas trop les mets, mais choisissez ceux qui conviennent le mieux au climat : buvez peu de vin, et jamais ne buvez de liqueurs fortes.

« 4° Usez au contraire, de rafraîchissants et de bains chauds : quelques purgations et quelques saignées, de temps en temps, peuvent prévenir beaucoup de maladies.

(1) Lettre inédite (814).

« Voilà quelques avis importants : les personnes qui sont sur les lieux ont plus d'expérience que moi, et pourront, par conséquent, vous en donner encore d'autres, qu'il ne faut pas négliger.

« Sans doute, trop d'inquiétudes sur la santé seraient un mal : toutefois la prudence est une vertu, et l'on doit être docile à ses leçons.

« Je vous embrasse,

« L'abbé J.-M. de la MENNAIS. »

Mais, qu'importe la mort! qu'importe-t-elle à ceux-là qui s'expatrient pour la régénération des âmes? Qu'importe-t-elle à ceux-là qui ont fait, avant le départ de la Mère-Patrie, le sacrifice de leur vie et ne rêvent, là-bas, que l'extension du règne de Dieu et la propagation de son Évangile !

Aussi, disons-le, ici, combien, depuis les débuts de cette belle œuvre du saint abbé de la Mennais, combien ils sont nombreux, les « petits Frères » qui, chaque année paient, ainsi, de leur existence, le nouveau jalon qu'ils plantent, là-bas, au nom de la religion et de leur vénéré « Père ».

Dès 1841, cinq Frères : les Frères Just, Alippe, Palémon, Benjamin et Anastase meurent, au lointain champ d'honneur des colonies, victimes de la fièvre et de leur dévouement et, c'est leur mort prématurée qui inspire à l'abbé de la Mennais cette lettre attendrie que nous citions plus haut.

Hélas! depuis 1841, combien les victimes ont été plus nombreuses encore! Seulement, l'an dernier, l'Institut n'enregistrait-il pas, dans son douloureux nécrologe, toujours ouvert, la mort de huit Frères, décédés à Haïti du 15 octobre au 16 décembre 1896!...

Ecoutons, maintenant, les journaux de l'époque. Leurs appréciations sur la conduite de notre vénéré compatriote, trouvent, en effet, ici, une place qui s'impose.

Je lis d'abord, dans l'*Univers* du 10 mars 1841, reproduisant un article du *França's de l'Ouest*, la note suivante :

« A ceux qui ne regardent pas encore comme indis-
« pensable ou possible l'abolition de l'esclavage, comme
« aussi à ceux qui n'apprécient pas toute la haute
« mission de l'Institut de M. de la Mennais, dont les
« Frères dévoués préparent et initient à la liberté les
« Noirs de nos colonies par une éducation chrétienne,
« nous recommandons les deux faits suivants : ils
« viennent à l'appui des interpellations que M. Lacoste,
« député de Brest, doit adresser au ministre de la
« Marine, relatives aux mauvais traitements que les
« esclaves ont à subir dans nos colonies. »

« Le *Français de l'Ouest* relate ensuite deux des faits si odieux, qui ont été rapportés dans la séance du samedi... »

C'est aussi la *Vigie de l'Ouest*, qui dans son N° du 2 janvier 1843, s'exprime dans les mêmes termes :

... « On a dit que dans l'Algérie un seul prêtre vaut mille soldats, tant est grand l'ascendant qu'a su prendre, sur les populations africaines, notre clergé, par son dévouement et ses vertus.

« On peut dire aussi que dans nos colonies les Frères exercent une influence analogue. Les services qu'ils rendent leur donnent une autorité morale étonnante. On en jugera par les faits suivants. Le samedi de Pàques dernier, vingt jeunes mahométans instruits à l'école de Saint-Louis, au Sénégal, ont été baptisés *avec le consentement de leurs parents*, aussi heureux de voir leurs enfants se faire chrétiens que ceux-ci de le devenir. Le même jour, vingt jeunes filles, qui professaient aussi la religion de Mahomet, ont aussi reçu le même sacrement. Ces jeunes filles étaient élèves de Sœurs établies dans la colonie. Mais si les Mahométans, si les gens les plus obstinément attachés à leurs croyances, se laissent subjuguer par les bienfaits palpables de l'éducation chrétienne, quelle régénération ne doivent pas opérer les Frères dans les colonies? Quels efforts ne devons-nous pas faire, pour augmenter le nombre de ces instituteurs dans les colonies? »

Citons, enfin, cet article du *Mémorial catholique*, du 20 septembre 1845. C'est, du reste, toujours la même note; c'est toujours la même impression, qu'inspire à la presse, l'admirable conduite du « Père ».

« Nous avons promis, dit ce journal, de donner quelques détails sur cette œuvre bénie du ciel. Nous le ferons aujourd'hui en reproduisant les lignes suivantes, extraites du *Français de l'Ouest, journal politique des intérêts de la Bretagne*, dans son numéro du 23 décembre 1843. Bien que cette date soit déjà ancienne, on ne lira pas avec moins de plaisir ces renseignements, car rien de ce qui touche aux merveilles que le catholicisme enfante, ne vieillit, et le temps ne saurait en diminuer l'intérêt. Voici donc ce qu'écrivait cette feuille, il y a plus d'un an :

« Monsieur l'abbé J.-M. de la Mennais continue à
« envoyer des Frères dans nos possessions à esclaves,
« pour consolider les établissements déjà fondés dans
« plusieurs d'entre elles, et pour généraliser ces insti-
« tutions qui doivent, dans un temps donné, opérer sans
« secousse, sans préjudice pour personne, *l'éman-*

« *cipation*, ce terrible épouvantail de nos colons, de nos
« économistes et de nos hommes d'État.

« L'école de la Pointe-à-Pitre, désorganisée par une
« affreuse catastrophe, vient d'être rétablie. Celle de
« Cayenne est renforcée par trois instituteurs qui
« doublent son personnel. Deux Frères vont ouvrir à
« Miquelon une école nouvelle pour compléter le bien
« commencé par celle de Saint-Pierre. Gorée va recevoir
« aussi deux Frères. Enfin, six nouveaux instituteurs
« sont partis pour les Antilles, déjà dotées de nom-
« breuses et florissantes écoles. La Basse-Terre, la
« Pointe-à-Pitre, le Fort-Royal, le Fort-Saint-Pierre,
« Marie-Galande, la Trinité (Martinique) possèdent
« déjà, depuis quelque temps, des institutions dont
« chacune est tenue par plusieurs Frères. Déjà, une seule
« école a paru insuffisante au Fort-Saint-Pierre et une
« seconde a dû être établie. A l'heure qu'il est, plus
« de 40 Frères enseignent les enfants esclaves, dans
« nos diverses colonies.

« C'est beaucoup, sans doute, si l'on se rappelle que
« l'œuvre rédemptrice entreprise par M. de la Mennais,
« n'a commencé que depuis peu d'années. Mais, c'est
« peu, si l'on songe au nombre considérable d'enfants
« dont il faut éclairer l'intelligence et former le cœur,
« pour en faire des chrétiens et des hommes. M. de
« la Mennais ne peut donc développer son œuvre, qu'avec
« une lenteur qui l'afflige profondément. Aussi répète-
« t-il avec amertume ces paroles qui reviennent si
« souvent sous la plume des apôtres qui travaillent
« comme lui à la régénération des contrées lointaines :
« Les enfants demandent du pain, et il n'y a personne
« pour leur en donner !... »

Et, alors, c'est un appel éloquent qui est fait, par la

voie du journal, à toutes les bonnes volontés, à tous ceux qui, sous l'égide de notre vénéré compatriote, veulent bien aller travailler, là-bas, à l'émancipation des esclaves, à la régénération des races noires, à la propagande de la religion catholique.

Oh! n'est-ce pas, qu'il y aurait vraiment, ici, un curieux et admirable parallèle à établir entre l'abbé Jean de la Mennais et le grand cardinal Lavigerie, ces deux magistrales figures qui, l'une au milieu de ce siècle et l'autre, à son déclin, poursuivent toutes deux le même but humanitaire, social et religieux.

Quelle touchante et frappante analogie, en effet, entre la ligue anti-esclavagiste due à l'illustre archevêque et l'œuvre de « l'Ignorantin breton », œuvre, en réalité, inspiratrice de cette ligue, et tendant directement à l'affranchissement, à la moralisation et au salut des Noirs, au moyen de l'instruction primaire, religieuse et agricole.

Hélas! nous ne pouvons, plus longuement, citer les organes de l'époque qui suivent, pas à pas, l'œuvre naissante de notre illustre compatriote.

Combien cependant tous les journaux, tels, l'*Univers*, l'*Ami de la Religion*, le *Mémorial catholique*, etc., sont vraiment édifiants à consulter. C'est que ce qu'ils racontent, c'est l'histoire, au jour le jour, avec tous les enthousiasmes qu'elle suscite, toute l'émotion qu'elle provoque, pour notre vénéré Jean de la Mennais.

Et, chez eux, c'est un douloureux parallèle entre les deux frères, Jean et Féli : Jean, qui excite l'admiration de tout le monde catholique, ainsi que du Gouvernement, tandis que l'autre, Féli, roule, de plus en plus profondément, dans les abîmes du doute, de l'erreur et du désespoir. Voici, encore, comment s'exprime du reste, à ce sujet, le journal le *Mémorial catholique*, dans un article que sa brièveté même nous permet de reproduire à cet endroit : (1)

« Tandis que M. de la Mennais s'égare dans le chemin de l'erreur, et qu'il laisse vainement désirer son retour qui consolerait tant l'Église qu'il servait autrefois avec un si noble courage, son admirable frère, M. l'abbé Jean-Marie de la Mennais continue ses œuvres de charité. Six Frères de son Institut s'embarquaient naguère pour les Antilles Françaises. Deux autres Frères partiront aussi prochainement pour Cayenne. Le nombre de ces modestes instituteurs, qui préparent doucement l'œuvre de l'émancipation dans nos Colonies, est actuellement d'environ quarante. La charité rachète beaucoup de fautes, disent les Saintes Écritures; nous avons toujours eu l'espoir que la charité de M. l'abbé Jean-Marie de la Mennais lui mériterait une grande grâce, celle de voir sortir son frère de l'abîme. »

Ce que dit, unanimement, la presse, le Gouvernement, du reste, le pense. Le Gouvernement pense que l'abbé de la Mennais, avec ses petits Frères, avancera, plus vite, que tous les décrets, la question de l'émancipation des Noirs.

Aussi dès 1837, (2) voilà le département de la Marine, qui recourant à notre zélé et saint compatriote, lui propose de se charger de toutes les écoles primaires qu'il avait le dessein de fonder aux colonies.

Et, le 27 février 1846, voilà, M. le baron de Mackau,

____

(1) *Mémorial catholique*, tome 2, page 248. — 1842.

(2) Voir *Mémoire adressé par le Supérieur de Ploërmel au Cercle catholique de Paris, le 18 avril 1844.* Mirecourt, précité, pages 196 et suivantes.

ministre de la Marine, qui écrit dans les termes suivants, à tous les Évêques de Bretagne :

« Paris, le 27 février 1846.

« Monseigneur,

« La Congrégation des Frères de l'Instruction chrétienne, fondée et dirigée à Ploërmel, par M. l'abbé Jean-Marie de la Mennais, a, depuis plusieurs années, joint à son œuvre métropolitaine, la tâche importante de procurer à nos colonies d'Amérique et du Sénégal, des Frères-instituteurs, pour la direction des écoles gratuites. Les sujets qu'elle a mis et qu'elle continue de mettre, à cet effet, à ma disposition, se sont fait partout distinguer par leur zèle comme par l'utilité de leur coopération.

« Depuis la loi sur le régime des esclaves, votée en 1845, mon département a plus que jamais besoin de recourir à l'assistance de cette honorable congrégation ; mais son Supérieur général ne peut, malgré son activité et ses excellentes intentions, procurer au service colonial des Frères-instituteurs, aussi promptement et en aussi grand nombre que la chose est devenue nécessaire.

« Le département de la Marine a donc un intérêt réel à ce que le noviciat de Ploërmel se recrute de nouveaux sujets, et je viens vous prier de vouloir bien y contribuer, dans l'étendue de votre diocèse, par vos efforts et vos exhortations.

« Dans la vue de rendre votre appel plus fructueux, je désire que vous ayez la bonté de promettre, en mon nom, aux candidats qui seraient dénués de ressources pécuniaires et qui se distingueraient par leur aptitude, le paiement, par le service colonial, des frais de trousseau et autres énoncés à la fin de l'extrait ci-joint...

« Veuillez, au surplus, m'informer, le plus tôt possible, des dispositions que vous aurez été dans le cas de prendre, dans le sens de la présente lettre, dont je recommande l'objet à votre sollicitude éclairée.

« Agréez, Monseigneur, etc.

> « *Le vice-amiral, pair de France, ministre-secrétaire d'État de la Marine et des Colonies :*
>
> « Baron de Mackau. »

Quand, par cette lettre, émanant du Ministère des Colonies, l'abbé Jean de la Mennais recevait pour ainsi dire la consécration officielle de l'œuvre émancipatrice qu'il avait entreprise, il y avait déjà bien longtemgs, comme nous venons de le voir, que celle-ci était entrée, en réalité, dans le domaine pratique.

Enfin, le 20 mars 1848, c'est M. Schœlcher qui lui écrit la lettre suivante :

> « Paris, 20 mars 1848.

> « *Au Supérieur général de l'Institut de Ploërmel.*

> « Monsieur le Supérirur général,

... « Je n'ignore pas les efforts fructueux que les Frères de votre Communauté ont faits, depuis plusieurs années, dans le but de préparer l'éducation morale des Noirs. Je sais aussi, la confiance particulière que ces laborieux instituteurs inspirent aux diverses classes de la population. Votre coopération et votre dévouement nous seront donc, dans cette circonstance, extrèmement précieux et mon département vous connaît assez pour être certain qu'ils ne lui feront pas défaut... Je sais que le nombre des Frères en exercice dans nos colonies, est insuffisant, mais je ne puis avoir encore ni vues ni moyens arrêtés pour l'extension du personnel actuel et je me réserve, à cet égard, de vous faire une communication spéciale, jusqu'à laquelle vous ne négligerez pas de préparer de nouveaux sujets au service colonial.

« Recevez, etc...

> « *Pour le Ministre provisoire de la Marine et des Colonies, le sous-secrétaire d'État :*
>
> « V. Schœlcher. »

Telle est l'œuvre du vénéré « Père » ; œuvre de paix et d'humanité ; œuvre, surtout, éminemment colonisatrice, dans *le vrai sens du mot,* celle-là, qui n'a que le crucifix et le catéchisme, pour seules armes ! Aussi, chez les pauvres Noirs, quelle sympathie, quelle affection, pour les Frères de la Mennais !

Frère Arthur.

Et comment en eut-il été autrement, en face de l'infatigable dévouement des Frères, tels le Frère Arthur, que le ministre de la Marine faisait décorer de la Légion d'Honneur, pour sa belle conduite durant l'épidémie qui, durant l'année 1852, ravageait la Martinique ; tel aussi le Frère Colombini, non moins héroïque que le Frère Arthur, quand la fièvre jaune désolait la commune de Fort-de-France.

Oui, les Frères de la Mennais n'étaient, pour les Noirs, que des amis, des protecteurs.

Et voilà, pourquoi l'œuvre du « Père », sublime préparation à la loi abolitive de l'esclavage (1848), s'est toujours accrue, sans arrêt, dans les vastes proportions que nous savons.

Voilà pourquoi, ainsi que le dit, si justement, M. de la Gournerie (1) « comme celle des patriarches, elle couvre la terre. »

Voilà pourquoi aussi, « tant (2) que le dévouement ne sera pas remplacé par de froids systèmes, tant qu'il y aura des pauvres à conduire et à éclairer, le nom de l'abbé Jean de la Mennais sera répété et béni! »

(1 et 2) *Introduction aux lettres inédites*, page LVI.

CHAPITRE IX.

Continuation de l'œuvre du « Père » aux Colonies. — Un catéchisme colonial. — Lettre du « Père » au comte de Montalembert. — Réorganisation du clergé colonial. — Le « Père » est chargé par le gouvernement français de préparer un rapport sur les divers projets relatifs à l'organisation du clergé colonial. — Ses conclusions sont adoptées. — Lettres aux Frères Ambroise et Lambert. — Lettres de l'abbé Ruault au F. Ambroise.

Sur le sillon tracé par l'abbé Jean de la Mennais, voilà, au bout d'un certain temps, ainsi que nous l'avons vu, dans le chapitre précédent, le Gouvernement qui, à son tour, poursuit l'œuvre émancipatrice des Noirs.

Mais, souvent le Gouvernement n'agira pas conformément aux vues du «Père», surtout quand il s'agira de régler quelque point de doctrine religieuse. Le Gouvernement, en effet, n'est pas toujours maître en matière d'orthodoxie. Aussi le «Père» veille et le «Père» ne veut pas qu'à ses chers Noirs, on enseigne une doctrine qui n'est pas absolument pure. C'est pourquoi, à la date du 28 mai 1842, s'inspirant des rapports qui lui sont adressés par ses Frères coloniaux, il adresse à M. de Montalembert, qu'il choisit, comme défenseur de sa cause, une lettre qui est ainsi conçue : (1)

Ploërmel, 28 mai 1842.

A M. le comte de Montalembert, pair de France.

« MONSIEUR ET TRÈS CHER AMI,

« J'ai été plus heureux que je ne puis le dire de vous revoir à Paris, et je viens bien vite vous remercier de l'accueil si cordial que vous m'avez fait. Permettez qu'en même temps je réclame les services que vous m'avez offerts avec tant de bonté. Je les réclame, non pour moi, mais pour la Religion dans nos colonies, car vous pouvez lui en rendre de fort importants.

« Le ministre de la Marine met un grand zèle à proclamer l'instruction religieuse parmi les Noirs. Sur ce point on ne saurait trop le louer; il court à pleines voiles vers le bien; mais je regrette que, dans les mesures qu'il prend, tout ne soit pas conforme aux principes catholiques.

« Dans l'œuvre de la *moralisation* des esclaves, la mission du prêtre s'étend et s'agrandit; de nouveaux efforts doivent être exigés de son zèle : il faut donc le *guider* dans cette voie nouvelle, lui *indiquer* les points principaux sur lesquels doivent porter ses *instructions pastorales*, le mettre à portée, en un mot, de faire à la fois du Noir un citoyen et un chrétien.

« Ne vous semble-t-il pas entendre la papesse Victoria parlant à ses prêtres ?

« Mais continuons :

« Procurez-vous, je vous prie, si vous ne l'avez déjà

(1) Voir Mirecourt, précité, p. 203.

reçu en qualité de pair de France, l'*Abrégé sommaire* que le département de la Marine vient de publier officiellement *sur l'exécution de l'Ordonnance royale du 5 janvier 1840, relative à l'instruction religieuse, à l'instruction primaire et au patronage des esclaves.*

de MONTALEMBERT.

« Le ministre rappelle qu'un concours est ouvert pour la confection d'un catéchisme spécial destiné à être enseigné dans les colonies, et il ajoute :

« Tel doit être le but du *catéchisme spécial* mis au « concours. La partie dogmatique et *orthodoxe* dont « l'approbation appartient en définitive à l'autorité « ecclésiastique *y sera sans doute peu étendue,* mais la « partie morale devra recevoir un certain dévelop- « pement. »

« Le ministre annonce ensuite l'intention de soumettre les ouvrages qui lui seront envoyés à l'approbation de l'autorité ecclésiastique *quant à la partie morale seulement.*

« Ainsi, l'autorité ecclésiastique n'aura même pas un simple avis à donner sur ce qu'on appelle la *partie morale*, comme s'il était possible catholiquement et raisonnablement de les séparer l'une de l'autre; comme si l'autorité ecclésiastique n'avait pas à juger de ce qui doit être le principal objet des *instructions pastorales* de ses ministres.

« Ici, je ferai observer que les colonies ont déjà un très bon catéchisme, composé par M. Pastre, ancien Préfet Apostolique de Bourbon, et approuvé, non pas à Paris, mais à Rome, par la Sacrée Congrégation de la Propagande. Conservera-t-on ce catéchisme? Je le pense, puisque, dans le *catéchisme spécial*, la partie dogmatique et *orthodoxe*, comme l'appelle le ministre dans son Encyclique, aura très peu d'étendue. Il y aura donc deux catéchismes. Est-ce un avantage dans un pays surtout où on ne sait pas lire?

« Voici un autre passage remarquable d'une circulaire adressée par l'administration, le 17 août 1840, aux gouverneurs de nos quatre colonies :

« En ce qui concerne *les ministres du culte. . . .*
« il me paraît nécessaire de réclamer *l'intervention d'une*
« *autorité épiscopale*, non seulement pour que les obli-
« gations qu'ils ont à remplir, quant à l'instruction
« des diverses classes de la population deviennent l'ob-
« jet de tous leurs soins, mais encore pour qu'ils soient
« désormais soumis d'une manière plus intime à une
« haute discipline qui vienne en aide à l'autorité que
« vous exercez sur eux. »

«Mais quelle est donc cette *autorité épiscopale* qui *viendra en aide* à l'autorité de MM. les gouverneurs sur le clergé? Quel est cet évêque? Quel sera son titre? De qui recevra-t-il sa mission?

« Ces questions sont graves.

« Évidemment les intentions du ministre sont excellentes : *honni soit qui mal y pense !* Toutefois, il n'est que trop clair que ce qu'il y a de peu régulier dans la marche qu'il suit vient de ce qu'il y a de défectueux dans l'organisation ecclésiastique des colonies. Sans cela, cependant, sans un clergé mieux organisé, que peut-on faire et que fera-t-on?

« Cher ami, réfléchissez, je vous prie, sur tout cela; occupez-vous-en et agissez pour le mieux. Cette cause est belle et digne de vous. Quant à moi, je ne puis ni ne dois intervenir, et je ne veux pas être *nommé*, car il y aurait trop d'inconvénients à ce que je le fisse. Je compromettrais mes œuvres : on ne manquerait pas de dire que *l'Ignorantin* se mêle de ce qui ne le regarde pas. C'est pourquoi gardez-moi le secret le plus inviolable, et ne dites que ce que vous croiriez pouvoir dire d'après la lecture des pièces officielles ci-dessus rappelées.

« Daignez recevoir et présenter à madame de Montalembert l'hommage du respect plein d'affection avec lequel je suis

« Votre dévoué serviteur et ami,

L'abbé J.-M. de la **MENNAIS**.

En même temps que l'abbé Jean de la Mennais écrit ainsi à Montalembert, il tient, exactement, au courant ses Frères missionnaires de ce qui se passe en

France, en retour des renseignements précis et documentés qu'il se fait adresser aussi par eux.

Ainsi, le 14 mars 1844, il écrit de Paris dans les termes suivants au Frère Ambroise, Directeur général des Antilles :

Paris, 14 mars 1844. (1)

« . . . Il m'est doux de pouvoir vous assurer que tout se prépare le mieux du monde pour une restauration complète de la religion dans les colonies: ayez de la patience, du courage, du dévouement, et vous verrez que le bon Dieu vous récompensera magnifiquement. . . »

Et le 18 du même mois, il écrit également au Frère Lambert à la Pointe-à-Pitre.

Paris, 18 mars 1844. (2)

« Il y a lieu de croire que, sans trop tarder, c'est-à-dire dans le courant de cette année, ou de l'année prochaine, il y aura une réorganisation du clergé dans les colonies... »

Si, d'ailleurs, tout fait ainsi présager au « Père » une heureuse solution, c'est que la gravité des circonstances l'a appelé à Paris, où M. de Montalembert avait fini par décider le ministre de la Marine à demander à *l'Ignorantin* un mémoire complet sur la réorganisation du clergé colonial.

Voici, d'ailleurs, ce remarquable mémoire :

____

(1) Lettre inédite.

(2)   Idem.

14

MÉMOIRE
SUR LA RÉORGANISATION DU CLERGÉ COLONIAL
adressé par M. de la Mennais au ministre de la Marine et des Colonies.

« La Commission, instituée par Ordonnance royale du 26 mai 1840, pour l'examen des questions relatives à l'esclavage, après avoir fait observer dans son rapport à M. le ministre de la Marine, combien la composition de notre clergé colonial a été jusqu'ici médiocre, ajoute que le séminaire du Saint-Esprit, en possession de fournir au recrutement de ce clergé, aurait besoin d'être reconstitué sur d'autres bases, et qu'il ne suffit plus, du moins dans son état actuel, à la nécessité des temps.

« Cette remarque est juste : il y a, en effet, une réforme à entreprendre et à accomplir; mais, pour savoir en quoi doit consister cette réforme, il est nécessaire de rechercher la cause du mal auquel on veut remédier. Recherchons-la donc.

« 1° Les règles données au séminaire du Saint-Esprit, à son origine, par M. de Vintimille, archevêque de Paris, ont été renouvelées et complétées, en 1814, par la Propagande romaine, laquelle prescrivit en même temps de faire un règlement particulier pour les prêtres dudit séminaire qni se consacreraient à l'exercice du saint ministère dans les colonies. Or, trente ans se sont écoulés, et ce règlement n'existe pas encore, et l'organisation intérieure du séminaire lui-même est restée imparfaite. D'un si long retard il est résulté qu'un très petit nombre des prêtres des colonies se sont affiliés à la maison de Paris, et que cette maison se recrute péniblement. Les meilleurs prêtres hésitent à s'y fixer en qualité de directeurs, parce qu'elle languit et que son avenir est incertain. D'un autre côté, ses rapports avec les prêtres qu'elle forme ne sont ni durables, ni déterminés nettement. A peine ceux-ci la quittent-ils pour aller aux colonies, qu'ils lui deviennent à peu près étrangers. Le supérieur, au nom de la Propagande, leur donne, il est vrai, des pouvoirs spirituels, mais sans conserver sur eux aucune juridiction réelle : ils ne sont plus soumis qu'à l'autorité beaucoup trop faible et souvent entravée dans son action, de MM. les Préfets apostoliques.

« On assure que le vénérable M. Fourdinier reconnaît, comme tout le monde, la pressante nécessité de changer ce fâcheux état de choses. J'ignore quels sont ses projets, ses moyens de réaliser les améliorations, et, par conséquent, je ne puis en juger : tout ce que je puis dire, c'est que, dans le cas où la restauration dont il s'occupe n'aurait pas lieu, ou ne ne devrait pas être prochaine, on ne pourrait mieux faire que de confier le séminaire colonial à MM. de Saint-Lazare, si connus pour leur excellent esprit et leurs vertus apostoliques.

« Si MM. les Lazaristes étaient chargés de la direction du séminaire, il serait fort à propos que, de plus, ils eussent une maison de mission dans chaque colonie; mais je ne pense pas que la règle leur permette de se disperser un à un dans les cures. Il y aurait donc toujours un clergé séculier, distinct de cette congrégation, pour administrer les paroisses et pour le service des ateliers.

« 2° Le mode adopté jusqu'alors pour le recrutement des élèves du séminaire est vicieux, car la maison se peuple en grande partie de jeunes gens qui abandonnent leurs diocèses, soit qu'on mette peu d'intérêt à les garder, soit qu'ils manquent de ressources pécuniaires pour continuer leurs études. Se flatter qu'il en sera autrement par la suite et que les évêques se priveront de leurs sujets d'élite en faveur des colonies, c'est se faire illusion. Il faut préparer soi-même, de bonne heure, par une éducation spéciale, les sujets que l'on destine à ces pays lointains, si on veut les rendre vraiment propres au difficile et important ministère qu'ils auront à remplir. Or, un petit séminaire est indispensable pour cela. Cet établissement coûterait peu, s'il était placé en province, et si l'on n'y admettait que des jeunes gens qui eussent déjà un certain degré d'instruction, et qui fussent capables de suivre des cours élevés. MM. de Saint-Lazare ont senti la nécessité de prendre des mesures semblables pour se recruter, et maintenant ils ont un petit séminaire.

« 3° Qu'il y ait urgence à créer des évêchés dans nos colonies, la commission le prouve trop bien pour que j'aie à le prouver de nouveau après elle. Mais elle propose d'en créer deux seulement, dont l'un comprendrait la Martinique, la Guadeloupe et la Guyane, et l'autre tous nos établissements sur la côte d'Afrique, depuis le Sénégal jusqu'à Bourbon.

« Selon moi, au lieu de deux évêchés, il en faudrait au moins trois; c'est-à-dire qu'il est à désirer que la Martinique et la Guadeloupe aient chacune le sien. L'évêque de la Guadeloupe, qui aurait à administrer la Guyane, devrait la visiter au moins une fois par an, ce qui rendrait sa tâche assez fatigante pour qu'on n'y ajoutât point l'administration de la Martinique. Il importe que, dans les colonies plus

qu'ailleurs, les visites pastorales soient fréquentes,
et comment le seront-elles si les diocèses sont trop
étendus?

« 4° Les diocèses des colonies seront-ils gouvernés
par des évèques titulaires, ou par des vicaires apostoliques revètus du caractère épiscopal? Cette question est grave. Sans la décider positivement, la commission paraît préférer des vicaires apostoliques, parce
qu'elle craint que la création d'évèques titulaires n'entraîne de trop grandes dépenses et ne place le gouverneur dans une position délicate et relativement
inférieure vis-à-vis d'évèques inamovibles. Mais ces
craintes sont-elles fondées? Évidemment non; car
d'abord la dépense ne peut être plus grande qu'autant .qu'on voudrait établir dans chaque diocèse un
séminaire et un chapitre. Or l'érection d'un chapitre
n'est pas d'une nécessité immédiate et absolue : il
suffit que le Pape donne au premier grand vicaire,
ou, à son défaut, au second grand vicaire de l'évèque,
le pouvoir d'administrer pendant la vacance. Quant
à un séminaire, d'ici très longtemps et peut-être
jamais, aucun séminaire ne sera possible dans les
colonies; on ne trouvera de sujets qu'en France, et ce
n'est aussi qu'en France qu'ils peuvent être conve-
nablement élevés. Les évèques des colonies, titulaires
ou non, placeront toujours leurs sujets dans le
séminaire colonial de Paris, et le département de la
marine n'aura, comme aujourd'hui, qu'un établissement de ce genre à soutenir.

« Mais, demande-t-on, les évèques étant titulaires,
MM. les gouverneurs ne se trouveront-ils pas vis-à-
vis d'eux dans une position délicate· et relativement
inférieure? Nullement : les préséances et le rang se-

ront réglés dans les colonies comme ils le sont en France, où l'on ne voit pas que la considération et l'administration de MM. les préfets et de MM. les les lieutenants généraux, commandants de province, souffrent en aucune manière de ce que nos évêques soient inamovibles, quoiqu'ils ne le soient pas eux-mêmes.

« Après tout, que les évêques coloniaux soient inamovibles ou non, ils jouiront également, dans les colonies, d'une considération immense, et il le faut pour qu'ils fassent tout le bien qu'on attend d'eux.

« Cependant, au fond de la difficulté très peu sérieuse à laquelle nous venons de répondre, il y en a une autre beaucoup plus digne d'attention; la voici :

« Il peut arriver qu'un évêque des colonies abuse de sa position et de son influence. Le gouverneur voudra le rappeler et le remplacer : eh bien ! dans cette supposition, un vicaire apostolique n'est pas plus qu'un évêque titulaire révocable à la volonté du gouvernement. Pour que cet évêque, quel qu'il soit, perde sa juridiction, il est indispensable que le pape intervienne; et il y aura cette différence, s'il s'agit d'un évêque titulaire et non d'un vicaire apostolique, que ce cas si grave ne sera qu'un cas très simple de translation d'un évêché des colonies à un évêché de France.

« Une considération d'un ordre politiquement plus élevé me frappe vivement. Les vicaires apostoliques sont à la nomination du Pape seul, puisque ce sont ses vicaires *à lui*, et ils ne sauraient être à la nomination du Roi. Le Roi peut sans doute recommander au Saint-Père tel ou tel sujet; mais cette recommandation ne serait qu'une simple prière, tandis que la nomination par le roi, en vertu d'un concordat, serait un droit de la couronne. N'est-il pas essentiel d'établir ce droit? On l'a fait pour Alger, pourquoi ne pas le faire pour les autres colonies? Cet exemple répond à tout.

« De même aussi que l'évêque d'Alger a été déclaré suffragant de l'archevêque d'Aix, parce que la métropole d'Aix est la plus voisine d'Alger, ainsi les évêchés des colonies doivent dépendre de la métropole de Bordeaux, parce que Bordeaux est le port de France qui a le plus de relations avec les colonies.

« 5° L'autorité du métropolitain sur ses suffragants se réduit, en réalité, à fort peu de chose dans l'état actuel de la discipline : peut-être donc le gouvernement jugera-t-il convenable d'avoir près de lui un évêque, avec lequel il puisse s'entendre plus intimement sur les affaires ecclésiastiques des colonies, et qui ait un titre pour y prendre part. Il faudrait, pour cela, que nos diocèses coloniaux fussent considérés comme établissements de fondation royale. Un prélat, grand dignitaire, attaché à la personne du Roi, pourrait alors avoir certains droits dans leur administration, avec l'approbation du Saint-Siège. Mais je ne comprends pas que rien de pareil soit possible dans le système des vicaires apostoliques, puisque, je le répète, un vicaire apostolique n'est qu'un simple délégué du Pape, et non, à proprement parler, l'homme du Roi.

« Pour conclure dans le sens de la commission, je pense comme elle que la réorganisation, la reconstitution du clergé colonial est le grand point et l'affaire pressante. Voilà le vrai moyen d'action sur la race noire. La religion catholique manifestera par là tout ce qu'il y a de puissant dans l'unité, dans la subordination, dans la règle. Ce sera pour tous le grand instrument de civilisation et de rapprochement; ce sera le salut des colonies.

« Juillet 1844. »

Citons, maintenant, pour compléter nôs explications sur ce point si important de la réorganisation coloniale, les deux lettres suivantes que le P. Ruault, aumônier de l'Institut de Ploërmel, et l'ami bien cher du vénéré Père, adressait au Frère Ambroise à la même époque :

« Ploërmel, 22 avril 1846. (1)

« La réorganisation du clergé colonial, chose si importante pour cette œuvre et qui en est la clef de voûte, on le comprend, est toujours sur le tapis; on espère qu'elle ne tardera pas à recevoir une heureuse solution : un mémoire du cher Père, qu'il a fait et présenté, étant à Paris, et qui a été trouvé excellent en haut lieu, paraît avoir fait faire un pas de plus à cette importante question... »

« Ploërmel, 5 mai 1851. (1)

« ... C'était quelques mois après la terrible attaque que le vénéré « Père » avait adressé sa supplique à Rome, avec toutes les pièces à l'appui, par l'entremise du Nonce de Sa Sainteté, à Paris, Mgr Fornari, promu depuis au cardinalat, mais la révolution romaine, le triomphe de la funeste république et tous les troubles qui en ont été la suite avaient forcément retardé toutes les affaires. Le cardinal Fornari, sans

______

(1) Lettre inédite.

que le cher Père ait fait d'autres démarches, n'a pas perdu de vue l'affaire dont il avait eu la bienveillance de se charger, et, grâce à sa puissante influence, elle a été ramenée à bonne et heureuse fin. Plusieurs fois, c'est-à-dire, à chaque voyage que le cher Père faisait à Paris, il voyait Mgr le Nonce, qui, toujours, lui témoignait la plus grande estime et tout le prix qu'il attachait à sa personne et à ses œuvres : Son Éminence a tenu à lui en donner une éclatante preuve.

« Ce n'est pas le seul bien qui soit résulté de leurs rapports d'au moins quinze années; après Dieu, c'est bien aux efforts concertés entre Mgr le Nonce et le cher Père qu'il y a enfin des Évêques aux Colonies. Ces Évêques, vous les possédez maintenant, et il y a lieu d'espérer que chacun, dans son diocèse, rendra de grands services à la religion et que vos œuvres s'en ressentiront d'une manière avantageuse... »

Et, pour en terminer avec cette partie de notre étude, qu'il nous suffise de rappeler seulement que le Rapport du vénéré Père fut adopté de point en point, ce qui est, assurément, un de ses plus beaux titres de gloire, mais que c'est à lui que nous devons la réorganisation coloniale de notre clergé, exactement telle qu'elle fonctionne encore à l'heure actuelle.

CHAPITRE X

Guizot et l'abbé Jean de la Mennais. — De l'ouvrage intitulé
« *Sur l'Éducation religieuse.* »

Après avoir examiné ce qui se passe dans nos
colonies, revenons maintenant aux événements qui
se déroulent en France.

Nous sommes à l'époque, où vient d'être promulguée la loi scolaire du 28 juin 1833; cette loi à
laquelle comme nous le disions, plus haut, M. Guizot a
attaché son nom. Je veux parler, en d'autres termes,
de la loi qui, autorisant l'enseignement privé en
France, permet enfin, l'ouverture d'une école ou maison
d'éducation, à quiconque sera muni d'un brevet officiel de capacité.

Certes, les lances rompues, si brillamment, sans
trêve ni répit, par l'abbé Jean de la Mennais, en
faveur de la liberté de l'enseignement, ont contribué,
dans une très large mesure, à l'adoption de la loi
nouvelle.

Pour prouver, du reste, en quelle haute estime,
M. Guizot, lui-même, tenait les humbles écoles des
Frères de l'Instruction chrétienne, je ne puis mieux
faire que de rappeler ici la topique anecdote que M.
l'abbé Fouques, curé de Mongaudry, racontait, il y

a peu d'années, dans la *Semaine Religieuse* de son diocèse, dans une lettre qui est ainsi conçue (1) :

Mongaudry, le 27 janvier 1879.

« MONSIEUR LE DIRECTEUR,

« L'extrait que vous avez donné des *Mémoires* de M. Guizot, au sujet de l'Instruction religieuse dans les écoles, a réveillé en moi le souvenir d'un fait non moins significatif. J'ai eu l'honneur, étant jeune prêtre de demeurer, pendant un an, dans la maison du vénérable Jean-Marie de la Mennais, fondateur des Frères de l'Instruction chrétienne, à Ploërmel, en Bretagne.

« Or, un jour, me trouvant près de lui, pendant que tout en causant, il dépouillait et parcourait, d'un premier regard, ses nombreuses correspondances, il me dit : « Tenez! Lisez donc ceci. »

« C'était une lettre de M. Guizot.

« L'ancien ministre de Louis-Philippe demandait humblement à l'abbé de la Mennais, *le dernier de ses petits Frères, pour diriger l'école du Val-Richer »*

« Voici, d'ailleurs la teneur de la lettre, à laquelle il est fait allusion ci-dessus. Cette lettre du célèbre protestant français, ancien ministre de Louis-Philippe, a été, en effet, pieusement conservée, dans les archives de Ploërmel, avec nombre d'autres autographes non moins curieux.

(1) *Semaine religieuse* du Diocèse de Séez. — Egalement. *Semaine religieuse* du diocèse de Paris relatant cette curieuse lettre. Voir aussi la *Chronique des Frères de Ploërmel,* Tome II Mai 1879, page 422.

V *Monsieur Jean-Marie de la Mennais à Ploërmel.*

Paris le 12 février 1851

« Permettez-moi, Monsieur, de m'appuyer sur mes anciennes et trop rares relations, avec vous, pour vous demander un service. J'ai fondé, dans la commune de St-Ouen-le-Paing, que j'habite dans le Calvados, une école. La maison est bâtie, bonne et convenable. Je voudrais qu'elle fût occupée, par un de vos petits Frères. J'en suis d'accord avec le Maire et le Curé de la Commune. Je crois que la population accueillerait un de vos Frères, mieux que tout autre instituteur.

« Pouvez-vous m'en donner un? Quels seraient les frais et les conditions? Vous seriez bien aimable de me répondre, le plus tôt possible, à cet égard. J'ai la confiance que, si vous pouvez répondre à mon désir, vous me choisirez un Frère d'un caractère sûr et d'un esprit intelligent et conciliant. L'influence du maître d'école, sur la moralité et la paix de la commune, est encore plus importante que ses leçons aux enfants.

« Si l'arrangement que je vous demande pouvait se faire, à quelle époque le Frère serait-il disponible?

« Recevez, je vous prie, Monsieur, l'assurance de ma considération très distinguée.

« GUIZOT »

« Rue de la Ville-l'Évêque. N° 6. »

« Nous n'avons pu retrouver, » dit la *Chronique des Frères*, (1) « la réponse de M. de la Mennais. Proba-

---

(1) *Chronique des Frères. Tome II*, page 421 et suivantes.

blement, que le vénéré Père, selon son habitude, lorsqu'il s'agissait de fondations, hors de la Bretagne, dut exprimer à M. Guizot, tous ses regrets de ne pouvoir lui être agréable, en cette circonstance, et l'école resta laïque. »

Dans les pages que l'éminent homme d'État consacre à M. de la Mennais dans ses graves *Mémoires* et parmi les lettres qu'il cite de lui, ne se trouve point davantage la réponse qui nous manque ; mais, en revanche, nous y *remarquons cette appréciation de M. de la Mennais :* « La congrégation de l'Instruction chrétienne, en Bretagne, par M. l'abbé Jean-Marie de la Mennais, attira, tout particulièrement, mon attention. Le nom du fondateur, son esprit cultivé, son entier dévouement à son œuvre, son habileté pratique, son indépendance envers son propre parti, sa franchise dans ses rapports avec le pouvoir civil, tout en lui m'inspirait une entière confiance, et il y répondit au point de provoquer, lui-même, l'inspection du gouvernement dans ses Écoles. »

Notons, ici, que le zèle si ardent, la plume si admirable de l'abbé de la Mennais ne purent, d'ailleurs, rester inactifs, même durant la période de calme relatif, créée par la loi du 23 mars 1833.

L'année même, qui suivit la promulgation de cette loi, l'apôtre de l'enseignement populaire, l'abbé Jean, faisait éditer, en effet, une nouvelle brochure, intitulée : « *Sur l'éducation religieuse.* »

Cet écrit, imprimé chez L. Prud'homme à Saint-Brieuc, en 1834, ne porte d'autre signature que la devise : Gloire à Dieu ! Mais, dans cet écrit, on retrouve si bien le style, les idées, les expressions, le genre de preuves, habituels au « Père, » qu'il semble manifeste, que cet ouvrage, également, émane bien de lui.

Il débute ainsi, citant la parole de Leibnitz : « J'ai toujours cru qu'on réformerait le genre humain, si on réformait l'éducation de la jeunesse. » (1) Alors, il examine l'enfant. Qu'est-ce que l'enfant?

« C'est une terre toute neuve, (Horace. *Art poét.*) mais qui attend la culture et où, vous ne recueillez jamais que ce que vous y aurez semé. C'est selon la pensée d'un ancien, une *cire* molle et flexible, qui se prête à toutes les formes, au gré de la main qui la façonne; *c'est un vase fraîchement confectionné, qui conservera longtemps,* toujours peut-être, *l'odeur de la première liqueur que vous y aurez versée.* (Horace. *Epitre).*

« Oui, que cet enfant n'entende d'autres leçons que celles d'une éducation chrétienne, et on peut être sûr, que ses croyances et ses mœurs seront en tout conformes à la foi chrétienne. . . » (2)

Il faut donc à l'enfant une éducation chrétienne, à laquelle les meilleures lois ne sauraient suppléer.

Aussi, l'un des principaux devoirs du prêtre, c'est de se consacrer à l'instruction et « Mgr l'Évêque de Saint-Brieuc, dans les avis qu'il adresse tous les ans à son clergé, ne cesse de s'exprimer ainsi. » (3)

L'auteur, alors, montre comment le clergé, se plaçant à la tête de l'enseignement libre, a toujours rempli son devoir, à ce sujet. Et cela, en Belgique, en Irlande et surtout en France où, dit l'auteur, « s'il nous

(1) *Sur l'Éducation Religieuse,* page 1.

(2)   *Id.*   page 3.

(3) *Sur l'Éducation religieuse.* précité page 34.

était permis de publier ici tout ce que nous savons, nous pourrions remplir des pages entières. »

Dans cet ouvrage, qui est entre nos mains, nous remarquons, même, plusieurs corrections faites de la main du « Père, » en vue évidemment d'une nouvelle édition.

C'est ce qui achève de nous confirmer dans l'idée, qu'aux œuvres de Jean de la Mennais, il convient de joindre aussi la brochure que nous venons, ici, d'analyser, en quelques lignes. Cette brochure, d'ailleurs est la préface, pour ainsi dire, d'une seconde brochure que les événements qui se préparaient, allaient faire bientôt jaillir de la plume infatigable de notre admirable compatriote : je veux parler de sa brochure, au sujet de la loi Villemain, dont nous nous occuperons bientôt.

CHAPITRE XI.

L'abbé Jean de la Mennais et la loi Falloux.

L'Assemblée qui fut élue, après la révolution de
1848, avait entrepris de résoudre enfin, définitivement,
la question de l'enseignement — cette question qui,
sous les gouvernements précédents, avait toujours si
gravement ému le Parlement et l'opinion publique
et avait trouvé à la tribune française un éloquent
défenseur dans le jeune comte de Montalembert.

Pour l'étude de cette question, une Commission
fut nommée, et déjà M. Jules Simon, qui en était
le rapporteur, avait présenté son projet, quand survint
l'élection du prince Louis Bonaparte, à la présidence
de la République.

Celui-ci, ayant offert au comte de Falloux le por-
tefeuille de l'Instruction publique :

— Je l'accepte, répondit ce dernier, en présence
de MM. Thiers, Molé et Berryer, mais à la condition
expresse, qu'il me soit permis de préparer immédiatement une loi nouvelle, sur la liberté de l'enseignement
et que vous, M. Thiers, vous la soutiendrez et la voterez,
avec moi.

— Je vous le promets! Je vous le promets! répondit M.
Thiers.

Alors, M. de Falloux reprit l'œuvre si souvent commencée et chargea, de l'élaboration de la nouvelle loi, une Commission composée des hommes les plus autorisés, en la matière : Thiers, Montalembert, de Melun, Cousin, Libour, Monseigneur Dupanloup, Cochin, de Riancey, Laurantec, de Corcelles, Dubois, Fresneau, Roux-Lavergne...

M. DE FALLOUX.

Cette Commission voulant, en outre, s'entourer de toutes les lumières que comportait la gravité de la question, s'adressa aux supérieurs des principales congrégations enseignantes, et voici la lettre que M. de Falloux écrivit, lui-même, à ce sujet, à l'abbé Jean de la Mennais, à la date du 22 janvier 1849 :

15

Monsieur l'abbé,

« Je viens, au nom des intérêts auxquels votre existence tout entière a été consacrée, vous demander un onéreux mais véritable service. Je mets donc de côté tout préliminaire, pour vous exposer simplement le but de ma demande.

« Les deux *Commissions* réunies en une seule, au Ministère de l'Instruction publique, commencent une enquête, sur l'état de l'enseignement primaire en France et sur les remèdes à appliquer aux abus plus d'une fois constatés.

« A ces deux titres, Monsieur l'Abbé, qui peut apporter plus de lumières que vous? Qui peut mieux comprendre, et faire comprendre aux hommes éminents qui recueilleront vos paroles, la portée du mal et l'urgence de la réparation?

« Pour moi, Monsieur l'Abbé, si, dans mon rapide ministère, je n'ai *d'autre succès que celui d'avoir obtenu votre présence, votre témoignage, devant la Commission, je croirai avoir rendu un service ineffaçable* et légué le plus précieux des héritages à nos successeurs, quels qu'ils soient.

« Veuillez donc me pardonner l'indiscrétion de cette démarche, en faveur de la gravité de ses motifs, et laissez-moi vous offrir, avec des remerciements anticipés, que j'espère, vous ne refuserez pas, l'hommage du plus profond respect de votre très humble serviteur.

» A. DE FALLOUX.

« Paris, le 22 janvier 1849. »

« La première séance d'enquête aura lieu au ministère, samedi prochain, 27 janvier. »

Alors, l'abbé Jean de la Mennais était encore sous le coup de la paralysie qui l'avait atteint, au mois de décembre 1847, et se trouvait dans l'impossibilité de faire le plus petit déplacement. Aussi, c'est à grand'peine qu'il put répondre, lui-même, à M. de Falloux, pour s'excuser, la laconique lettre ci-dessous :

« Ploërmel (Morbihan), le 28 janvier 1849.

Monsieur le Ministre.

« Une maladie très grave dont je suis atteint depuis plus d'un an, et dont je n'ai aucun espoir de guérir, entièrement, ne me permet pas de faire, en ce moment-ci, un aussi long voyage que celui de Ploërmel à Paris. J'aurais été fort heureux cependant, de faire votre connaissance personnelle, et de prendre une part, dans le travail sur l'Instruction primaire, dont vous vous occupez; car personne n'y est plus intéressé que moi, et n'en comprend mieux, j'ose le dire, les difficultés pratiques et la haute importance. Mais ma santé est ruinée, et les médecins me condamnent à un repos qui m'est plus pénible que je ne puis le dire, dans cette circonstance.

« Daignez recevoir, avec bonté, l'expression de mes très vifs regrets, et l'hommage du profond respect, avec lequel j'ai l'honneur d'être, Monsieur le Ministre, votre très humble et très obéissant serviteur.

L'abbé J.-M. de la MENNAIS. »

Ni le ministre, raconte la *Chronique des Frères de Ploërmel* à laquelle j'emprunte ces très curieux renseignements, ni la haute Commission ne purent se résigner à se passer des lumières et de l'expérience de M. de la Mennais. Le cher malade ne pouvant aller à eux, ils résolurent de venir à lui. MM. Cochin et Michel furent chargés de lui adresser une série de questions — vingt-et-une bien numérotées et bien comptées — embrassant, jusque dans les détails les plus délicats, tout le régime de l'instruction primaire. Nous les avons sous les yeux.

« La gravité de cette enquête, la confiance sans bornes dont M. de la Mennais se vit entouré, par la Commission, et, surtout, le sentiment du bien immense qu'il s'agissait d'opérer enfin par l'éducation de la jeunesse, rendirent au vénéré Père, comme un regain d'énergie et de forces. Oubliant son âge, ses infirmités, sa maladie, il prit sa plume jadis si vigoureuse, et répondit, lui-même, à toutes les interrogations, de la *manière la plus nette, la plus franche, la plus précise.*

« Puissent ces réponses, Messieurs, disait-il, dans « sa lettre d'envoi, vous être de quelque utilité, pour « résoudre le difficile problème qui vous est soumis, « et j'en bénirai Dieu! » (1)

Il serait malheureusement trop long de reproduire, ici, les fines réponses, si pratiques et si judicieuses, de M. l'abbé de la Mennais.

Citons, seulement, les suivantes qui nous paraissent spécialement dignes de fixer l'attention de tous ceux-là qu'occupe, à l'heure actuelle, la question si importante de l'enseignement, en France.

« Réponses (2) aux questions qui m'ont été adressées, au nom de M. le ministre de l'Instruction par Mrs Cochin et Michel.

---

(1) *Chronique des Frères.* Année 1879. Tome II, page 443 et suite 44?

(2) *Archives* des Frères de Ploërmel.

4ᵉ question. — *L'enseignement est-il trop étendu ou trop restreint?*

L'enseignement est-il trop étendu?

— J'écrivis à M. le Ministre de l'Instruction publique le 7 novembre 1837 : « Partout on exige un brevet, le même brevet à Rennes et à Nantes, qu'à Kergrist-Moëllou et à Squiffiec; de là, résultent pour les instituteurs laïques, comme pour les Frères, des inconvénients que je crois devoir signaler.

« Pour qu'un iustituteur quelconque se résigne à diriger une école rurale, en Bretagne, il faut assurément qu'il ait beaucoup de vertu et bien peu d'ambition. Si on éveille imprudemment dans son esprit le désir d'un état plus brillant, sa position lui deviendra insupportable, et, loin de s'y attacher, il cherchera et prendra bientôt les moyens d'en sortir.

« Or, les instituteurs brevetés, après examen, sont des hommes instruits et capables de remplir, avec distinction, une place dans un bureau, dans une maison de commerce, dans une administration de second ordre, etc... Comment donc peut-on espérer qu'ils iront volontiers s'ensevelir, au fond d'une campagne, où ils seront condamnés à de dures privations, et où les connaissances variées qu'ils ont acquises ne serviront qu'à leur mieux faire sentir ce qu'il y a de pénible dans leur situation!

« Qu'on ne s'y trompe point, l'homme le plus capable, selon la loi, est ordinairement le plus impropre à diriger une humble école de village, dans laquelle il n'aura jamais à enseigner que les premiers éléments; encore ne pourra-t-il les faire apprendre à ses élèves que très imparfaitement. Les enfants ne restent pas assez longtemps à l'école, pour que, qui que ce soit, fût-il un des Quarante de l'Académie, puisse leur apprendre autre chose que le catéchisme, à lire, à écrire médiocrement et à résoudre les problèmes les plus simples de l'arithmétique.

« Je n'hésite donc point à dire qu'il est, contre nature, qu'un homme de talent, qui a le sentiment de ce qu'il vaut et de ce qu'il peut devenir, remplisse, sans ennui et sans dégoût, de telles fonctions. Tout au plus, s'il rencontre des enfants intelligents, s'intéressera-t-il à leurs progrès; il négligera tous les autres. Nos meilleures écoles rurales sont celles que j'ai confiées à des Frères bien pieux, bien zélés, qui n'étaient pas trop au-dessus de leur tâche. Oh! combien de fois j'ai gémi, quand je faisais mes placements, que mon choix dépendit d'un papier, appelé *Brevet*.

10ᵉ question. — *Leur instruction et leur moralité laisse-t-elle à désirer?*

Leur instruction? Non. Leur Moralité? Oui.

11ᵉ question. — *Leur nomination ne serait-elle pas mieux placée entre les mains, soit des communes (avec des garanties suffisantes), soit des autorités supérieures?*

R. La nomination des instituteurs doit appartenir aux communes. Toute école dirigée par un instituteur qui ne serait pas de leur choix, ne prospérerait jamais. Mais dans nos campagnes surtout un véto pourrait être réservé aux autorités supérieures.

12ᵉ question. — *Les instituteurs appartenant aux Associations Religieuses, sont-ils, en général inférieurs ou supérieurs aux instituteurs laïques?*

R. Tout ce que je puis dire, c'est que les écoles des Frères réunissent plus d'élèves que les écoles laïques, parce qu'elles inspirent plus de confiance.

Ajoutons que toutes ces judicieuses réponses aux

questions que lui faisait poser le ministre de l'Instruction publique, ainsi que les observations qu'il eut encore à présenter ultérieurement, attirèrent, d'une façon toute spéciale, l'attention de la Commission.

Ces observations, en outre, l'abbé Jean de la Mennais les fit parvenir, à la date du 18 juillet, à Monseigneur Parisis, évêque de Langres et député du Morbihan.

Voici sa lettre d'envoi :

« Ploërmel, 18 juillet 1849.

Monseigneur,

« Le bon Dieu ayant permis que je pusse fonder, en Bretagne, un grand nombre de petites écoles, vous sentez que le projet de loi sur l'instruction primaire, présenté par M. de Falloux, m'intéresse vivement. Daignez donc me pardonner la liberté que j'ose prendre d'avoir recours à vous, pour obtenir des modifications sur un point qui me semble capital...

« Dans les notes ci-jointes, je ne traite et ne discute aucune question générale; je me borne à faire des observations très courtes et très simples, sur quelques articles de détail que l'on considère trop souvent comme peu dignes d'attention, et qui, cependant, ont, dans la pratique, vous le savez, Monseigneur, la plus grave importance.

Permettez que j'ajoute à mes notes, sur la loi, une copie de mes réponses, aux questions qui me furent officiellement adressées, il y a deux mois, par la Commission chargée de préparer cette loi : les unes se lient aux autres.

« En Bretagne, aussi bien qu'ailleurs en France, Monseigneur, les maîtres actuels de la jeunesse sont pour la plupart impies et révolutionnaires : bientôt ils perdraient nos campagnes, si l'enseignement populaire leur était livré, sans concurrence, et si nous n'avions pas une pleine liberté d'opposer nos écoles aux leurs.

« Je suis heureux de trouver cette occasion d'offrir à Votre Grandeur, dont j'admire depuis si longtemps les écrits, l'hommage de la vénération profonde avec laquelle je suis.

« Monseigneur,

« Votre très humble et très obéissant serviteur.

« L'abbé J.-M. DE LA MENNAIS. »

Le 29 août suivant, Monseigneur Parisis lui accuse réception de cet envoi, dans les termes suivants :

« Langres, 29 août 1849.

« MONSIEUR ET VÉNÉRABLE ABBÉ,

« J'ai reçu, en leur temps, la lettre et les notes que vous avez bien voulu m'envoyer, au sujet du projet de loi sur l'enseignement.

« *Nous en avons tenu très grand compte, dans la discussion, et M. Thiers a désiré les emporter chez lui pour les lire à son aise ; il les a encore entre les mains.*

« Nous ferons donc tout notre possible, pour entrer dans vos vues, qui sont parfaitement les nôtres ; mais que la position est difficile !...

« Veuillez donc prier et faire prier vos bons Frères, pour nous.

« Vous avez daigné prendre sous votre protection le jeune ***, que l'on voulait envoyer de Pl. où il est sous-préfet, à B., dans la Moselle. J'ai remis, de la main à la main, à M. Dufaure, presque toutes les lettres qui m'ont été envoyées à ce sujet, et, à mon départ, M. le ministre me donnait bon espoir ; mais, dans tous les cas, je me suis bien occupé de cette affaire.

« Veuillez, Monsieur et vénérable Abbé, croire que je suis plein d'admiration pour votre belle œuvre, et que je suis heureux de vous en offrir les félicitations les plus affectueuses en N.-S.

« † P.-L., *évêque de Langres.* »

« Maintenant, » dit la *Chronique de l'Institut*, (1) que nous ne saurions mieux faire que de reproduire ici encore, « il serait curieux de citer le texte primitif du projet de loi, et, à côté, les divers amendements de détail présentés par le vénéré Père, avec ses motifs à l'appui. Nous dirons simplement que, sur *huit* amendements, plusieurs furent adoptés, quant au fond, et quelques-uns, textuellement.

« Au chapitre 1er du livre II, par exemple, l'ancien article 21 du projet, devenu l'article 23 de la loi, ne parlait pas *des éléments de la langue française,* dans le programme du brevet obligatoire. M. de la Mennais fit ajouter cette matière. Quant au brevet de second degré, il fit remarquer qu'on n'eût pas dû supprimer l'article de la loi de juillet 1833, qui déclarait que l'instruction primaire pourrait recevoir les développements jugés convenables, selon les besoins et les ressources des localités. « Cette clause, dit-il, eût été à conserver, ou mieux, à remplacer par celle-ci : *Tout candidat qui désirera ajouter à son examen du premier degré une ou plusieurs des matières du second,*

(1) *Chronique des Frères.* Année 1879. Tome II, page 446 et suivante,

y sera autorisé, et son brevet fera mention des ma-
tières spéciales sur lesquelles il aura répondu d'une
manière satisfaisante. »

« L'observation fut entendue, et le dernier alinéa
de l'article 46 est précisément celui-là

« A l'article 16, première partie, où il est établi
qu'une commission d'examen sera chargée de juger
publiquement, à des époques déterminées, *l'aptitude*
des aspirants au brevet de capacité, M. de la Mennais
pria d'ajouter ces mots : *quel que soit le lieu de*
domicile.

« La raison qu'il en donne est assez curieuse : L'article
25 de la loi de 1833 était textuellement le même que
l'art. 16 de la présente loi, et cependant un arrêté
du conseil royal, en date d'octobre 1833, a statué
que les commissions départementales ne pourraient
examiner que les candidats *domiciliés,* dans le département. Un peu plus tard, le ministre de l'Instruction
publique, par une décision en date du 2 mai 1834,
a reconnu que les candidats avaient la faculté de se
faire examiner par toute commission d'examen, quel
que fût leur domicile.

« Or, qu'est-il arrivé? On n'a tenu aucun compte
dans la pratique, du moins en Bretagne, de cette
dernière décision; si bien qu'on a vu des Frères de
l'Instruction chrétienne, récemment placés auprès de
Brest, obligés d'aller se faire examiner à Nantes, ensuite
de Nantes pour retourner à leur obédience, faire un
voyage de près de deux cents lieues. » L'addition fut
acceptée, et elle se lit dans la loi.

« Sur la seconde partie du même article, relative
à la composition des commissions d'examen, M. de
la Mennais fit diverses observations. Il eût préféré,

quant à lui, un jury spécial. « Mais, disait-il, puisque la Loi remet aux mains de l'Université la collation des brevets, du moins devrait-elle, après avoir établi que l'inspecteur des écoles du département fait de droit partie de la Commission, laisser le conseil académique départemental entièrement libre de nommer les autres membres.

« Quant au ministre du culte, ajoutait-il, il doit être nommé par l'évêque, pour examiner les candidats catholiques : c'est à l'évêque seul qu'appartient le droit de s'assurer, par lui-même, ou par son délégué, de la doctrine de quiconque enseigne dans son diocèse. »

Telle est, aussi résumée et aussi fidèlement interprétée que possible, cette curieuse page de notre histoire contemporaine — la loi Falloux — cette loi pleine de sagesse et de tolérance à laquelle, d'après les précieux documents (1) que nous avons pu consulter, le « Père » collabora d'une façon si active, tout en se trouvant cloué par la maladie, au milieu de ses landes de Ploërmel.

----

(1) Tome V. Correspondance manuscrite, page 220,
Observations à Mgr de Langres sur la loi Falloux, à la Commission, qui les lui a demandées (page 226.)
Lettre du Père au ministre de Salvandy (7 novembre 1837), sur le brevet exigé des instituteurs.

CHAPITRE XI*

Avant de terminer cette partie de notre étude, plus spécialement relative au rôle que l'abbé Jean-Marie de la Mennais joua, en France, au point de vue de l'Enseignement primaire; il nous faut, maintenant, retracer, en quelques lignes, l'origine d'une de ses principales fondations, dont nous n'avons pas encore parlé : il s'agit de l'œuvre des Filles de la Providence.

En l'année 1816, il y avait à Saint-Brieuc une bonne demoiselle, Mlle Cartel, qui suivant une pieuse coutume, encore très répandue en Bretagne, à l'heure actuelle, se plaisait à enseigner le catéchisme aux petits enfants pauvres.

Mlle Cartel était, notamment, secondée dans son œuvre par une autre bonne demoiselle, appelée Mlle Bagot.

Et entre Mlle Bagot et Mlle Cartel il existait un grave sujet de discussion.

Tandis que Mlle Cartel voulait, tout en la développant, continuer son œuvre de l'enseignement du catéchisme, au profit des petits pauvres, Mlle Bagot, elle, rêvait la création d'un orphelinat.

Que faire en l'occurence?

Est-ce une école où l'on enseignera le catéchisme, la lecture, la couture?... Est-ce au contraire un orphelinat, qu'il convient de fonder?

C'est l'abbé Jean de la Mennais qu'on choisit. contradictoirement, comme arbitre souverain.

— « Mais, c'est tout simple! décide, séance tenante, le vicaire capitulaire. J'approuve les deux : l'école et l'orphelinat. »

A partir de cet arrêt, rendu en dernier ressort, tandis que Mlle Bagot s'occupe de fonder son orphelinat, Mlle Cartel, secondée par les demoiselles Conan et Chaplain, pose les premières bases de la nouvelle école.

Et, rapidement, celle-ci grandit, grâce particulièrement, à la générosité d'un riche négociant, M. Sébert, que l'abbé de la Mennais avait su intéresser à son œuvre naissante.

Révérende Mère CHAPLAIN, une des fondatrices de la Providence

Ce fut durant la nuit de Noël 1848, que la Supérieure du nouvel ordre, Mlle Conan, ainsi que Mlles Cartel et Chaplain, firent, en qualité d'aspirantes, leur première consécration, dans la chapelle de Notre-Dame du Refuge. Une novice, Mlle Beauchemin était venue, d'ailleurs, s'adjoindre aux nouvelles professes et, désormais la *Congrégation de la Providence* se trouvait fondée.

Le 29 mars 1819, dit l'*Ami de l'Enfance* (1) une messe

(1) L'*Abbé J.-M. de la Mennais*, précité, p. 65. — Procure des Frères.

du Saint-Esprit fut célébrée à Notre-Dame du Refuge, pour les deux cents élèves qui fréquentaient les classes ; trois mois, plus tard, on en comptait quatre cents.

« La maison de la rue Quinquaine ne pouvait plus suffire : l'abbé de la Mennais convaincu, par les preuves, que la Providence pourvoyait à tout, résolut d'en acheter une. Il jeta les yeux sur l'ancien couvent des Ursulines.

« Mlle Conan se ressouvint alors de certaine prédiction que lui avait faite M. Chantrel, de sainte mémoire. Il lui avait dit, au sujet de cette maison, dans un temps où

Maison principale des Filles de la Providence à Saint-Brieuc.

tout espoir de l'acquérir était impossible : « Dieu veut établir là votre Société. Oui, il veut que cette propriété retourne à une Communauté religieuse, et c'est la vôtre qui la possédera : vous devez remplacer les Ursulines de Saint-Brieuc... »

« La Providence, elle-même, avait donc préparé la demeure de ses Filles. Elles en étaient convaincues et y entrèrent, pleines de joie, le 11 octobre 1820. »

On sait combien, sous les auspices du saint abbé Jean de la Mennais prospéra, l'ordre de la Providence qui depuis cette époque, a conservé à Saint-Brieuc, sa Maison-Mère et compte, à l'heure actuelle, parmi les plus florissants de ceux qui se consacrent, en Bretagne, à l'éducation des jeunes filles.

L'œuvre du « Père », au point de vue de l'enseignement primaire, est donc immense, ainsi qu'on le voit.

Elle s'étend à toute la France ; elle se propage dans toutes nos colonies.

Le « Père » cependant veut mieux encore.

Il veut même, qu'à l'instar de ses écoles de France, son ami Mgr Bruté, fonde des écoles en Amérique. Et voici la curieuse lettre qu'il lui adresse à ce sujet :

... « Si vous repassiez à Saint-Brieuc, lui écrivit-il, le 18 décembre 1820 (1), vous y trouveriez plusieurs établissements, que j'ai formés et qui pourraient vous donner l'idée d'en former de semblables, dans vos contrées ; je suis très convaincu que le nombre des prêtres augmenterait en Amérique comme ailleurs, si l'on s'emparait des enfants dès leurs premières années, c'est-à-dire si on établissait des écoles gratuites, telles que celles que j'ai organisées à Saint-Brieuc, à Dinan, à Lamballe, à Guingamp. . .

« Elles sont dirigées par des *Frères* dont le Noviciat est chez moi, qui suivent la méthode des *Ignorantins* et une partie de leur règle. Avant dix ans, il y en aura partout, c'est-à-dire dans toutes les villes et dans tous les bourgs principaux du diocèse ; il en résultera que j'aurai entièrement sous la main la génération naissante ; et combien ne sera-t-il pas facile ensuite de choisir, parmi tant d'enfants, ceux qui annoncent d'heureuses dispositions, le goût de la piété, l'aptitude à l'étude et de les diriger vers l'état ecclésiastique ?

« Je sais qu'il y a bien de la différence entre notre

____

(1) *Lettre inédite.* précité, p. 150-160.

pays et celui où vous êtes ; mais je n'en suis pas moins persuadé que vous pourriez faire ce que je fais, et qu'en peu de temps vos écoles se peupleraient de sujets excellents. (1) Pensez-y devant Dieu et ne vous effrayez pas des obstacles . . . »

Les idées du « Père » sont d'ailleurs, variées à l'infini ; et, en matière d'éducation, on peut, vraiment, dire qu'il prévoit l'avenir.

Combien, on le sait, jusqu'à ces dernières années, dans tout le ressort de la Faculté de Rennes, l'étude de la langue bretonne avait été considérée comme quantité négligeable.

Le « Père », lui, avait, de suite, compris combien il était important de conserver, aux petits Bas-Bretons, leur langue maternelle, et à cette question du Bas-Breton dans les écoles, il rattache même la question du rétablissement soit de l'Evêché de Saint-Pol, soit de l'Évêché de Tréguier, centres de populations qui ne parlent pas la langue française. Voici, du reste, la lettre que lui écrivit, à ce sujet, Mgr de Pressigny, notre dernier évêque, auquel il avait fait part de ses vues, sur cet important sujet :

« Paris, 5 mars 1817 (2).

« Monsieur, j'ai reçu votre lettre du 25 du mois dernier et le Mémoire qui y était joint ; je l'ai remis à M. le Grand-Aumônier, afin qu'il emploie son crédit pour obtenir un Évêché de plus, dans la Basse-Bretagne. C'était M. votre père et M. Caron qui m'avaient parlé de la répugnance qu'avaient les habitants de cette partie,

(1) Voir dans le même ordre d'idées. Mgr Lézéleuc précité. p. 20.
(2) Lettre inédite.

à envoyer leurs enfants dans des écoles françaises. C'est une question délicate à traiter avec le Gouvernement, qui peut désirer, au contraire, éteindre, par tous moyens, cet éloignement, et qui pourra croire qu'en forçant à venir aux écoles françaises tenues par des Français, on rapprochera les esprits, et on fera contracter des habitudes plus analogues aux nôtres; mais ce moyen est lent, et pendant ce temps-là, la religion et les mœurs se perdent; je crois donc, très important de rétablir un des deux Évêchés de Saint-Pol, ou de Tréguier; vous me paraissez croire, qu'il est plus expédient que ce soit celui de Tréguier; je vous prie de nous développer davantage les motifs de cette préférence, en comparant les avantages et les inconvénients.

« Prenez pour base infiniment probable, qu'on en établira tout au plus un de plus en Bretagne; je crois certain qu'on ne rétablira pas 92 Évêchés; un par département et six de plus; il y en avait déjà un par département en Bretagne; ainsi on ne peut pas espérer qu'on en donne plus qu'un; et je ne sais même pas si cela sera.

« Nous espérons recevoir bientôt la bulle qui doit introduire la nouvelle circonscription des diocèses de France; vous pouvez tenir pour certain, qu'il y a eu des conventions signées; qu'elles ont été ratifiées par le Roi; et que le projet de bulle qui doit leur donner l'exécution est formé; vous pouvez être sûr de ces trois faits; le bon Dieu y donnera le complément quand il voudra.

« J'ai l'honneur d'être, avec un tendre et sincère attachement, votre très humble et très obéissant serviteur,

† G. ancien évêque de Saint-Malo.

16

« Je vous prie de me rappeler au souvenir de M. votre
père et de M. votre oncle. »

Si, dès l'année 1817, le « Père », avec cette extraordinaire vision de l'avenir qui le caractérise, s'occupait
de la conservation de la langue bretonne, en lui donnant
droit de cité dans les écoles, il n'avait pas moins, à
un autre point de vue, la prévision du bien qu'on
pouvait faire, en France, à la jeunesse — la jeunesse,
sous les drapeaux — en créant, pour sa préservation,
les *cercles militaires.*

Durant l'année 1852, je trouve, dans une correspondance qu'il adresse au Frère Athénodore de Morlaix,
ses idées à ce sujet et grâce, à l'entremise de ce
Frère, il s'occupe de fonder, dans cette ville, avec
le concours de la Société de Saint Vincent de Paul,
un cercle qui sera ouvert aux soldats de la garnison.

Du reste, dès l'année précédente, c'est à lui qu'on
va recourir, déjà, pour la fondation à Versailles, d'un
cercle analogue.

Voici, en effet, la lettre que lui adressait, à ce sujet,
M. l'abbé Gourdon, chanoine honoraire :

« Monsieur le Supérieur,

« Depuis deux ans, existe à Versailles l'œuvre pie
des soldats, établie aujourd'hui dans un grand nombre
de villes et que le Souverain Pontife a si puissamment
encouragée, en accordant de nombreuses indulgences,
à ceux qui y concourent et à ceux qui en profitent.

« Mgr l'Évêque de Versailles, qui dès le commencement me confia le soin de cette œuvre de charité,
me charge de vous adresser de sa part, M. le Supérieur,
la demande d'un Frère de votre Institut, pour alléger

mon fardeau, en le partageant avec moi. Le cher Frère logerait chez moi. . . La réunion des soldats a lieu chaque jour dans la chapelle de la Providence et la salle de musique contigües à la Cathédrale. Cette réunion a toujours eu et conserve un caractère grave et religieux, et Dieu sait le mal qu'elle empêche et le bien qu'elle opère et qu'elle prépare et pour les soldats et pour leurs familles.

« GOURDON, chanoine honoraire.

« Versailles, 24 août 1851. »

Cette lettre de M. le chanoine Gourdon était ainsi transmise, au bon « Père », par M. l'abbé Roper :

« MON BON PÈRE,

« En rentrant de mes nouvelles courses, j'ai trouvé cette lettre, qui m'est adressée par un respectable confrère de Versailles. . . Il voudrait un Frère de Ploërmel pour le seconder dans cette bonne œuvre (cercles de soldats). Je lui avais parlé de vos Frères, pendant mon séjour à Versailles. . .

« Veuillez bien lui répondre un mot, mon bon Père? Seriez-vous dans l'impossibilité de le satisfaire? . . . Je désire bien ardemment que vous puissiez entrer dans ses vues.

« L'ABBÉ ROPER. »

Il nous reste, maintenant, à étudier l'œuvre de l'abbé Jean-Marie de la Mennais, en nous plaçant, spécialement, au point de vue de l'enseignement secondaire.

CHAPITRE XII

L'abbé Jean de la Mennais et l'enseignement secondaire. — Fondation de l'institution de Saint-Malo. — Lettres à l'abbé Bruté, à M. Querret et à l'abbé Langrez. — Les successeurs, à Saint-Malo, de l'abbé Jean de la Mennais : M. Querret et le « docte abbé Manet. » — Origine des collèges de Tréguier et de Ploërmel. — Influence du « Père » au collège de Saint-Brieuc, et au petit séminaire de Saint-Méen. — Restauration du petit séminaire de Plouguernevel.

L'abbé Jean de la Mennais ne consacra pas exclusivement son admirable génie, au développement de l'enseignement primaire, tant en France qu'aux Colonies.

A l'enseignement secondaire, il prodigua aussi tous ses soins, tout son remarquable talent, toute son infatigable ardeur. Et il en fut ainsi, dès sa prime jeunesse, avant même son entrée au séminaire.

« Les historiens de notre littérature, » relate le panégyriste de M. Querret, (1) « ont tous raconté le zèle, qui au 16ᵉ siècle s'était emparé de plusieurs esprits d'élite, pour les grands monuments de la lit-

(1) *Notice sur M. Querret*, ancien professeur de mathématiques, ancien membre résident de la société royale académique de Nantes, par M. Antonin Macé. (Voir cette notice dans la Vigie de l'Ouest, ancien journal de S.-Malo, bibliothèque municipale.)

térature grecque et romaine. Ils nous ont dit comment Ronsard et plusieurs de ses élèves, surtout le docte Baïf passaient la nuit à étudier, les uns le grec, les autres le latin et comment, ils consacraient leurs journées à se communiquer le fruit de leurs veilles.

« Il y eut quelque chose de semblable, à Saint-Malo, au commencement de ce siècle : parmi eux, les uns enseignaient les mathématiques aux autres, qui à leur tour, devenaient professeurs de langues.

M. l'abbé VIELLE,

« Le dimanche était ordinairement consacré à ces réunions laborieuses et comme c'étaient des esprits jeunes et ardents, les progrès furent rapides.

« Au bout de trois ou quatre séances, ils étaient arrivés à lire le traité « de Senectute » de Ciceron, puis à expliquer Tacite. Dans cette espèce d'enseignement mutuel, M. Querret était le professeur de mathématiques; il avait pour élèves, dans les sciences, puis pour maîtres de langues, deux frères, devenus plus tard diversement célèbres : l'un, longtemps administrateur spirituel du diocèse de Saint-Brieuc, est aujourd'hui à la tête des Frères de l'Instruction chrétienne, qui rendent tant de services à l'enseignement primaire; l'autre est l'illustre auteur de *l'Essai sur l'indifférence* et des *Paroles d'un croyant* »

Si j'insiste, sur ces menus détails, c'est que de cette

union de jeunes gens ayant comme Mentor, le savant
M. Querret, va bientôt naître l'idée de l'école ecclésiastique de Saint-Malo, une des œuvres les plus
belles et les plus heureuses du vénéré Père.

Il n'avait pas encore vingt ans, disent ses historiographes, quand, à la fin du Directoire, il se décida,
avec les abbés Vielle et Engerrand (1), à ouvrir dans
sa ville natale un petit séminaire.

C'est, dans ce petit séminaire, qu'après avoir été
ordonné prêtre le 25 février 1804, et nommé vicaire
à Saint-Malo, il débuta en même temps en qualité
de professeur de phisolophie et de théologie et c'est,
dans ce petit séminaire, qu'il se fit, en réalité, pour
la première fois, durant ses cours de philosophie,
l'apôtre du dogme admirable de l'infaillibilité du Pape.

Dès 1808, l'école a pris une certaine importance.
Voici, en effet, ce qu'écrit alors l'abbé Jean à son
ami M. Bruté. (2)

« Nous avons maintenant environ, quatre-vingts
écoliers de toutes classes, à notre petit séminaire de
Saint-Malo, sur lesquels on peut en compter plus de
soixante, pour l'état ecclésiastique. Tous sont animés
du meilleur esprit, grâce au zèle ardent et aux soins
infatigables de M. Vielle, qui est à la tête de cette
excellente œuvre. Nous sommes sur le point d'acheter
plusieurs vieilles masures qui touchent la maison
qui nous a été donnée, et encore une autre maison
voisine, toute neuve, où nous nous proposons de
réunir les ordinands. M. le préfet vient de nous

---

(1) On se rappelle la façon vraiment providentielle dont l'abbé Jean
de la Mennais, tout enfant avait fait connaissance de l'abbé Engerrand.

(2) 2 février 1808 — *Lettres inédites,* précité, page 19-20.

faire remettre ce qui reste des livres appartenant aux communautés supprimées et qui était en dépôt à Saint-Malo et à Saint-Servan. Le tout forme environ six mille volumes, mais la plupart dépareillés. Nous aurons néanmoins presque tous les Pères complets, et une partie des anciens Théologiens. Cette collection nous sera très utile. »

Plus tard, cette bibliothèque devait encore s'augmenter des livres ayant appartenu à Mgr de Pressigny, qui s'exprime ainsi à leur sujet :

« 10 juillet 1812.

« *Pour Monsieur Jean. (1)*

« Les livres, Monsieur, que j'avais fait déposer au petit séminaire de Saint-Malo, ne peuvent pas être, en meilleures mains que les vôtres ; aussi je consens avec grand plaisir que vous les gardiez ; et je vous prie même de les accepter, pour en disposer comme vous voudrez. Le projet que vous formez de vous appliquer à l'étude de l'histoire ecclésiastique est très sage... »

La maison, où était établie cette école ecclésiastique de Saint-Malo, est située rue Mahé de la Bourdonnais. Elle appartenait à M. Bichat, capitaine au long cours, qui en avait fait donation à M. Vielle, sous la clause expresse, qu'elle restât affectée, à perpétuité, à l'usage d'un petit séminaire.

Ce fut, sous la même condition, que M. Bichat donna plus tard son autre maison contiguë ; mais,

(1) Lettre de Mgr de Pressigny, publiée par Ropartz, précité, page 127.

cette fois, la donation fut consentie, au profit de Mgr l'Évêque de Rennes. Cependant, le local primitif étant bientôt devenu trop exigu, M. Le Fer de Beauvais consentit au profit du Diocèse, une donation entre vifs de son propre hôtel. Cet hôtel écrit l'abbé Jean de la Mennais à M. Bruté (1) est « l'un des plus grands et des plus beaux de notre ville, bâti en pierres de taille, bien situé, bien réparé, qui réunit tous les agréments et toutes les convenances. Le propriétaire en a fait au diocèse une donation pure et simple, et, par un acte sous seing privé, l'abbé Hay, l'abbé de Léhen et moi, nous lui avons garanti une rente viagère de 2 500 francs... Nous sommes d'autant plus contents de l'avoir fait, que nous nous trouvons placés près de l'ancienne chapelle de St-Aaron, (2) qui, dit-on sera bientôt mise en vente. (3) Or, si nos moyens nous permettent de l'acquérir, ne sera-

---

(1) *Lettres inédites* page 22 et suivantes.

(2) Cette chapelle, objet d'une vénération spéciale de la part des Malouins dépendait, jusqu'aux temps derniers, du couvent des « Filles de Marie » appelées, populairement les « dames de Saint-Aaron. »

Les *dames de Saint-Aaron* s'occupent, spécialement *des œuvres de préservation de la jeunesse*, et, comme originairement, Mesdemoiselles Cartel, Conan, Chaplain, fondatrices de l'ordre de la Providence, elles enseignent, avec un grand zèle, le catéchisme aux enfants pauvres dont les parents ne peuvent s'occuper.

Les « Filles de Marie » possèdent plusieurs maisons dans notre Diocèse.

Une longue correspondance de l'abbé Jean de la Mennais établit que ce dernier a assisté cette maison, de ses sages conseils, durant un grand nombre d'années.

(3) Il est curieux de faire remarquer, ici, que le vœu du saint abbé Jean de la Mennais vient de s'accomplir. En vue de l'agrandissement du collège de Saint-Malo, les dames de Saint-Aaron viennent de céder, à une société civile instituée à cet effet, leurs différents immeubles, parmi lesquels figure la vieille et populaire chapelle Saint-Aaron.

t-il pas bien consolant pour nous de former de nouveaux apôtres, dans le lieu même d'où sortit Saint-Malo, pour annoncer l'Évangile aux habitants d'Aleth? Mon Dieu! puissions nous être remplis de ce zèle ardent, de cet esprit de feu qui l'animait, et nous sanctifier, comme lui, en travaillant de toutes nos forces, à sanctifier les autres! »

La donation de M. Le Fer de Beauvais fut autorisée, par décret du 29 mai 1808.

Divers autres dons, entre autres, un capital de 10 000 francs offert par les deux frères de la Mennais, permirent bientôt de donner, au nouveau collège, un plus grand essor. Il acquit, alors, une incroyable prospérité et devint aussi une vraie ruche de futurs séminaristes. « Former des prêtres, d'abord; envoyer des prêtres partout, » telle était, au surplus, la devise de notre zélé compatriote.

Tout à coup, cependant, Napoléon, qui ne voulait pas laisser, aux mains du clergé, les rênes de l'instruction des enfants, fit publier le règlement universitaire du 17 mars 1808, interdisant l'ouverture d'une institution à quiconque n'était pas membre de l'Université.

Inutile de le dire, l'abbé Jean de la Mennais résista jusqu'au bout; mais, finalement, au mois d'août 1812, il dut fermer son petit séminaire, qui, l'année suivante, s'ouvrit comme collège municipal.

Du moins, alors, eut-il la grande consolation de pouvoir faire passer son œuvre en de bonnes mains. M. Querret, en effet, le nouveau supérieur, était aussi recommandable par sa piété que par sa science.

L'abbé Jean, d'ailleurs, s'il ne dirigea plus, en fait, son cher petit séminaire, fut loin de s'en désintéresser.

Il me suffit, pour établir ce point, de reproduire ici quelques-unes des lettres (1) si nombreuses qu'il ne cessa d'adresser à M. Querret.

Ainsi, le 27 juillet 1815, il lui écrivait dans les termes suivants :

« Voici la seizième lettre que je fais depuis hier, mon cher ami; mais je ne veux pas laisser passer le courrier sans vous écrire.

» En peu de jours, que de changements! Je n'ai jamais cessé un seul instant d'y penser. Néanmoins, ils m'étonnent et j'ai encore peine à comprendre comment ils ont pu être si rapides. Puisse notre avenir être heureux! C'est là plutôt l'objet de mes désirs que de mes espérances.

» Je ne crains plus l'homme de l'île d'Elbe; il est usé. Son nom rappelle à tous les Français d'irréparables malheurs; tout le monde le juge et l'abhorre; mais qui ne tremblerait en voyant d'un côté la faiblesse de ceux qui gouvernent, et, de l'autre, l'extrême corruption de ceux qui sont gouvernés? Ici, surtout, elle est à son comble : les honnêtes gens sont en petit nombre et n'ont aucune énergie. Les Jacobins dominent avec audace, et, s'ils plient un moment sous le poids des circonstances, ils n'en sont pas moins disposés à faire prévaloir leur système de destruction universelle et à se relever plus vigoureux que jamais.

» Nous avons vécu trois mois sous leurs poignards, au milieu de leurs insultes, de leurs menaces, et nous avons revu les scènes de 1793. »

Le 25 octobre 1815, il lui écrivait encore :

____

(1) *Lettres inédites.*

« Cher ami, je suis enchanté que vous ayez un maître de plus, et je désire qu'il vous convienne, sous tous les rapports, comme vous l'espérez. Vous ne le connaîtrez bien qu'au bout d'un certain temps... »

Le 17 novembre 1816, autre lettre qui débute ainsi :

« Quelles nouvelles occupations vous sont donc survenues, M. le Principal?...

» Vous vous félicitiez d'avoir un nouveau régent, parce que vous auriez plus de temps de vous entretenir avec moi.

» Je ne vois pas ce que j'y gagne; ma dernière lettre est restée sans réponse... »

Et, dans la collection de lettres que j'ai sous les yeux, je choisis encore la suivante, du 5 mai 1818 :

« Vous êtes bien aimable et je ne le suis guère... Savez-vous ce qui me réveille?... C'est qu'on m'a rapporté mille détails sur les congrégations malouines, qui m'ont fait tressaillir de joie et d'espérance. Serait-ce donc vrai, que la religion revivrait, prendrait de nouvelles forces dans notre pauvre pays? Oh! mon cher ami, que ne me dites-vous cela? J'y croirais alors, et, en *bon Malouin*, je chanterais mon *nunc dimittis*. Marquez-moi ce qu'il en est. Je m'intéresse surtout aux jeunes gens dont vous êtes le père. Où en sont-ils?... Les a-t-on organisés?... Qui est-ce qui est préfet?... Je suis tenté de vous faire mille questions... Je me suis fâché tout rouge avec le ministre de l'Intérieur. Je lui ai envoyé un morceau de papier blanc. Il m'a remercié. Dites encore que les choses ne marchent pas bien. Je n'aime pas les alarmistes. Le siècle marche. Cela est clair, n'est-ce pas? Que peut-on désirer de mieux? Sur ce, je vous embrasse du cœur le plus tendre et je vous charge

de dire mille choses aimables, de ma part, à notre
bon curé, à notre bon ami Morin, à notre bon abbé
Hay, à notre bon abbé Langrez. Tout le monde est
bon à Saint-Malo, excepté peut-être quelqu'un que
je ne nomme pas... »

Le 11 juin 1822, il lui écrit, encore, en ces termes :

« Où en est votre arithmétique ? Je serais bien
aise qu'elle fût imprimée pour la rentrée des classes... »

Citons, également, ici, quelques unes des lettres
que l'abbé de la Mennais adressait, à l'abbé Langrez
qui, en 1810, était professeur au petit séminaire de
Saint-Malo, et y devint, ensuite, professeur de seconde
et de rhétorique, disant avec une modestie qui n'avait
d'égale que son excessive bonté : « Hélas! on m'a
fait enseigner aux autres, ce que je ne savais pas,
moi-même! » (1)

Ces lettres, ainsi que les précédentes, montrent
d'une façon bien éloquente, combien l'abbé de la
Mennais avait conservé des relations étroites, avec
son cher petit séminaire de Saint-Malo.

« Saint-Brieuc 17 juin 1814. (2)

.... Mille choses pleines d'amitié à tous nos jeunes
gens; embrassez-les tendrement pour moi : Jausions
me paraît très content de lui-même; êtes vous content de lui ? J'ai parlé, à M. Millaux, de Le Cor et
de Bourdelais; il les recevra avec plaisir, au Séminaire,
après les vacances : recommandez-leur fortement de
ma part d'étudier et d'étudier encore; un mois de

---

(1) *Comment s'est fondée en Bretagne, une institution de charité*
par la Comtesse de Trémaudan. Paris, Jules Gervais, éditeur 1882, p. 16.

(2) Mme de Trémaudan, précité, page 22.

paresse peut les retarder d'un an. Embrassez Roger, pour moi, sur ses deux grosses joues, et dites-lui que je l'aime, de tout mon cœur, Adieu, mon fils; ne *vivons que pour Dieu seul. Dieu seul! Dieu seul!*

« J.-M. M. »

« Saint-Brieuc 5 juillet 1814. (1)

« Dites souvent, à mes pauvres enfants, combien ils me sont chers; embrassez-les pour moi l'un après l'autre, et n'en oubliez aucun. Je les porte tous dans mon cœur, et ne pouvant leur parler, je parle à Dieu de cette petite famille qu'il m'avait donnée et que j'aimerai toujours, d'un amour bien sincère. Puissent-ils croître chaque jour en sagesse, en piété, en science et se rendre dignes de l'état saint auquel ils aspirent!

« Je serais fort aise que vous pussiez donner à Dessey un emploi qui le mette à même de suivre ses études : prenez garde qu'il prenne le goût de la toilette et qu'il se livre à la dissipation... etc.

« Ce que vous me marquez de Le C. et B. me fait de la peine. Je ne les aurais pas crus capables d'un procédé de ce genre. Dieu sera votre récompense *magna nimis.* Il est grand temps qu'ils aillent au séminaire, et deux mois de vacances seraient très longs pour eux. S'ils avaient suivi mes conseils et les vôtres, ils sauraient aujourd'hui leur philosophie, et ils perdent une année, par leur faute.

« J'ai fait, il y a longtemps, la commission de Mahé, et j'ai chargé M. Querret de lui dire, que personne ne le connaissait à Montbareil... etc.

(1) Mme de Trémaudan, précité, page 24.

« Roger ne me donne pas le plus petit signe de
vie ; il ne m'a pas écrit une seule fois. Embrassez-le,
néanmoins, pour moi comme si de rien n'était, car
je l'aime de tout mon cœur... »

« Saint-Brieuc 20 juillet 1817. (1)

« Vous allez donc avoir aussi une mission ? Tâchez d'en
profiter, et à la suite d'organiser une congrégation
de jeunes gens, c'est le meilleur et peut-être le seul
moyen d'entretenir parmi eux la piété... »

Jusqu'en 1823, l'institution de Saint-Malo, resta
dirigée par M. Querret, A M. Querret, succéda l'abbé
Manet qu'on appelle souvent le « docte abbé Manet »
ou encore, parfois, moins respectueusement, « le Père
des erreurs malouines, » à cause de certaines erreurs
d'histoire, qu'on trouve dans les ouvrages, cependant
très érudits (2), de ce pieux ecclésiastique, qui, lui
aussi, durant la Révolution, joua, dans notre pays,
un rôle plein d'un héroïque dévouement.

L'Institution de Saint-Malo, recevant une subvention de la ville, avait pris, jusqu'à ces dernières
années, le titre de « Collège. » La subvention lui
ayant été enlevée, elle a repris son titre originaire,
« d'Institution libre. »

L'Institution libre de Saint-Malo, d'une très grande
prospérité, est dirigée par des prêtres diocésains.

Ce n'est pas, d'ailleurs, seulement, sa ville natale

(1) Mme de Trémaudan. précité. page 28.

(2) *Grandes recherches* — *Histoire de Saint-Jean de la Grille* (Jean
de Chatillon) — *L'incendie de Saint-Malo et N.-D. de la grand'Porte.*
— *De l'État ancien et de l'État actuel de la Baie du Mont St-Michel.*
etc. etc.

que l'abbé Jean avait voulu doter d'un établissement religieux, destiné à l'enseignement secondaire.

De même, en effet, qu'il avait voulu semer toutes nos campagnes bretonnes d'écoles villageoises pour l'instruction primaire; de même aussi, il avait voulu, dans chacune de nos villes, créer, autant que possible, une maison religieuse d'enseignement secondaire, destinée à combattre l'enseignement officiel des collèges et des lycées.

Tout comme à Saint-Malo; à Ploërmel, à Tréguier, à Saint-Méen, à Plouguernevel... voilà donc des collèges qui se fondent, ou tout au moins renaissent ou se développent, rapidement, sous les auspices de notre vénéré compatriote.

Ne pouvant donner la monographie de chacune de ces institutions, ce qui nous entraînerait à de trop longs développements, disons seulement, un mot, pour terminer, des collèges de Ploërmel et de Tréguier, ainsi que du petit séminaire de Plouguernevel.

« Ploërmel possédait un collège communal dont l'entretien était ruineux pour la ville. Ce n'était pas l'école sans Dieu, dans le sens où on l'entend aujourd'hui; mais l'instruction religieuse occupait une part si mince dans le programme des études, que beaucoup de jeunes gens, en sortant de cette maison, se faisaient gloire de vivre sans religion comme sans moralité. » (1)

Pour lui faire échec, M. de la Mennais résolut de fonder, en face, dans la maison même des Frères, un collège ecclésiastique. La déclaration d'ouverture fut faite au Recteur de l'Académie de Vannes, par

____

(1) Oraison funèbre de Mgr Guilloux, archevêque de Port-au-Prince, par Mgr Hillion, évêque de Cap-Haïtien, (29 novembre 1885), p. 11-12.

M. l'abbé Ruault, le dévoué collaborateur du « Père »,
le 4 octobre 1850 et l'établissement fut placé sous
le patronage de saint Stanislas de Kotska.

Commencée aussi humblement que possible, — il
ne s'agissait tout d'abord, comme le témoigne la lettre

M. l'abbé P. Ruault.

de M. l'abbé Ruault, dont
nous parlions à l'instant,
« que de donner quelques
leçons élémentaires de latin,
à Ploërmel, dans un local
dépendant de l'établisse-
ment de M. l'abbé de la
Mennais » (1) — l'œuvre
nouvelle prospéra rapide-
ment.

Bientôt, le collège com-
munal manquant d'élèves
dut même fermer ses portes.

Dès 1864, le nouvel établissement du Père possédait toutes les classes, pour l'enseignement secondaire.
Transféré, depuis 1870, dans l'ancien monastère des
Carmes, il est devenu petit séminaire; « mais cela
n'a en rien altéré les bons rapports entre les deux
œuvres qui reconnaissent le même initiateur; et,
pour employer le mot toujours en usage, à Ploërmel,
le même Père. » (2)

Quant au collège de Tréguier, il fut fondé par M.
de la Mennais, en 1814. Un an après, le collège

(1) Lettre de M. l'abbé Ruault à M. le Recteur de l'Académie de
Vannes. (Archives de l'institut)

(2) Ropartz — *La vie et les œuvres de M. J.-M. Robert de la Mennais.*
Paris, Lecoffre fils et Cie éditeurs, page 448.

communal, devait fermer ses portes, et, bientôt, grâce aux constructions et réparations dues à l'initiative du Père, son nouveau collège devenait un des plus beaux établissements, qu'il y eut alors en Bretagne.

« La scène vivante racontée par M. Ropartz, dans sa *Vie de M. Jean-Marie de la Mennais*, à propos de l'acquisition des bâtiments du Petit Séminaire de Tréguier, est dans toutes les mémoires. Le bien immense accompli par cette maison d'éducation depuis sa fondation, montre le rôle providentiel de celui qui en prépara la fondation. » (1)

Rappelons également le rôle très important que joua l'abbé Jean de la Mennais, dans l'œuvre de restauration du petit séminaire de Plouguernevel, qui, fondé en 1669, par M. l'abbé Picot, recteur de cette paroisse, avait été fermé, comme tant d'autres, à l'époque de la Révolution.

Voici, en 1816, après le décès de Mgr Caffarelli, évêque de Saint-Brieuc, comment, s'inspirant des idées de leur ancien prélat, s'exprimaient ses vicaires capitulaires, effrayés de l'état d'abandon où se trouvait la Bretagne, au point de vue de l'enseignement.

« Que voyons-nous, N. T. C. F., une foule de paroisses absolument abandonnées, un plus grand nombre d'autres également souffrantes et qui deviennent comme le tombeau, disons comme l'autel où des ministres solitaires, succombant sous le poids de travaux au-dessus de leurs forces, mais non au-dessus de leur zèle, consomment, chaque jour, leur sacrifice. Il existe des cantons entiers, où la foi

____

(1) *Semaine Religieuse* de St-Brieuc, N° du 1er Septembre 1893.

ÉCOLE ECCLÉSIASTIQUE DE TRÉGUIER.

s'éteint et les mœurs se dépravent, où l'enfance privée
de tout enseignement religieux, où le pauvre malade,
l'agonisant délaissé, attendent vainement un conso-
lateur et les secours divins que la religion prodigue
à ses enfants, au moment formidable où les portes
de l'éternité s'ouvrent devant eux. Combien de fois
ne vous avons-nous pas vus venir tout en pleurs
nous représenter votre détresse et nous demander des
pasteurs que nous ne pouvions vous donner parce
qu'ils n'existaient pas ! »

Ainsi que le remarque fort judicieusement M.
l'abbé Chatton, doyen du chapitre, vicaire général,
Président de l'association des anciens élèves de Plouguernevel, « on reconnaît dans ces pages la touche
de Jean-Marie Robert de la Mennais qui eut le principal
rôle, dans l'administration diocésaine, pendant la vacance du siège. Nous verrons plus tard qu'il ne fut
pas étranger à la restauration de notre petit séminaire. » (1)

Et, en effet, M. l'abbé Ollivier, ayant été nommé
recteur de Gouarec, « comprit vite que, pour sauver
l'avenir de la religion, en Cornouaille, il n'y avait
qu'un moyen : reprendre l'œuvre du Fondateur, et
relever le petit séminaire de Plouguernevel.

« Il fit part de son idée à l'autorité diocésaine
dont il avait la confiance et qui l'encouragea fortement à donner suite à son projet. Il trouva surtout
un puissant appui dans M. l'abbé de la Mennais qui
partageait ses sentiments sur l'importance de l'ensei-

---

(1) *Compte rendu* de l'assemblée générale de l'association des
anciens élèves du petit séminaire de Plouguernevel et de l'inaugu-
ration de la statue de M. Picot, fondateur du séminaire — 1896-1897
St-Brieuc, imprimerie Prud'homme, page 4.

gnement chrétien. Fort de son autorisation, M. Ollivier entra immédiatement en pourparlers avec les propriétaires de l'ancien séminaire. Ceux-ci, qui étaient peut-être heureux de se laver de la tache qu'une acquisition sacrilège avait imprimée à la famille, ne repoussèrent pas ces ouvertures, ils se montrèrent même accommodants et cédèrent, à des conditions avantageuses, les bâtiments et les quelques dépendances qui suffisaient pour la première installation. » (1)

Et l'œuvre, dès lors, prospéra sans entrave et c'est ainsi que, dans le discours auquel je faisais allusion, à l'instant, s'exprimait, en terminant, M. l'abbé Chatton:

« Dans l'ancien séminaire, le nom de M. Galerne était sculpté sur le chêne, avec celui de Mgr de la Romagère, au bas de la rampe du grand escalier. Dans le nouveau séminaire, on unira encore ces deux noms, on y joindra même ceux de M. Ollivier, ancien curé de Gouarec et de M. Jean-Marie de la Mennais qui ont, eux aussi, tant de titres à la reconnaissance de cette maison; et ces noms vénérables, on les gravera non plus sur le bois ni sur la pierre, mais dans le cœur des jeunes générations, pour y être conservés et bénis. » (1)

-----

(1) Ouvrage précité. page 7.
(2) *id.* page 31.

CHAPITRE XIII

Oh! ces collèges diocésains et ces petits séminaires ouverts après la révolution, dans nos villes de Bretagne, grâce à l'initiative, à la charité, au dévouement de Jean de la Mennais! Qui de nous vraiment n'a conservé d'eux un doux et cher souvenir, souvenir qui s'identifie, en réalité, avec notre belle et lointaine enfance dont ils forment un des côtés les plus saillants, un des attraits les plus purs, les plus vivaces et les plus aimés!

Oh! quelle sage morale, quelle pure doctrine, quelle paternelle instruction nous ont été données à nous, les enfants de Bretagne, dans tous les bons et humbles collèges, nés de l'âme ardente de Jean-Marie de la Mennais!

Dans ces collèges, dans ces petits séminaires, nichés, d'ordinaire, dans de vieux couvents : tels les collèges de Tréguier et de Ploërmel, ce n'est pas seulement, en effet, le grec et le latin qu'on y enseignait. Plus encore que de faire de nous des bacheliers, nos professeurs s'inquiétaient surtout de faire de nous de bons et solides chrétiens.

Et, d'ailleurs, c'était bien là le programme de l'abbé Jean; c'était bien là son but principal, puisque tous ces établissements d'enseignement secondaire, n'avaient été créés, par lui, que pour remédier, en réalité, à l'insuffisance de l'enseignement religieux dans les lycées et les collèges universitaires.

Du reste, il ne lui suffisait pas que ses maisons d'éducation eussent l'enseignement religieux, dans leur programme. Il voulait que, chez lui, la religion eut la première place, la place d'honneur, et que l'émulation des enfants tendît bien plus au développement réciproque de leur piété et des pratiques religieuses, qu'à conquérir, en classe, la première place. (1)

Et pour arriver à ce résultat, le moyen principal dont il se servit, ce fut la création, dans chacune de ses maisons, d'une congrégation, voulant ainsi avoir dans chacune de celles-ci, comme un groupe d'élite de jeunes élèves, avec ses grades. ses fonctions, ses médailles... groupe que chacun devait essayer d'imiter, par sa piété, sa moralité et son bon esprit.

Et pour les toutes petites filles, ce sera la congrégation de l'Enfant Jésus, avec un beau **ruban rouge**, comme emblème distinctif. Pour les plus grandes, ce sera la congrégation des Saints Anges, et, finalement,

---

(1) Dans les collèges du « Père » — dans tous, je le crois — c'est aussi un usage qui remonte, jusqu'à leur origine, de faire des « conférences religieuses. » Une fois par semaine, la classe est consacrée à l'explication du Catéchisme et de la religion: à des cours élémentaires de théologie. Ces « conférences religieuses » se rapprochent, d'ailleurs, beaucoup de ce qu'on appelle aussi, parfois, « le catéchisme de persévérance, » en usage dans beaucoup de nos paroisses.

dans les premières classes, ce sera la congrégation des Enfants de Marie, avec ses rubans bleus ou blancs, ses grades d'aspirantes, de titulaires, trésorière, présidente.

Ces congrégations seront, du reste, exclusivement réservées à ses pensions de jeunes filles, à ses couvents si prospères des Religieuses de la Providence.

Pour les garçons, ce sera la congrégation des Saints Anges, avec sa hiérarchie de simples membres, de conseillers, vice-président et président, nommés à l'élection des congréganistes.

Et aux grandes fêtes de la sainte Vierge, après, notamment, la retraite du commencement de l'année, les nouveaux élus, un cierge à la main, s'en iront réciter, au pied de l'autel, la prière de consécration. Belle et touchante invocation à la Reine des Anges-Gardiens, protecteurs de l'enfance.

La congrégation aura, d'ailleurs, ses offices particuliers, sa réglementation spéciale, ses charges et ses privilèges.

Le Président sera, au collège, un grand personnage et quand il y aura une réclamation à faire, une dispense à demander, une promenade à solliciter, c'est lui, accompagné du premier de rhétorique (1), qui sera député vers M. le Principal.

Quant au « Père, » inutile de le dire, il a pour ses jeunes congréganistes — la fleur la plus pure de ses bons et chers collèges — une affection toute particulière.

Il ne cesse de s'inquiéter d'eux, de prier pour eux. Il les connaît tous.

---

(1) D'ordinaire, il n'y avait pas, originairement, de philosophie dans les collèges du Père. La philosophie se faisait au grand Séminaire.

Ecoutez plutôt la fin de cette lettre (1) que le 5 mai 1818, il adressait à M. Querret.

« . . . Mes congréganistes prieront demain pour ce pauvre R... C'est un grand avantage que vous lui avez procuré, car, en vérité, ces enfants sont des anges. Mon Préfet, surtout, est charmant, passez-moi ce mot un peu profane. Ses camarades le comparent à saint Louis de Gonzague et je trouve cette comparaison naturelle. »

Et, en effet, saint Louis de Gonzague, saint Stanislas et surtout l'Enfant-Jésus, à Nazareth; tels sont bien les gracieux et beaux modèles proposés aux jeunes congréganistes de l'abbé Jean, et tels sont ceux dont ils essaient, dans l'intimité de leurs âmes, d'imiter les virginales et blanches vertus.

Et les pieux congréganistes de l'abbé Jean sont, pour ainsi dire, comme introduits déjà dans le vestibule du beau Sacerdoce vers lequel, si souvent, tendent leurs vœux les plus ardents, leur forte et immuable vocation.

Et, chaque matin, ils s'en vont répondre le saint Sacrifice de la messe à leurs chers professeurs et chacun de ceux-ci possède son petit « répondant » attitré. Et le dimanche, vêtus de soutanes rouges, un flambeau à la main, ce sont eux, gentils et pieux choristes qui « répondent » la grand'messe chantée au chœur de la chapelle. Et c'est l'un d'eux, conseiller de la congrégation, qui fait l'office de thuriféraire. C'est l'un d'eux, enfin, qui fait, comme on disait de mon temps, au collège de Saint-Malo, l'office de « maître de cérémonies. »

Et toutes ces édifiantes congrégations, elles existent

---

partout dans les collèges du bon « Père. » Elles existent, d'abord, à Saint-Malo, puis, ce sont les collèges de Saint-Brieuc, de Tréguier, de Plouguernevel, de Saint-Méen, qui en sont dotés, à leur tour. Et ce sont aussi tous les pensionnats des Sœurs de la Providence.

Et, à tous, le bon Père prodigue ses jolis sermons (1) qu'il se plaît à terminer par de belles invocations à la sainte Vierge.

Et une dernière fois, à la fin de l'année scolaire, une grande retraite réunit les jeunes congréganistes qui, avant de partir en vacances, réitèrent leur acte de consécration à Marie, la Vierge très chaste, protectrice de l'enfance, gardienne immaculée de la blancheur des âmes et de l'innocente pureté des cœurs.

Et, maintenant, avant de terminer avec les touchantes congrégations du « Père » le si zélé et si intelligent défenseur de l'enfance, qu'on nous permette de citer, ici, ce joli compte-rendu d'une retraite qu'il prêcha à ses chers collégiens de Plouguernevel. Je trouve ce compte-rendu dans le journal *l'Univers*, numéro du 9 avril 1842 qui ne fait d'ailleurs que reproduire *le Français de l'Ouest*.

« M. l'abbé J.-M. de la Mennais vient de donner une retraite aux élèves du petit séminaire de Plouguernevel (diocèse de Saint-Brieuc). En se retrouvant au milieu des jeunes gens, au bonheur desquels il a voué sa vie de citoyen et de prêtre, cet homme vénérable, encore plus par ses vertus et ses bonnes œuvres que par ses cheveux blancs, a repris tout le feu et tout le zèle d'un autre âge.

---

(1) Voir l'*Abbé Jean de la Mennais*, p. 53. — Procure des Frères de Ploërmel.

« Les esprits et les cœurs de tous ces jeunes gens semblaient suspendus aux lèvres de l'éloquent missionnaire. Un recueillement et une piété qu'on aurait à peine osé espérer d'un âge si tendre, consolaient l'homme de Dieu, jusqu'à lui faire verser des larmes d'attendrissement et de joie. Mais c'est surtout le dimanche, 20 mars, jour où se sont terminés les pieux exercices, que nous avons été témoins d'un spectacle éminemment chrétien et consolant pour l'avenir.

« Une communion générale avait lieu; je ne crois pas que sur un nombre considérable d'élèves, un seul en âge de communier, ait manqué à l'appel de la piété et du zèle. Il fallait voir palpiter ces jeunes cœurs, sous l'impression de la parole brûlante du saint vieillard. S'il était transporté hors de lui-même, en songeant que tous *les petits enfants* étaient autant d'anges brillant d'innocence qui allaient manger ensemble le pain de la vie, eux, de leur côté étaient tellement absorbés dans une seule pensée, celle de Dieu, dans un seul sentiment, celui de l'empressement et de l'amour, que quelques instants avant la communion, ils se sont spontanément et comme de concert jetés à genoux.

« Espérances sacrées! Puisse ne jamais les détruire le funeste contact du monde, la séduction des mauvaises doctrines et celle plus pernicieuse encore des mauvais exemples!

« Restaurateur de l'établissement de Plouguernevel, l'abbé de la Mennais y jetait encore pour l'avenir les germes les plus féconds de toute prospérité, en inspirant la crainte de Dieu et l'amour de ses devoirs. Dieu daigne récompenser son zèle! »

Notez bien que ce que je dis, ici, des collèges de

Plouguernevel et de Saint-Malo, je pourrais le dire, aussi bien, des autres établissements fondés par le vénéré « Père. » Dans tous, sa chaude et entraînante parole portait les mêmes fruits, laissait, toujours, dans le cœur des enfants un merveilleux et impérissable souvenir.

Ainsi, le vénérable curé de Saint-Servan, Mgr Collet, prélat romain, parlant d'une des retraites prêchées à Saint-Méen, par l'abbé Jean de la Mennais : « mon vieux cœur, » disait-il, » déborde de reconnaissance, au souvenir des bons sentiments qu'il fit naître en mon âme, dans une retraite prêchée, par lui, *il y a cinquante-six ans*. (1)

Voici, d'ailleurs, encore, cueilli entre beaucoup, le petit discours qu'il adressait aux élèves de Saint-Méen, en vue de l'établissement, dans ce collège, d'une congrégation analogue à celles dont nous avons déjà parlé.

« Dès votre première enfance, on vous a enseigné que de toutes les dévotions qui n'ont pas Dieu immédiatement pour objet, la plus excellente et la plus utile était la dévotion à la très sainte Vierge : tous les saints se sont plu à exalter à l'envi les prérogatives, la grandeur, la puissance, les vertus de Marie, et ont été fidèles à son culte : vous ne rencontrerez nulle part une ville ou une paroisse catholique, où il n'y ait quelque église ou du moins quelque autel élevé en son honneur; vous ne trouverez pas un chrétien digne de ce nom qui n'invoque Marie avec

(1) Discours de M. l'abbé Collet, curé de Saint-Servan à l'occasion des noces d'or du C. F. Prosper, directeur de l'école des Frères de l'Instruction chrétienne à Saint-Servan. (Journal *l'Union malouine et Dinannaise*. N° du 11 juillet 1886).

confiance dans ses besoins et dans ses dangers, comme son avocate, comme sa protectrice, comme la souveraine dispensatrice de tous les trésors du ciel; en un mot, comme sa mère.

« N'y aurait-il donc que vous qui ne lui rendriez aucun hommage, et qui ne feriez rien pour obtenir, par son entremise, les grâces qui vous sont si nécessaires? J'aime à croire, ou plutôt, je suis persuadé que vous êtes dans des dispositions bien différentes; déjà vous êtes pénétrés du plus vif et du plus tendre amour pour la très sainte Vierge, et depuis le commencement de la retraite, surtout, considérant mieux que vous ne l'avez fait jusqu'ici, toute l'étendue de votre misère, vous lui avez adressé des prières plus ardentes pour qu'elle tournât vers vous ses regards miséricordieux; mais cela ne suffit pas, mes enfants, il faut que ceux d'entre vous qui se distinguent le plus par leur piété, leur modestie, leur sagesse, leur exactitude à remplir tous les devoirs d'écoliers chrétiens, se consacrent à Marie, d'une manière toute particulière et toute spéciale.

« J'ai donc résolu d'établir, dans ce collège, parmi vous, une congrégation de la très sainte Vierge, comme il y en a dans presque toutes les maisons d'éducation du royaume où la piété règne, comme il y en a à Paris, à Toulouse, à Bordeaux, à Lyon, pour les élèves de droit et de médecine, comme j'en ai formé, moi-même, sept, dans le diocèse de Saint-Brieuc, pendant que son administration m'était confiée. Ce n'est donc pas une chose nouvelle et extraordinaire, mais c'est une des institutions que l'expérience a montré être des plus propres à procurer la gloire de Dieu et à contribuer au salut des âmes. Ainsi, la congrégation des jeunes gens, que je dirigeais à St-Brieuc était admirable : elle se composait de quatre-vingt à quatre-vingt-dix écoliers, qui étaient les modèles de tous les autres et qui le sont encore, car depuis six ou sept ans qu'ils se sont ainsi réunis, leur ferveur bien loin de diminuer ne fait que s'accroître.

« Mais je dois entrer dans quelques détails sur la formation de cette espèce de société dont je ne doute pas que la plupart désirent faire partie. Tous ceux-là devront donner leurs noms dans la journée de demain à M. Renoul qui a bien voulu se charger de faire cette liste. Tous ceux qui s'y seront fait inscrire ne seront pas reçus de suite, parce qu'il en pourrait résulter une confusion fâcheuse. On en admettra d'abord une vingtaine, pour former le premier noyau, et les autres viendront après successivement. . . . . .

. . . .»

Outre ces congrégations de jeunes gens, l'abbé Jean de la Mennais préconisait, en effet, les retraites, spécialement à la rentrée des classes et avant le commencement des vacances.

Ces retraites, comme on l'a vu par le précédent compte-rendu, se faisaient avec une grande solennité, surtout la retraite par laquelle débutait l'année scolaire.

Un prêtre, étranger au collège, venait pour la prêcher. Les classes étaient suspendues. A l'étude, on faisait les résumés des sermons entendus, et, le dimanche de clôture, la Messe du matin se terminait par une communion générale.

De mon temps, ainsi il en était au collège de Saint-Malo, et actuellement, ainsi il en est encore, d'après les renseignements qui me sont fournis.

Ce n'était pas seulement, d'ailleurs, dans ses collèges et dans ses écoles, que l'abbé Jean de la Mennais préconisait la pieuse coutume des retraites; il voulait aussi, suivant sa propre expression, « que ces soins spirituels fussent donnés, dans une même proportion aux enfants du peuple. »

C'est ainsi qu'il prêcha une retraite aux enfants du collège de Saint-Brieuc (année 1817); une retraite à Fougères (1835); deux retraites successives aux enfants de Saint-Malo, l'une à la cathédrale et l'autre à Saint-Sauveur; deux retraites au petit séminaire de Tréguier (1844 et 1846); une retraite, enfin, aux élèves du pensionnat de Ploërmel...

Les Frères de la Mennais ont suivi la pieuse tradition enseignée par leur Père. « Les chers Frères, » lit-on, en effet, dans le *bulletin de l'éducation chrétienne* du diocèse du Mans, « ne se contentent pas de parler et d'écrire sur les retraites. Nous savons qu'ils obtiennent, par ce puissant moyen, d'excellents résultats. En agissant ainsi, ils sont, du reste, fidèles à l'esprit de leur vénéré fondateur, qui, de son temps, déjà, attachait une grande importance aux retraites d'enfants... » (1) et (2).

-----

(1) *Bulletin de l'Education chrétienne* dans le diocèse du Mans. — N° 6, 6ᵉ année (novembre et décembre 1896).

(2). Voir dans le même sens, un article paru dans *l'Ecole française*. N° du 7 janvier 1897, page 210.

CHAPITRE XIV.

Quel coup douloureux retentit dans le cœur de l'abbé Jean, à l'annonce de la nouvelle loi en préparation, qui devait tendre au monopole universitaire et à la fermeture de toutes les institutions libres dont le Supérieur ne serait pas pourvu, au moins, du grade de bachelier, et nommé, en outre, par le ministre de l'Instruction publique !

Je veux parler, ici, de la loi Villemain qui se rattache intimement à cette partie de notre étude, spécialement consacrée à l'instruction secondaire, ainsi qu'aux collèges du vénéré « Père. »

Tout comme les autres lois concernant l'enseignement, la loi Villemain souleva, évidemment, les plus vives polémiques et reçut, du parti catholique, les plus rudes assauts.

Tous les grands lutteurs alors rentrèrent en lice. «Ainsi, le vénérable évêque de Chartres, que notre siècle voit, comme un nouvel Athanase, toujours sur la brèche. (1) Ainsi, le chanoine Desgarets qui publie alors son ouvrage sur *le monopole universitaire, destructeur de la Religion et des lois.* Ainsi, le comte de Montalembert, Mgr. de Barthélemy, Séguier, de Ségur... Ainsi, encore, Louis Veuillot, qui s'attire un nouveau titre, à la reconnaissance des catholiques, par sa lettre à M. Villemain, vive et pressante attaque où il a rajeuni, par l'éclat de la forme, l'exposé de griefs malheureusement déjà trop bien constatés. (1) Ainsi, NNgrs. Dupanloup et Angebault, MM. Nisard, Guérin, Mazon... »

De toutes parts, du reste, ce sont les protestations qui se rédigent, les esprits qui s'échauffent, les procès qui se multiplient. La presse est sur les dents, et parmi les articles qu'elle publie quotidiennement sur cette question si brûlante, citons au moins le suivant, (2) plus spécialement relatif au diocèse de l'abbé Jean.

« Nous apprenons, avec bonheur, que dans toute la Bretagne, des pétitions en faveur de la liberté d'Enseignement se couvrent de signatures. Dans les Côtes-du-Nord, toutes les opinions se sont coalisées, pour revendiquer les droits sacrés et méconnus des pères de famille. Dans la ville de Saint-Brieuc, des milliers de signatures ont déjà été recueillies. Les communes rurales fourniront aussi leur contingent. Les maires, adjoints et conseillers municipaux signent en masse. Le Finistère, en dépit des intrigues de certains familiers du pouvoir, s'associera, avec éclat,

---

1 *Revue de l'Armorique et de l'Ouest.* Quimper, typ. de E. Blot, fils. Année 1844. N° du 20 déc.

2, *Revue de l'Armorique et de l'Ouest.* N° du 20 janvier 1845.

nous l'espérons, à ces manifestations constitutionnelles qui ont lieu dans tout le royaume. A Marseille, les hommes indépendants de toutes les opinions ont réclamé, avec énergie, l'accomplissement des promesses de la Charte. En Lorraine, une pétition signée par plus de 5 000 pères de famille, 103 maires, 98 adjoints, 752 conseillers municipaux a été envoyée aux Chambres. Partout, on a compris qu'il s'agissait, non pas comme l'a répété la mauvaise foi, d'investir le clergé d'un pouvoir temporel dont il décline le fardeau, mais de renverser un monopole attentatoire aux droits de la famille, destructeur de la puissance paternelle... »

L'abbé Jean, ne pouvait évidemment lui non plus, rester muet, en face de la nouvelle loi.

En effet, le voilà qui se prépare à la lutte; et de sa meilleure plume — de sa plume la plus sagace, la plus acérée, la plus judicieuse — sort bientôt une nouvelle brochure, dont le manuscrit autographe se trouve encore parmi les papiers du « Père », que les bons Frères de Ploërmel conservent, pieusement, comme autant de très précieuses et très chères reliques.

Cette nouvelle brochure, que, suivant son habitude, l'abbé Jean ne signe pas, porte le titre : *De l'avenir réservé aux collèges communaux par la loi Villemain.* (Mai 1844.) (1)

« Nous ne venons point, dit l'abbé Jean, au début de cette brochure, reprendre aujourd'hui la question théorique sur l'instruction secondaire, ni réclamer encore une fois la liberté de l'enseignement que la Charte de 1830 avait promise aux familles, et qu'on

(1) Paris, Waille, Libraire-éditeur, 6 et 8; rue Cassette. 1844.

s'obstine si tristement à leur refuser. Notre unique objet est de montrer *en fait*, que si le projet de M. Villemain devient loi, la plupart des collèges communaux tomberont inévitablement, sans qu'on puisse les remplacer par rien. C'est donc principalement, sous ce point de vue, que nous allons examiner ce projet sauvage qui étouffe toute liberté, viole tous les droits, brise les intérêts les plus légitimes et ne consacre que l'arbitraire et le monopole.

« Le projet de loi distingue deux sortes d'établissements d'instruction secondaire : ces établissements sont publics ou privés.

« Aux établissements publics sont réservés toutes les allocations de l'État et des communes; il ne sera pas voté un centime pour l'instruction secondaire, que ce centime ne devienne un revenu pour l'université; elle seule en profitera puisque « nulle ville ne pourra entretenir, en tout ou en partie, d'autres établissements d'instruction secondaire, qu'un ou plusieurs collèges dont les principaux et les régents seront pourvus de grades universitaires, et nommés par le ministre de l'Instruction publique. » (Art. 21.)

« Ainsi les villes sont privées des avantages qu'elles trouveraient si souvent à traiter, de gré à gré, avec des instituteurs qui leur sont connus et dont la capacité et la moralité sont d'ailleurs garanties par des certificats dans la forme légale et des brevets délivrés par l'Université elle-même...

« Pour rendre plus clairement ma pensée, que l'on me permette de l'expliquer, ou plutôt de l'exposer avec simplicité, comme si j'avais l'honneur d'être membre d'un conseil municipal et que je fusse appelé à donner mon avis sur l'établissement ou la conservation d'un collège universitaire quelconque dans ma commune.

« Messieurs, dirais-je, que nous demande-t-on pour « ce collège? De l'argent et beaucoup d'argent, vous « venez de le voir; mais pourquoi donc cet argent? « Pour des régents que ni vous ni moi ne connaissons, « puisque leur nomination se fera à Paris, dans les bu- « reaux de M. le ministre de l'Instruction publique, « sans qu'on y prenne la moindre part; or, quelque « soit notre confiance dans la sagesse et les lumières « de son Excellence, ne pouvons-nous pas craindre que « M. le Grand-Maître ne soit trompé, et que, parmi « les professeurs qu'il nous enverra de si loin, il ne « s'en rencontre quelques-uns qui, quoique très doctes, « manqueront des qualités nécessaires pour diriger « l'éducation de nos enfants d'une manière conforme « à nos principes et à nos désirs?... »

Et l'auteur montre alors les charges du nouvel enseignement et surtout ses conséquences fatales qui doivent être la fermeture immédiate de toutes ces humbles écoles, ces petits séminaires, ces institutions locales dirigées par des pédagogues du pays; institutions pour lesquelles les villes ont fait tant de sacrifices et qui offrent aux familles l'avantage si précieux de garder leurs enfants auprès d'elles.

« C'est donc, conclut l'auteur, une loi aristocratique, une loi qui atteint les pauvres et les humbles, cette nouvelle loi Villemain.

« La loi Villemain frappera avant tout la classe moyenne qui, par son éducation, ses antécédents, ses relations, est tenue de donner de l'instruction à ses enfants, et, pour donner cette instruction, ne dispose, le plus souvent, que de ressources excessivement modiques.

« Cette classe moyenne, d'ailleurs, de quoi se compose-t-elle ? N'est-ce que des ouvriers, des petits marchands, des hommes de travail et d'industrie ? Combien ne compte-t-elle pas de familles peu aisées ou ruinées, qui ont occupé héréditairement des places dans la magistrature, qui toujours ont eu quelques-uns de leurs membres dans l'administration, le clergé, etc., et qui ont le désir que leurs fils en occupent de semblables, à leur tour ? N'ont-elles pas un droit bien légitime à ce que ceux-ci puissent acquérir les connaissances nécessaires pour conserver dans le monde le rang qu'elles y ont tenu elles-mêmes ? Un père riche de plusieurs enfants, l'est-il toujours assez pour faire en faveur de chacun d'eux des dépenses dont le calcul effraie, même lorsqu'il ne s'agit que de l'éducation d'un seul ?

« A cela vous répondez qu'il y aura des écoles privées qui *exploiteront au rabais* ce besoin des familles. Quoi ! des écoles privées ! des écoles où selon vous *l'instruction sera toujours faible !* Mais, du moins, sera-t-on libre d'en fonder ? Non pas : vous avez combiné toutes les dispositions de votre loi, de manière à les empêcher de naître, et si, malgré tant de mesures préventives et vexatoires, quelques-unes parviennent à s'établir ailleurs que dans les grandes villes où elles serviront de pépinières à vos collèges, il est impossible qu'elles prospèrent ; livrées au plus complet arbitraire, elles n'auront nulle chance de durée. Malheur à elles, si elles faisaient jamais une concurrence sérieuse à vos collèges royaux !

« Concluons : vous tuez tous ou à peu près tous les collèges des petites et moyennes villes ; vous tuez tous les pensionnats ; vous tuez toutes les institutions

privées. — Qu'est-ce donc que votre loi ? Une Saint-
Barthélemy !   « K... »

Et, en note finale, avec cette pointe de malicieuse
bonhomie qui lui est habituelle, Jean de la Mennais
termine par cette réflexion : « Parmi ces mesures
vexatoires, il faut compter l'obligation d'être bachelier,
pour être simple surveillant des enfants. Entraver
ainsi le choix des chefs d'établissement, ne sera-ce
pas trop souvent les forcer à en faire de mauvais ?
Un bon surveillant d'études, qu'est-ce autre qu'un
second père pour les enfants ? Pour être père, faut-il
donc être bachelier ?... »

Peut-on vraiment mieux dire, à une époque surtout où les conséquences de la Révolution se font
si profondément sentir ?

Nous sommes en 1844. Alors, on le sait, combien
ils étaient une infime quantité, ceux-là dont l'enfance
s'étant écoulée au milieu des angoisses de la Terreur,
ne s'étaient pas trouvés en mesure, après le rétablissement de l'ordre, de songer à conquérir des
grades universitaires.

Ils n'étaient point bacheliers, certes, tous ces bons
vieux prêtres qui, durant l'ère sanglante de 93, avaient
vécu dans les greniers des villes, dans les cachettes
des vieux manoirs bretons, dans les cavernes des
bois et sous les brousses des landes.

Ils n'étaient point bacheliers, mais en étaient-ils
moins à même, pour cela, d'instruire les petits enfants qu'ils avaient baptisés, en secret, dans les
mansardes ou dans les caves; auxquels, au péril de
leur vie, ils avaient enseigné le catéchisme et fait
faire la première communion ?

Si, avant la Révolution, aucun grade universitaire

n'était réclamé pour ouvrir une école, il faut, toutefois être bien convaincu que la réglementation de l'enseignement, placé sous la haute surveillance des Recteurs, des Curés et des Évêques, était entourée des plus sages précautions, spécialement, en ce qui concerne le respect de la morale et l'étude de la Religion. (1)

Il en était ainsi, partout en Bretagne, et l'abbé Jean de la Mennais, inscrivant l'étude de la Religion, en tête de son progamme scolaire n'avait fait que suivre la pieuse tradition que son éminent ami et conseiller, Mgr de Pressigny, avait recueillie de ses prédécesseurs, sur le siège épiscopal de St-Malo et avait, lui-même, fidèlement conservée, jusqu'à son départ pour la terre d'exil.

Cependant, malgré les protestations, les polémiques et les brochures, la loi Villemain passa.

Toujours ardent à la lutte, toujours sur la brèche, l'abbé Jean de la Mennais chercha, aussitôt après la promulgation de la nouvelle loi, à sauver la situation : Beaucoup de supérieurs, surtout dans ses petites écoles, ne possédaient pas, en effet, les grades universitaires, désormais exigés. C'est pourquoi, il commença aussitôt, une active campagne ayant pour objectif les *autorisations provisoires*. Et bientôt, les *autorisations provisoires* furent accordées.

---

1 Voir d'ailleurs *les Petites Écoles avant la Révolution dans la province de Bretagne*, par l'abbé Piéderrière, curé-doyen de la Trinité-Porhoët. — Nantes imprimerie Vincent Forest et EmileGrimaud, 1877.

TROISIÈME PARTIE

L'ABBÉ J.-M. DE LA MENNAIS

MISSIONNAIRE
ET PRÉDICATEUR

Il fut le grand Missionnaire de la Bretagne (1) — L'un des hommes les plus
complètement orateurs de son temps (2)

---

(1) Oraison funèbre de l'abbé Jean de la Mennais par l'abbé de
Lézéleuc.

(2) *Anciens évéchés de Bretagne* par J. Geslin de Bourgogne —

CHAPITRE PREMIER

Pour mettre mieux en relief la figure si caractéris-
tique du saint abbé Jean de la Mennais, pour pénétrer
plus intimement dans son cœur de père et son âme
d'apôtre, il importe, avant de clore cette étude, de
l'envisager sous un dernier aspect.

Il importe de dire, aussi rapidement que possible,
ce qu'il fut comme *prédicateur*, et comme *missionnaire*.

Si, comme prédicateur, l'abbé Jean de la Mennais
fut remarquable, dans tous les genres; il doit, toutefois,
être envisagé d'une façon toute spéciale, comme
prédicateur de l'enfance et de la jeunesse.

A ce point de vue, combien il justifie, en effet, dans
toute l'excellence du terme, cette douce et touchante
appellation « le Père », qu'on se plaisait tant et qu'on
se plaît tant, encore, à lui donner !

Personne, vraiment, ne savait mieux que lui se
mettre à leur portée, se plaisant au hasard des souvenirs

et avec un charme toujours inexprimable à aller cueillir, d'ici et de là, dans les beaux lointains de sa petite enfance ou de sa jeunesse, des historiettes, des détails intéressants, des aperçus d'histoire contemporaine, dont il savait toujours admirablement tirer la leçon de morale et la conclusion philosophique.

Et c'est tout jeune, dès ses débuts, alors qu'il est encore vicaire à Saint-Malo, que son amour pour l'enfance déborde ainsi de tous ses discours qui toujours sont marqués au coin de la plus pure des éloquences : celle-là qui, suivant la jolie expression populaire, *parle avec l'abondance du cœur.*

Ici, vraiment, je pourrais citer les ravissants et poétiques petits sermons qu'il faisait aux enfants de Saint-Malo, réunis pour le jubilé autour de la chaire paroissiale et ceux-là aussi, si empreints d'une douce et paternelle émotion, qu'il adressait, également à Saint-Malo, aux retraites de la première communion ; ainsi faisant sienne, dès l'aurore de son admirable ministère, la belle et touchante parole de Jésus, inscrite, à Ploërmel, au-dessus de la porte principale de son Institut : *Sinite parvulos venire ad me.*

Dans tous ces charmants petits sermons, c'est toujours le même ton paternel, empreint d'une infinie douceur et d'un charme vraiment inexprimable — charme et douceur qui sont bien naturels, après tout, dans la bouche inspirée de celui-là *qui, dans le XIXe siècle, a le plus fait pour l'éducation populaire.* (1)

Un jour, à Saint-Brieuc, il commence ainsi : « Rien d'aimable comme un enfant, plein de candeur et

____

(1) *Les anciens Évêchés de Bretagne,* précité, pages 338 et suivantes. tome 1er.

d'innocence, dont l'âme docile écoute et croit les premières paroles que la religion lui dit. . . . »

Une autre fois, c'est son exquise bonhomie qui éclate et il débute ainsi : « Bonjour, mes enfants, comment vous portez-vous ? . . . Mais . . . Et vos âmes ? »

Et à ses chers jeunes gens, il parle tantôt de l'obéissance, tantôt des récréations et du choix des camarades : « N'allez ni au cabaret, ni dans les salles de jeux », leur dit-il, « craignez les fureurs de l'ivresse et la passion du jeu. » Une autre fois, il leur parle des effets pernicieux du théâtre. Au besoin même, il sait les gronder. Lisez plutôt son très remarquable sermon, sur l'esprit d'insubordination. (1)

Le talent magnifique de l'abbé de la Mennais sait, d'ailleurs, parfaitement aussi, quitter ces paternels sujets, spécialement chers à son cœur.

Il leur prêche souvent les grandes vérités; il les entretient aussi sur l'éducation, sur les bonnes lectures, sur la charité envers les âmes du Purgatoire; sur le choix des amis, sur le travail; sur l'impiété, sur la médisance, sur le silence.

A ses très chers congréganistes, il parle comme nous l'avons déjà vu, du zèle et du choix des conseillers, des dispositions qu'il faut avoir au moment du renouvellement de son acte de consécration à la Vierge... Et dans un de ses sermons, prononcé le huit décembre, à ses congréganistes du collège de Saint-Brieuc se trouve, en vérité, dans la bouche du « Père », la ferme croyance et, pour ainsi dire la proclamation anticipée du si poétique et admirable dogme de l'Immaculée Conception de la sainte Vierge. Et, vraiment, cela ne peut

---

(1) Lire ce sermon, à la fin de cette étude, page 298.

nous surprendre, après tout, de la part de celui-là dont la géniale vision éclairée par le flambeau de la Foi et de la Charité avait été déjà l'admirable et providentielle promotrice, en France, du dogme de l'Infaillibilité papale.

Voici, d'ailleurs, comment s'exprime, le « Père », à ce sujet en la fête du 8 décembre. : (1)

« *Elegit eam in habitationem.*

« Dans cette fête solennelle, instituée pour nous rappeler le souvenir de l'Immaculée Conception de la très sainte Vierge, ne devons-nous pas nous demander à nous-mêmes, pourquoi Marie a reçu un privilège si glorieux, et des grâces qui n'ont été données à aucune autre créature? Qui de vous cependant l'ignore? N'est-ce pas parce que le Saint des Saints devait naître en elle, que cette fille d'Adam a été miraculeusement préservée de tout péché et de toute souillure? Oui, mes Frères, et c'est aussi à cause de cette insigne honneur de la maternité divine, auquel elle a été élevée, parce que jamais il n'y eut en elle aucune tache, que nous avons pour Marie un respect si profond, un amour si tendre, et que nous ne craignons pas de dire avec l'Église qu'en elle est notre espérance, *spes nostra salve!* Montrons aujourd'hui qu'en l'honorant, nous ne faisons que rendre un juste hommage à son éminente dignité de mère de Dieu : *Elegit eam in habitationem sibi :* ce sera le sujet de cette instruction dans laquelle je me propose de ranimer de plus en plus votre piété envers cette Vierge auguste et sainte, au service de laquelle vous avez le bonheur d'être consacré d'une manière toute spéciale. . . »

_____

1. Fragment de son sermon inédit.

Voici comment, encore, dès l'année 1825, s'exprimait sur le même sujet, le vénéré « Père », dans un sermon (1) qu'il prononçait, dans l'Église paroissiale de Ploërmel, le jour de la fête de l'Assomption de la très sainte Vierge :

« *Mariam optimam partem elegit. Marie a choisi la meilleure part*. (S. Luc, X, 42).

« Séduits par des apparences mensongères, nous ne trouvons rien de beau que ce que le monde admire, rien de désirable que ce qu'il promet; et, oubliant le siècle à venir, nous prenons pour *notre part* la vanité de ce misérable monde, ses fausses joies, ses plaisirs funestes. Pour nous détromper d'une erreur si dangereuse, et pour nous apprendre en quoi consiste la vraie grandeur et la véritable félicité, l'Église nous rappelle, dans la fête de ce jour, les merveilles de la mort et du triomphe de Marie.

« Cette Vierge sainte, nous dit-elle, *choisit pour sa part*, la prière, le silence, la pauvreté, la chasteté, les souffrances, les humiliations les plus profondes; et, par ce choix, elle a mérité de recevoir un honneur infini et les plus magnifiques récompenses : *Mariam optimam partem elegit.*

« Méditons, ensemble, M. T. C. Frères, pendant quelques courts instants, sur ces belles paroles, si pleines d'instruction et de lumière. Essayons de pénétrer, pour ainsi dire, dans le ciel même, et d'y contempler la gloire de Marie; mais surtout, tâchons de bien comprendre que ce sont ses humbles vertus

(1) *Chronique* de l'Institut des Frères de l'Instruction chrétienne. Tome VII, années 1886-1887-1888, pages 146 et suivantes.

qui l'en ont rendue digne et prenons la résolution de les imiter.

« Si, comme dit l'apôtre, *l'oreille n'a rien entendu, l'esprit de l'homme n'a jamais rien conçu de comparable aux trésors que Dieu a rassemblés et préparés pour ceux qui l'aiment* (I. Cor. II, 9), qui pourrait raconter, les joies et le bonheur de Marie, lorsqu'elle fut couronnée, au milieu des acclamations des anges, de la main de son Fils?

« Suivant S. Bernard, *l'Assomption de Marie n'est pas moins ineffable que la génération même du Verbe. Generationem et Assumptionem Mariæ quis enarrabit.*

« *La génération du Verbe est un mystère d'abaissement; l'Assomption de Marie est un mystère de gloire;* mais l'un et l'autre sont également au-dessus de nos pensées. Tout ce que nous en pouvons dire, c'est que ces deux mystères sont étroitement liés ensemble : car Jésus-Christ ayant daigné prendre dans le sein de Marie, un corps semblable au nôtre, il était juste qu'il la préservât de la corruption du tombeau, *comme il l'avait préservée du péché originel et de ses suites;* il était juste qu'il l'élevât dans le ciel, au-dessus de toutes les créatures, puisqu'aucune créature ne lui avait été unie d'une manière plus intime, et ne s'était associée si parfaitement à ses douleurs et à son sacrifice.

« Toutefois, pour nous donner quelque idée de la pompe et de l'éclat du triomphe de la très sainte Vierge, l'Église va chercher, pour ainsi dire, dans les saintes Écritures, les expressions les plus énergiques et les images les plus brillantes. Elle nous montre les anges, étonnés à la vue de tant de gloire, se demandant les uns aux autres : *Quelle est celle-ci qui s'élève du désert, comblée de délices, appuyée sur son Bien-Aimé? Quæ est ista quœ ascendit de deserto, deliciis affluens, innixa super dilectum suum!* (CANT. VIII, 5). Elle nous représente cette Vierge auguste *couverte d'ornements précieux, assise sur un trône éclatant* (Ps. XLV, 9, 13); *la lune est à ses pieds; des étoiles forment sa couronne, le soleil l'enveloppe de ses rayons comme d'un vêtement : Amicta sole, et in capite ejus corona stellarum* (APOC. XIJ, 1).

« Témoins de ce spectacle, les anges et les saints, transportés d'allégresse, s'empressent de rendre hommage à la Mère de leur Rédempteur et de leur Dieu. En la voyant briller au plus haut des cieux, Moïse répète cette belle prophétie dont les justes de l'ancienne loi avaient si longtemps attendu et désiré l'accomplissement : *Une Étoile sortira de Jacob* (NOMB. XXIV, 17). Isaïe chante dans un ravissement divin : *Voici la Vierge qui devait concevoir et enfanter un fils* (Is. VII, 14). David anime une lyre céleste, par cet admirable cantique : *O Dieu, la Reine s'est tenue debout à votre droite; toute sa gloire est intérieure, bien qu'au dehors elle soit brillante d'or et de broderie* (Ps. XLIV, 9, 13). Et cette *Fille du Roi*, comme le Prophète l'appelle, la Vierge elle-même, mêle sa voix à la leur, pour bénir *Celui qui a fait pour elle de si grandes choses. Mon âme glorifie le Seigneur, et mon esprit tressaille d'allégresse, dans le Dieu mon Sauveur, parce qu'il a regardé la bassesse de sa servante; et voilà que toutes les générations me proclameront bienheureuse : Magnificat anima mea Dominum, et exultavit spiritus meus in Deo salutari meo; quia respexit humilitatem ancillæ suæ, ecce enim ex hoc beatam me dicent omnes generationes; quia fecit mihi magna qui potens est, et sanctum nomen ejus* (LUC, I, 41, 47, 48, 49).

« Ames pieuses, soyez attentives : *Marie en nous disant que le Seigneur a regardé l'humilité, la bassesse de sa servante*, nous apprend qu'elle ne doit sa gloire qu'à ses abaissements et que si nous voulons être un jour glorifiés comme elle, il faut que nous imitions ses profonds anéantissements : *respexit humilitatem ancillæ suæ*. Elle reçut, il est vrai, des grâces extraordinaires; mais c'est en s'en reconnaissant indigne qu'elle s'est acquis devant Dieu tant de mérites. Sans doute, elle fut distinguée *par une bénédiction particulière*, entre toutes les femmes que le Seigneur a bénies, mais c'est parce qu'elle s'est humiliée, d'autant plus, que Dieu l'a favorisée davantage, qu'elle est parvenue à ce degré si éminent d'honneur où vous la voyez. *Conçue sans tache*, Mère du Fils du Très-Haut, du Roi des rois, elle marcha dans des voies simples et communes : *elle persévérait dans la prière avec les autres femmes*, dit l'Écriture (Act. I, 14); nous ne remarquons dans sa vie aucune action d'éclat, aucun prodige; elle ne cherche qu'à se cacher, qu'à se confondre avec les pécheurs, malgré sa dignité et sa sainteté; et voilà pourquoi, nous ne saurions trop le redire, — *voilà pourquoi toutes les générations l'appelleront bienheureuse : ecce enim ex hoc beatam me dicent omnes generationes.*

« Quel exemple pour nous, mes Frères, et quelle leçon! Puissions-nous en profiter et comprendre enfin qu'il n'y a de véritable gloire et de bonheur réel que dans la pratique de l'humilité, dans l'entier oubli de soi-même, dans le mépris des fragiles honneurs dont la plupart des hommes sont si follement épris, et des biens périssables qu'ils cherchent avec des soins si pénibles!

« Mais combien ces maximes ne sont-elles pas opposées à l'esprit de notre siècle ! Jusqu'à quel point la religion ne s'est-elle point affaiblie parmi nous ? Nous célébrons encore ses fêtes, nous professons ses croyances, mais quelle influence ont-elles sur nos jugements et sur notre conduite ? Pouvons-nous bien dire que nous faisons partie de ces générations dont parle Marie, *qui l'appelleront bienheureuse*, parce que sa vie fut obscure et cachée ; parce que, quoiqu'elle fut née du sang de David, les humiliations, les souffrances, la pauvreté furent sur la terre son unique partage ; parce qu'en s'abaissant, elle mérita que Dieu jetât sur elle un regard particulier d'amour et de miséricorde ? *Respexit humilitatem ancillæ suæ ; ecce enim ex hoc beatam me dicent omnes generationes.*

« Mes Frères, des sentiments bien opposés animent, hélas ! aujourd'hui la plupart des chrétiens. Le détachement du monde et de ses plaisirs, le désir des biens célestes, la simplicité, la modestie, l'obéissance, l'abnégation, l'humilité, passent pour les vertus austères et rigides d'un temps que nos lumières n'avaient pas éclairé ! On n'appelle heureux que les hommes puissants et riches ; on n'appelle sages, on n'estime que les hommes qui travaillent à s'élever, à quelque prix que ce soit, et on regarde en pitié ceux qui, mettant au-dessus de tout, le salut, usent des choses de ce monde comme n'en usant pas, et placent dans le ciel toutes leurs espérances.

« Je le sais, dans tous les temps, il y a eu des erreurs et des désordres ; on n'avait vu rien de semblable à ce que nous voyons. Jamais l'amour de l'or et des plaisirs n'avaient corrompu les consciences au point où elles le sont. Jamais on ne s'était moqué avec une hardiesse.

aussi impie, de tout ce qui est vrai, de tout ce qui est juste, de tout ce qui est saint. Autrefois, quand on faisait le mal, on en rougissait ; aujourd'hui on ne rougit que de ce qui est bien. A peine rencontre-t-on, de loin en loin, quelques chrétiens inflexibles qui réclament, par leurs exemples, contre le scandale universel, et qui soient restés fidèles aux anciennes mœurs, comme à l'ancienne foi. Une cupidité effrénée, un sauvage orgueil emportent tous les esprits.

« Et c'est ainsi que se prépareraient pour la France, de nouveaux malheurs, si nous ne nous hâtions de les prévenir par la pratique plus exacte des maximes de l'Évangile. Ah ! elles ont fait le bonheur de nos pères ! et qui de nous peut avoir oublié ce qu'il en coûte aux peuples qui les abandonnent ?

« Mais je m'arrête : je ne veux point vous affliger, en développant davantage des réflexions si tristes. Et d'ailleurs, mes Frères, — je le dis avec une grande joie dans le Seigneur — si nul pays n'a été préservé de cette horrible contagion dont je déplorais tout à l'heure les ravages, celui-ci du moins a conservé, plus qu'aucun autre peut-être, avec une foi pure, une piété sincère.

« Gardez donc, mes Frères, gardez soigneusement ce trésor précieux ; et, pour empêcher qu'il ne vous soit ravi, recourez à la très sainte Vierge, avec une vive confiance, comme vous l'avez toujours fait ; et toujours aussi prenez-la pour modèle.

« Dans ce jour solennel, que nous pouvons appeler le jour de l'humilité, puisque nous y célébrons le triomphe de la plus humble des créatures, demandons-lui qu'elle nous affermisse dans cette sainte vertu qui est le fondement de toutes les autres, et qu'elle nous défende des hommes pervers et de leurs doctrines empoisonnées.

« Vierge sainte, dans leurs besoins et leurs dangers, nos pères élevaient vers vous des mains suppliantes. Prosternés au pied de vos autels, nos rois y déposaient leur couronne, ils vous reconnaissaient pour la Patronne spéciale de leur personne, de leurs états et de leurs sujets, et pour me servir des propres expressions de Louis XIII, ils vous demandaient *que leur royaume ne sortît jamais des voies de la grâce, qui conduisent à celles de la gloire.* Vierge douce et clémente, vous exauçâtes leurs humbles supplications.

« Nos ancêtres nous ont raconté que, par votre entremise, plusieurs fois, nos villes et nos provinces ont vu cesser les fléaux qui les désolaient. Hélas ! un fléau bien plus grand nous afflige ; l'orgueil a rompu toutes ses digues et menace de tout engloutir ! Vierge sainte, protégez-nous, sauvez-nous !

« Ramenez dans les *voies de la grâce* ceux qui ont eu le malheur de s'en écarter, et du haut du ciel, veillez sur cette ville, veillez sur chacun de nous, afin que nous ne cessions jamais d'y marcher à votre suite. *Elles nous conduiront à celles de la gloire ; et ravis de joie dans le Dieu notre Sauveur, qui, à votre prière, aura fait pour nous de si grandes choses, nous chanterons éternellement ses miséricordes* (Ps. LXXXVIII, 1) et vos bontés, auguste Marie ! »

En lisant ces lignes, véritablement évocatrices de l'avenir, n'est-on pas porté, naturellement, autant à admirer la foi si perspicace et si lumineuse du « Père », que ce culte si profond, si constant, qu'il s'est plu à vouer, dès son berceau, à la Vierge Marie, la blanche et immortelle protectrice de cette enfance, dont lui, il s'est fait, ici-bas, l'apôtre infatigable et l'enthousiaste éducateur.

Et, en vérité, ce culte pour Marie, on le retrouve, toujours aussi ardent, aussi inaltérable non seulement dans presque tous les sermons du « Père », mais même dans les menus incidents qui, parfois, d'une façon si pittoresque, enguirlandent son existence si extra-ordinairement mouvementée.

C'est ainsi que le bon « Père » écrivait à l'un de ses Frères (1) de la Guadeloupe, cette jolie anecdote dans laquelle éclate, comme toujours, son inaltérable confiance en la sainte Vierge Marie :

« J'oubliais de vous parler d'un accident, qui m'est arrivé dernièrement et qui aurait pu être très grave. Mes chevaux s'étant emportés entre Caulnes et Dinan, j'ai sauté de voiture et je suis tombé sur le visage. Mais avant de sauter, je m'étais recommandé à la très sainte Vierge et elle m'a protégé. J'en ai été quitte pour quelques contusions qui ne m'ont point empêché d'ouvrir une retraite le lendemain, à la même heure, à Languenan, auprès de Dinan, et dans laquelle j'ai travaillé comme *quatre*, sans être fatigué comme *un*. »

Combien, vraiment, en présence de ce caractère du « Père », si divers et si varié, sachant mener de front, sans fatigue apparente, les plus vastes entreprises et se complaisant, en même temps, dans ces jolis sermons adressés aux petits enfants, on retrouve, profondément vraie, cette belle page que le R. P. Laveille consacre à son génie si vaste et si complexe :

« Et cependant un homme qui, à trente ans, avait composé un chef-d'œuvre d'apologétique, fondé un collège et restauré un séminaire ; qui, à trente-cinq ans, administrait, comme vicaire capitulaire, un important

____

(1) Lettre inédite, au Frère Frédéric.

diocèse, et faisait accourir à sa parole enflammée les populations bretonnes, dans des missions dont on se souvient encore; un homme, qui au seuil de l'âge mûr, vicaire général de la Grande-Aumônerie, avait fait nommer quarante évêques et refusé lui-même dix-sept fois la mitre; qui, plus tard, après avoir établi cinq écoles secondaires ecclésiastiques, se voyait appelé par l'estime de ses confrères à la tête de la seule maison des hautes études cléricales qui existât en France, et qui, arrivé à ce sommet de la vie, quittait toutes ces charges éclatantes pour se réduire à l'humble rôle d'instituteur du peuple, fondait une congrégation de femmes pour l'instruction des jeunes filles pauvres, et se consacrait ensuite tout entier à l'admirable Institut des Frères qui a gardé son nom; un homme qui, en mourant, pouvait bénir environ douze cents religieux formés par lui à toutes les vertus de leur état, et plus de cinquante mille enfants élevés dans ses écoles de France et des Colonies, méritait, mieux que personne une place d'honneur dans l'histoire religieuse de ce temps. » (1)

---

(1) *La Correspondance catholique*, N° 34, 23 mai 1893. — *Jean-Marie de la Mennais*, par le R. P. Laveille, p. 394.

CHAPITRE II

L'abbé Jean de la Mennais « grand missionnaire de la Bretagne. » — Appréciation de son éloquence par M. l'abbé de Lézéleuc — Anecdotes diverses. — Sermons sur les places publiques, à l'exemple des premiers apôtres de la Foi. — Ses principales qualités oratoires : sa conviction ardente et son désir de convertir les âmes : sa connaissance toujours parfaite du sujet traité. — Émouvants effets oratoires. — Une tête de mort dans la main. — Un de ses sermons, prêché, dans ces conditions. — Ses sermons au pied des croix de missions. — Une retraite à Cancale, à l'époque du retour des « Terreneuvas. » — Principales missions et retraites prêchées par le « Père ».

C'est, dès son entrée dans les ordres, que l'abbé Jean de la Mennais se montre un grand prédicateur, vraiment supérieur, tant par la noblesse et le feu de son débit oratoire, que par l'élévation de ses idées.

Qu'on se souvienne, plutôt, de ce sermon, sur la Saint-Pierre, (1) qu'il fit dès le début de son vicariat, dans la cathédrale de Saint-Malo, — sermon dans lequel il exposait déjà, toutes ses belles idées sur l'Église et le pouvoir du Souverain Pontife.

1. Voir ce sermon, dans la première partie de notre livre, p. 23.

A ce sermon, il faut joindre aussi, ceux-là, si remarquables, à tant de titres, qu'il prononça, lors de l'assassinat du duc de Berry, (1) et à l'occasion de la bénédiction des drapeaux, le 25 août 1816, jour de la fête de Saint-Louis. Lisez aussi celui si touchant et si élevé de sentiments, qu'à la place du grand aumônier empêché, il adressait à une sœur converse, rue Barbette, à Paris. (2)

Mais, c'est surtout de 1824 à 1834, depuis qu'il est Supérieur des Frères de l'Instruction chrétienne et des Missionnaires de l'Immaculée Conception de Saint-Méen, que son talent éclate dans toute sa vigueur. C'est, depuis lors, vraiment, que, passant ses jours, à rayonner à droite et à gauche, courant à cheval les landes et les villages, pour visiter ses petites écoles, il devient, suivant la belle appellation qu'on se plaît à lui donner « le grand missionnaire de la Bretagne, » justifiant ainsi cette pittoresque et si véridique parole de Féli : « la vocation de mon frère est de courir les chemins et de semer le bien. » (3)

Ainsi que le dit, si justement, l'abbé de Lézéleuc, (4) « toutes les voix saluaient alors en lui, « le grand Missionnaire de la Bretagne, l'homme que le dix-neuvième siècle pouvait se croire en droit d'attendre,

---

(1) Voir la *Vie de la Mennais,* par Mirecourt, page 108.

(2) Voir ses discours, aux pages suivantes. — *Oraison funèbre de M. l'abbé Jean de la Mennais,* prononcée au service de XXXe jour, le 29 janvier 1861, dans la chapelle de la Maison Principale de Ploërmel, par M. l'abbé de Lézéleuc, chanoine théologal et vicaire général de Quimper. P. 28 et suiv.

(3) *Lettres inédites* précité. Introduction, page 31.

(4) *Oraison funèbre de M. l'abbé Jean de la Mennais* précité.

parce que Dieu n'a jamais manqué, la veille ou le lendemain des grands assauts, d'envoyer un nouvel apôtre à cette province privilégiée. La voix du peuple le proclamait, car jamais orateur ne fut plus assuré de trouver partout d'immenses auditoires; le succès d'une mission était assuré, par cela seul, qu'on y annonçait sa présence; que de croix de pierre, on montre encore, auxquelles le nom du saint homme se trouve attaché par la reconnaissance des paroisses, en même temps que le souvenir de leur régénération! C'est au pied de ces croix, que sa voix énergique et vibrante, adressait aux pères de ceux qui vivent maintenant, une dernière sommation de garder leur Foi et de la transmettre. Sommations solennelles et vraiment divines, que la conscience des peuples n'oublie guère, mais que la justice de Dieu n'oublie pas! Les prêtres n'étaient pas moins unanimes dans leur jugement; le clergé de Rennes, comme celui de Saint-Brieuc, considérait si bien Jean de la Mennais comme le type achevé des hommes apostoliques, qu'une compagnie de missionnaires, s'étant formée dans le premier de ces diocèses, elle crut fixer la bénédiction de Dieu, sur elle-même, et sur ses œuvres, en le suppliant de devenir son Supérieur Général. »

Comme le dit, ailleurs, si justement encore, l'abbé de Lézéleuc, « il était le prédicateur de toutes les chaires; ne tenant aucun compte des distances, et se multipliant, pour ainsi dire, au point de ne pas laisser un appel sans y répondre; il accomplissait, à la lettre, cette effrayante règle apostolique, que saint Paul traçait de main de maître, à son disciple chéri : *in omnibus labora, opus fac evangelistœ, ministerium tuum imple. Mets la main à tout travail,*

fais l'œuvre d'un évangéliste, remplis ton ministère.
(Timothée. IV. 5). (1)

Et, « ses sermons pleins de sève, dont la brièveté (2) même faisait ressortir l'autorité de la parole et dont l'impétueuse éloquence était produite surtout par la foi, attiraient toujours un immense concours de fidèles. » (3)

Un jour, il arrive à Saint-Brieuc, pour prêcher une retraite. Il vient de monter en chaire quand il s'aperçoit que l'Église est absolument comble, et que, devant la porte de la cathédrale restée ouverte, se presse une foule considérable qui essaie vainement d'entrer.

Alors, très simplement, s'adressant à son immense auditoire : « Je descends, »

Mgr de L[...]leuc. évêque d'Autun.

dit-il, « je ne prêche pas. Suivez-moi. Je monte la rue de la Vicairerie, et je vais donner mon sermon sur la place Saint-Pierre. »

Et il fait comme il dit. Descendant de chaire, il se rend, sur la place Saint-Pierre. Il monte sur le mur très large qui la contourne et, accoudé sur une chaise basse qu'on lui a apportée, il prononce

(1) Ouvrage précité, page 22,

(2) L'abbé Jean, ne prêchait pas ordinairement plus de vingt minutes.

(3) *Jean de la Mennais*, Procure des Frères, précité p. 43.

un de ses discours les plus vibrants de foi et d'amour divin. Et, durant toute la retraite au cours de laquelle il confessa plus de neuf cents hommes, ce fut du haut de la même chaire improvisée qu'il dut, en raison de son immense auditoire toujours croissant, prononcer tous ses sermons.

A Guingamp, même histoire. Entrant dans l'Église, il ne peut se frayer un chemin jusqu'à la chaire, tant est considérable le nombre des fidèles venus pour écouter sa chaude et enthousiaste parole. Du reste, ce n'est pas seulement l'église, c'est la place publique qui l'avoisine — la place de la Fontaine — qui regorge littéralement de monde.

Lors, le Père sort de l'Église et va se poster au pied de la Fontaine. On apporte des barriques et des planches, et c'est du haut d'une estrade ainsi improvisée, qu'il prononce son sermon, non seulement d'ailleurs ce jour-là, mais aussi tous les jours suivants. Et, tous les jours suivants, non seulement la place est couverte de monde, mais aussi, toutes les fenêtres des maisons voisines sont occupées.

Vraiment! est-ce que cette populaire éloquence du « grand missionnaire de la Bretagne » ne nous reporte pas d'un seul coup, aux temps primitifs durant lesquels, les premiers apôtres de la vieille Armorique prêchaient ainsi, sur les places publiques, devant des foules innombrables qui, transportées par leur irrésistible parole, se convertissaient, en masse, à la nouvelle religion du divin Crucifié!

Oui, vraiment, ces prédications de Jean de la Mennais, sur les places publiques, me rappellent, entre autres, celle là, si merveilleuse que notre premier évêque, Saint Malo, en l'année 580, s'en allait faire, le jour de Pâques, sur la place publique (1) de l'antique Cité d'Aleth, (2) qu'en un jour il convertissait presque entièrement au christianisme. Et, dans le même ordre d'idées, l'auteur des *Anciens évêchés de la Bretagne*, relatant la vie du célèbre Etienne de Vilazel, (1632-1641) et parlant de son éloquence si populaire, qui attachait à ses pas des foules innombrables, ne croit pouvoir mieux faire, lui aussi, que de le comparer, après bien des siècles, à notre vénéré compatriote

« Il en était de même, dit-il, de M. Jean-Marie de la Mennais, l'un des hommes les plus complètement orateurs de son temps. » (3)

D'ailleurs, comment s'étonner de ces admirables succès oratoires, dès qu'on s'est appliqué à pénétrer, intimement, l'âme de cet infatigable apôtre, à la foi si robuste, au zèle si ardent, à la parole de feu, à l'énergie de fer?

Il a la première qualité de l'orateur : la volonté, l'intense amour de convertir les âmes et de faire pénétrer, comme un glaive, jusqu'au fond des cœurs, la conviction qui l'anime.

Et, à ce sujet, on cite une bien curieuse anecdote. (4)

Voici l'abbé Jean qui monte en chaire, au début d'une retraite. Tout son auditoire se résume à une seule personne.

Qu'importe !

(1) Voir notre livre, *La Cathédrale et l'ancien Diocèse de Saint-Malo*, pages 22 et suivantes. — Imprimerie Bazin, Saint-Malo, 1895.

(2) Aujourd'hui Saint-Servan.

(3) *Anciens Évêchés de Bretagne, Diocèse de Saint-Brieuc*, précité. Tome 1er, page 57 — 1855.

(4) Anecdote certifiée par Mme de Granville qui la tient, d'ailleurs, de différentes personnes absolument dignes de foi.

Il prêchera quand même.

Qui sait, en effet, si son sermon ne convertira pas une âme, et s'il convertit une âme, aura-t-il donc perdu son temps?

L'abbé Jean, prêcha donc et la retraite si humblement commencée, devint, finalement, l'une de ses plus fructueuses et de ses mieux suivies.

Jean de la Mennais, à sa science profonde, à sa doctrine éminemment pure, joint aussi un organe magnifique, un geste noble, une connaissance toujours parfaite des sujets qu'il traite. Ses sermons, sont toujours très étudiés, non seulement en ce qui concerne les idées émises, le développement suivi, **mais** même en ce qui concerne la phrase. Les ratures et surcharges nombreuses qui existent sur ses manuscrits en sont la preuve manifeste et il est absolument inexact de prétendre, comme l'ont insinué différents auteurs, que ses sermons n'étaient la plupart du temps que des improvisations.

La vérité est que, souvent, emporté par sa brillante imagination, l'ardeur de sa foi, l'enthousiasme qui s'allumait dans son âme, à mesure que son discours se poursuivait, il se prenait alors à merveilleusement développer le thème qu'il avait longuement mûri et préparé, dans le recueillement de sa magnifique bibliothèque, — cette chère bibliothèque qu'il se plaisait tant à enrichir à chacun de ses voyages à Paris, économisant au besoin sur son déjeuner et allant fouiller les pittoresques étalages des bouquinistes du quai.

Est-ce qu'à ce propos, un vénéré prélat qui l'a beaucoup connu, Monseigneur Guilloux, archevêque de Port-au Prince, ne s'exprimait pas ainsi?

« On peut affirmer que le Supérieur de Ploërmel connaissait à fond chaque ouvrage de cette riche collection de livres. Sa ténacité à garder la mémoire de ce qu'il avait lu plongeait ses religieux dans la stupeur. Il n'était étranger à aucune branche de l'érudition ecclésiastique ou profane, et ce fut peut-être l'homme le plus universellement érudit de son siècle. » (1)

Comme les orateurs sacrés, vraiment populaires, comme ceux-là qui veulent remuer les foules et les consciences profondément endormies, comme ceux-là qui veulent faire passer dans tout le pays qu'ils évangélisent, un souffle de foi, un regain de piété et de ferveur, l'abbé Jean essayait parfois de frapper les imaginations, pour arriver à son but.

Ainsi, comme un des plus illutres saints de Bretagne, comme saint Vincent Ferrier, le glorieux patron de la ville de Vannes, il prêchait, parfois, tenant une tête de mort, dans la main. C'est, au moins, ainsi, qu'il prêcha, dans plusieurs cimetières, durant ses missions.

Voici d'ailleurs, un remarquable sermon, prononcé dans ces conditions et que je trouve en double dans les manuscrits qu'il a laissés.

« Mais pourquoi vous parlai-je? Je veux me taire et que les morts seuls vous instruisent : Ouvrons leurs tombeaux : Interrogeons-les.

« Toi, qui es-tu? — Je suis un père de famille; je fus honnête homme — Eh bien! où es-tu? — Je suis dans l'enfer — Quoi! tu es damné? — Oui, je suis damné; j'avais des enfants, je les ai laissés se livrer

---

(1) Mgr Ricard, *l'École Menaisienne*.

à tous leurs penchants corrompus; j'ai négligé de les instruire et de les sanctifier; ils se sont perdus. Dieu m'a demandé leur âme; il a vu, que par ma faute, ils s'étaient perdus; je suis damné!

« Toi, qui es-tu? — Je suis l'épouse de celui qui vient de te répondre : j'ai partagé ses fautes, je partage son supplice, je suis damnée!

« Toi, qui es-tu? — Mon père, ma mère vous ont répondu. — Je suis damné!

« Toi, qui es-tu? — Je suis un riche. — As-tu fait la charité? As-tu donné du pain au malheureux couché à ta porte, qui te demandait les miettes tombées de ta table? — Non. — Va, tu es damné!

« Et toi, qui es-tu? — Je suis un pauvre. — Ah! mon frère, tu es du petit nombre de ceux que Jésus-Christ a bénis, tu es sauvé? — Non! je suis damné. — Ma pauvreté était feinte; j'ai été orgueilleux dans ma misère; j'ai murmuré; j'ai refusé le travail; j'ai exigé l'aumône comme un tribut; j'ai pris ce qu'on ne me donnait pas. — Aujourd'hui, je demande à Dieu une goutte d'eau pour rafraîchir mes lèvres brûlantes — Je ne l'obtiens pas. — Je suis damné! vous dis-je.

« Et toi, qui es-tu? — Je suis un usurier. — Tu es un homicide! — Les larmes de l'orphelin et de la veuve demandent vengeance contre toi; misérable, j'entends leurs voix qui t'accusent : Où est ton trésor? — Mon trésor, c'est le feu, je brûle. — Je suis damné.

« Et toi qui es-tu? — Je suis une jeune fille. — A quel âge es-tu morte? — A 20 ans. — Approchais-tu souvent du sacrement de la Pénitence? — Oui. — Communiais-tu souvent? — Oui. — Eh bien, tu t'es présentée avec confiance au tribunal du Souverain Juge? — Oui. — Il

t'a dit d'entrer dans son royaume et dans sa joie?
— Non, non; il m'a dit que j'avais partagé mon cœur
entre lui et les créatures; que parce que j'avais voulu
leur plaire, il m'avait en horreur. J'ai aimé les
parures, la danse, les plaisirs. — Où es-tu donc? —
Je suis damnée.

« Pères, mères, enfants, riches, pauvres ils sont tous
damnés! Mon Dieu! où sont donc vos élus!

« Toi, qui es-tu? — Je suis un pauvre laboureur,
j'ai arrosé la terre de mes sueurs, je n'ai fait tort
à personne, je payais ma ferme et mes dettes, j'allais
à confesse tous les ans, à la messe tous les dimanches. —
Et puis où allais-tu? — J'entrais au cabaret et quelquefois, j'en sortais ivre. — Ah! malheureux, tu es
damné; désaltère-toi dans les flammes; bois les feux
de l'enfer.

« Et toi, qui es-tu? — Je suis un marchand. — Dieu
t'a pesé dans ses balances, t'a-t-il trouvé léger? —
Sa colère m'a repoussé comme la paille que le vent
emporte, il m'a dit qu'il était souverainement juste,
et qu'éternellement je serais souverainement malheureux! — Je suis damné!

« Quoi, Seigneur, parmi tous ces morts, il n'y en
a pas un seul qui vous appartienne, il n'y en a pas
un seul qui ait été sauvé par la vertu du sang de
votre fils!

« Toi, qui es-tu? — Je suis un misérable, j'ai péché
dans mon enfance, j'ai péché dans ma jeunesse, j'ai
péché dans un âge plus avancé encore.

« Ah! je ne trouverai donc pas un seul juste?

« Je ne suis pas le juste, que vous cherchez; mais
j'ai fait pénitence, je suis sauvé.

« Pécheurs, réjouissez-vous! que du fond de votre

cœur s'élève un cri unanime de joie et d'espérance ; faisons pénitence mes frères, et nous serons sauvés ; oui, nous sommes tous pécheurs ; frappons nos poitrines, avouons-le à la face du ciel et de la terre, et en présence de tous ces morts.

« Moi, le premier, je suis pécheur, et peut-être le plus grand de tous, mais du moins je ne veux plus l'être ; j'ai interrogé les autres ; on m'interrogera à mon tour ; je veux pouvoir répondre : je suis sauvé.

« Je veux plus, mes Frères ; je veux que chacun de vous, puisse le dire ; je veux qu'avant de sortir de cette enceinte funèbre, vous en preniez la résolution, que sur la tombe de vos parents, de vos amis, de ceux avec lesquels vous avez vécu et qui vous ont précédé dans la grande Éternité, vous promettiez à Dieu, vous vous promettiez à vous-même de vivre et de mourir en Saints.

« Le silence des tombeaux vous parle, plus éloquemment que je ne puis le faire... »

« Écoutez-le... »

Combien ce petit sermon, aux phrases courtes et précises, débité dans un cimetière de Bretagne, sous le ciel gris, au milieu des tombes, devait produire n'est-ce pas, un saisissant effet, sur les auditeurs du « Père », prêchant de sa belle et ample voix, au pied de la croix de granit, avec, dans la main, une tête de mort, prise dans le vieil ossuaire à claire-voie.

Comme on le sait, elles sont, en nombre infini, les croix de granit qui s'élèvent en Bretagne, non seulement au centre de l'humble cimetière du bourg, mais encore aux carrefours des chemins.

Ces croix ont été plantées par le châtelain du pays, ou par un groupe de pieux villageois qui ont voulu placer leurs demeures, sous la protection du Christ. Parfois aussi, ces croix archi-séculaires sont dues à la dévotion des lointains aïeux, ou bien elles évoquent le souvenir de quelque événement, qui s'est passé, il y a longtemps, en cet endroit.

Bien souvent, surtout, ces croix sont, comme on les appelle populairement des « croix de missions. » Chez nous en effet, quand une grande mission est annoncée, c'est aussitôt dans toute la paroisse un redoublement de foi et de ferveur. Tout le monde se presse autour de la chaire sacrée. Les exercices religieux, les solennelles bénédictions, les amendes honorables, les longues processions à travers la campagne, deviennent de véritables événements. La vie des champs est pour ainsi dire suspendue. On vit à l'Église. On vit pour l'Église, et, à la clôture de la mission, on s'en va, tous ensemble, planter une croix, au bord d'un chemin, au milieu d'une lande, à l'entrée d'un cimetière. Et c'est ainsi que, de tout temps, la pieuse Bretagne n'a pas été seulement

La terre de granit recouverte de chênes;

c'est ainsi que, de tout temps, elle a été aussi, la terre de granit recouverte de croix.

Pieuses et belles croix des missions! magnifiques jalons qui, sur les longues routes de Bretagne, marquez la dévotion des « frairies, » des villages et des bourgs! éloquents témoignages de l'inaltérable dévotion de nos bretons! combien il est doux de vous rencontrer, au bord des chemins, avec vos saintes devises, vos prières et vos indulgences gravées dans le granit de votre socle!

C'est, souvent, au pied de ces croix populaires, que l'abbé Jean de la Mennais se plaisait, à évangé-

20

liser les pieuses populations de nos campagnes, accourues de bien des lieues à la ronde, pour entendre sa chaude parole, toujours si vibrante de foi et d'amour divin.

Voici, d'ailleurs, un des sermons qu'il prononça ainsi, au pied de la croix, sur la place Saint-Pierre, à Saint-Brieuc.

« A l'aspect de cette croix, les plus doux souvenirs, et, en même temps, les pensées les plus douloureuses remplissent mon âme. Je me rappelle ces jours de miséricorde où, à la voix de quelques hommes apostoliques, les pécheurs ébranlés, et comme fascinés par une force miraculeuse, vinrent aux pieds de Jésus-Christ demander grâce, et promettre de lui demeurer à jamais fidèles. Plusieurs ont persévéré, je le sais, dans leurs saintes résolutions et dans leur repentir ; mais, combien d'autres se sont hâtés, en quelque sorte, de violer des promesses que nous devions croire sincères, et qui pourtant hélas ! n'étaient que de vaines et perfides paroles ! Après avoir donné à Jésus-Christ le baiser de paix, ils se sont saisis de son corps sacré, ils l'ont dépouillé de ses vêtements, ils l'ont couvert d'un manteau de pourpre, ils ont mis un voile sur ses yeux, entre ses mains un fragile roseau, et l'ont livré à leurs passions brutales, pour qu'elles en fassent l'objet de leurs dérisions et de leurs insultes.

« Quel est donc ce mystère d'iniquité qui s'accomplit sous nos yeux ? Nous voyons se renouveler ce qui se passa dans le prétoire, et, en nous montrant aujourd'hui Jésus-Christ, déchiré, meurtri par vos mains, comme il le fut autrefois par celles des **Juifs**, je puis vous dire : *voilà l'homme, ecce homo !* voilà celui qui était venu à vous comme un Roi plein de douceur, et contre lequel vous avez ouvert une bouche avide de sang : voyez jusqu'où vont sa confusion, sa honte, ses opprobres, ses douleurs ; voilà votre ouvrage : *voilà l'homme, ecce homo.*

« Quoi ! un si grand attentat restera-t-il donc impuni ! Non, certes, car cet homme est Dieu ; ce Jésus, dont vous faites votre jouet, au dernier jour, sera votre Juge ; voulez-vous savoir quel est l'arrêt qu'il prononce d'avance contre vous? Ecoutez celui qu'il prononça du haut de sa Croix contre les Juifs déicides et qui, depuis dix-huit cents ans s'exécute : qu'en punition de leurs crimes, la table de leurs sacrifices devienne pour eux un piège où ils tombent, et un écueil où ils se brisent! Seigneur, ils ont frappé celui que vous frappez, ils ont fait blessure sur blessure ; et vous aussi, Seigneur, mettez leurs iniquités par-dessus leurs iniquités ; que votre colère se saisisse d'eux, qu'ils soient effacés du livre des vivants, et que leurs noms ne soient pas écrits avec ceux des Justes ! *Deleantur de libro viventium et cum justis non scribantur.*

« Pécheurs, qui entendez ces menaces, peut-être n'en êtes-vous pas effrayés ; emportés par je ne sais quelle fureur aveugle, vous désirez presque que cet anathème reste éternellement sur vos têtes : « *Sanguis ejus super nos.* » Eh bien, mes Frères, l'événement répondra à vos souhaits : vous n'échapperez point à cette sentence terrible ; elle s'accomplira, vous dis-je, et bientôt! Dieu a fait effort pour vous sauver ; il vous a prodigué les lumières, les instructions, les grâces ; tout a été inutile ; semblables aux soldats, en fléchissant le genou devant Jésus-Christ, vous vous êtes écriés : Salut au Roi des Juifs! Et aussitôt d'une main sacrilège, vous lui avez donné des soufflets en disant : devine qui t'a frappé? *prophetisa nobis, Christe, quis te percussit?*

« Je vous accuse de l'avoir frappé, vous qui depuis la mission avez fréquenté, de nouveau, les lieux de débauche, pour vous y abandonner à d'infâmes excès ; je vous accuse de l'avoir frappé, vous qui êtes retournés aux bals, aux danses, aux spectacles ; je vous accuse, vous qui troublez encore la paix de vos familles, par des violences continuelles, qui les ruinez par de folles dépenses, qui les scandalisez par vos jurements et par vos propos obscènes ; je vous accuse vous tous qui êtes retombés dans le péché, et qui, sous les plus misérables prétextes, vous êtes éloignés du tribunal de la Pénitence, malgré vos promesses. — Malgré vos promesses, vous vous êtes moqués de Jésus-Christ, mon Sauveur et le vôtre ; vous l'avez traité comme un roi de théâtre, et les hommages que vous lui avez rendus sont aussi dérisoires que ce salut des Juifs : « *Salve, rex Judeorum!* »

« Si je vous accuse à tort, eh! bien, préparez vos excuses ; aujourd'hui, Jésus-Christ se tait, *Jesus autem tacebat;* il semble maintenant ne pas vous connaître, parce que c'est votre heure et celle de la puissance des ténèbres ; *nunc est hora vestra et potestas tenebrarum.* Mais son heure viendra aussi : vous verrez ce Jésus que nos mains ont percé et dont vous avez compté les os, revêtu de majesté, assis sur un trône de gloire ; vous verrez sur son front cette couronne d'épines, que vos mains ont tressée ; sur son corps glorieux, les cicatrices des plaies que vous lui avez faites ; et moi aussi je verrai si aucun de vous échappera à ses vengeances, en disant : devine qui t'a frappé, *prophetisa nobis...*

« Non, non! mes Frères, c'est se faire trop illusion que d'y compter; il ne vous reste d'autre moyen de salut que de vous retourner vers cette croix; elle est votre unique espérance; de vous prosterner devant elle et de l'arroser de vos larmes, et moi, mes Frères, ministre de la charité de Jésus-Christ, j'oserai emprunter ses paroles et adresser à Dieu, son Père, pour vous, la prière qu'il lui fit avant d'expirer pour ses bourreaux : pardonnez-leur, Seigneur, car ils n'ont su ce qu'ils faisaient; *dimitte eis hoc peccatum, nesciunt enim quid faciunt.* Maintenant qu'ils le savent, justement irrités contre eux-mêmes, ils détestent leur ingratitude, ils abhorrent leurs iniquités et chacun d'eux va descendre de ce calvaire, en frappant sa poitrine, à l'exemple du centurion et de ceux qui furent témoins des supplices et de la mort de son fils : *percutientes pectora sua revertebantur.*

« Entrez dans ces sentiments, mes très chers Frères; convertissez-vous promptement, sincèrement et pour toujours; ne sortez point de ces saints lieux, je vous en conjure par les entrailles de la miséricorde de notre Sauveur, sans avoir pris la résolution de vous purifier de nouveau dans son sang et de ne plus désormais abuser de ses grâces. Prions-le de les répandre, sur nous tous, sur tous les habitants de cette ville, qui ne forment pour ainsi dire qu'une même famille; que les pères les demandent pour leurs enfants, les enfants pour leurs pères, les femmes pour leurs époux, les époux pour leurs femmes, les frères pour leurs frères, les amis pour leurs amis. — Et afin que cette prière soit plus sûrement exaucée,

unissons-nous à l'église entière et chantons avec elle :
« O crux Ave... »

Est-il étonnant, je vous le demande, que des discours, aussi vibrants d'amour divin ; est-il étonnant que des scènes aussi émotionnantes que toutes celles-là dont nous venons de parler, aient laissé un impérissable souvenir, dans la mémoire attendrie de ceux qui en furent les témoins.

Et combien aussi il est doux de penser que c'est notre vénéré compatriote « au zèle ardent et à la parole de feu » qui, au terme de ces belles missions à travers la Bretagne, a fait aussi se dresser tant de ces belles croix qui rediront aux siècles à venir, en même temps que la piété de nos bonnes populations, l'éloquence persuasive de celui qui fut, à l'aurore de ce siècle, le « grand missionnaire de la Bretagne » et « l'un des hommes les plus complètement orateurs de son temps. »

Comme le remarque, à ce sujet, si judicieusement le R. P. Laveille, qui, nous le savons, n'est étranger à aucun détail concernant la vie du vénéré « Père » : « Encore une fois, pour juger de la puissance oratoire de l'abbé Jean, il faudrait pouvoir visiter les innombrables paroisses qu'il régénéra et où l'on voit encore, sur les croix de pierre, érigées en souvenir de ses missions, son nom gravé, par la reconnaissance des foules. » (1)

Et avant de clore ce chapitre dédié à la si chaude et si populaire éloquence de l'abbé Jean de la Mennais, qu'on nous laisse encore citer cette si juste apprécia-

---

(1) *Anciens évêchés de Bretagne. — Histoire et monuments*, **Diocèse de Saint-Brieuc**, ouvrage précité, tome 1er, p. 57 (en note)

tion de son admirable talent de missionnaire. Je l'extrais du journal « *l'Univers,* » dans son Nº du 4 février 1843.

Il s'agit, comme on va le voir, d'une retraite prêchée par le « Père » à nos braves populations de Marins, au retour d'une campagne de pêche, sur le grand banc de Terreneuve.

« On nous écrit de St-Servan, le 7 janvier : (1)

« Le Pardon des Quarante-Heures a lieu, tous les ans, à Cancale, le deuxième dimanche de janvier. On y assiste toujours avec le plus profond recueillement et il y a ordinairement sur une population de 5300 habitants, plus de 1800 communions. Cette année, il était présidé par M. Jean-Marie de la Mennais, supérieur général des Frères de l'Instruction chrétienne, auquel s'étaient joints tous les prêtres du canton, au nombre de seize. C'était le moment où un très grand nombre de marins arrivaient du service. Qu'il était beau le spectacle d'une très vaste église, remplie depuis le matin jusqu'au soir, d'une foule de marins, de tout âge, de toute condition, qui, après avoir parcouru les mers, se réunissent au pied de la chaire, comme affamés de la parole sainte! Dix-sept confessionnaux étaient environnés d'une multitude d'hommes; plusieurs de ces hommes étaient arrivés, dès cinq heures du matin pour n'être confessés que le soir. Là, se trouvait la parfaite égalité, le mousse était auprès de son capitaine et passait souvent avant lui. Enfin, on a vu s'approcher de la Table Sainte environ deux mille trois cents personnes, parmi les-

---

(1) *Correspondance catholique*, page 34, 23 mai 1893, — page 404. — *Jean-Marie de la Mennais*, par le R. P. Laveille.

quelles se trouvait au moins un tiers de marins. Je ne vous dis rien de la pompe des cérémonies, le plus bel ornement de la fête était sans contredit sept ou huit cents marins chantant à l'envi, après le *Te Deum*, un cantique de reconnaissance.

« Là, ne s'est point terminée une scène si consolante. Une retraite d'hommes devait s'ouvrir le 15 janvier, à la maison de retraite de St-Servan ; c'est là que devait s'achever, pour plusieurs, le grand œuvre que le Seigneur avait si heureusement commencé. Plus de cent marins s'étaient fait inscrire sur la liste. Le moment du départ a été un triomphe pour les habitants de Cancale. Dimanche 15, à deux heures, une grande partie de la population était réunie sur la place ; les femmes, les enfants portaient, dans des mouchoirs, ce qui était nécessaire pour la retraite. Trois grandes diligences étaient destinées à transporter une partie des retraitants. Le moment est arrivé ; le curé et l'un de ses vicaires sont à la tête de cette troupe de vrais croyants ; on part, au milieu des cris de joie, des acclamations de tout un peuple, etc... (1)

1 Citons parmi les principales missions et retraites prêchées par le Père : Mission de Bain. — Retraite à Bazouges-la-Pérouse. — Mission à Languenan. — Différentes missions à Fougères, notamment en l'année 1835 — Missions d'enfants à St-Malo et à St-Servan, notamment en novembre 1841. — Retraite à Plouguenast. — au petit séminaire de Tréguier (octobre 1843 — Retraite au petit séminaire de Plouguernevel (avril 1842. — Retraite au petit séminaire de Tréguier (novembre 1846). — Retraites diverses à l'école de Ploërmel. — Missions et retraites à Dinan, St-Méen, Lamballe. collège de St-Malo, Cancale...

CHAPITRE III

Si, partout en Bretagne ; si, dans nos cathédrales et dans les églises de nos plus humbles bourgades ; si, dans les chapelles de collèges, petits séminaires et communautés religieuses ; si, sur les places publiques et au pied des croix de pierre qui, pieusement, sèment nos campagnes, retentit, toujours infatigable, la voix inspirée du vénéré « Père, » cette voix, aussi, combien souvent, se fait entendre, dans le cimetière de son cher Institut.

Et quels touchants souvenirs, vraiment, se rattachent, ici, à ce cimetière, qu'à maintes reprises, je me suis plu à aller visiter !

C'est, au fond d'une longue avenue, plantée de chênes et fleurie de lilas, qu'il se trouve...

Il est enclos d'une murette plantée de croix en granit qui forment un chemin de croix.

Symétriquement alignés, voici les humbles tombeaux des bons Frères et, au fond, près le mur couvert de lierre, est placé le tombeau de celui qu'on se plaît à appeler le « Père. »

Son épitaphe est ainsi libellée :

CI-GIT

EN ATTENDANT LA RÉSURRECTION BIENHEUREUSE

Messire Jean-Marie ROBERT de la MENNAIS

FONDATEUR ET SUPÉRIEUR GÉNÉRAL

DES FRÈRES DE L'INSTRUCTION CHRÉTIENNE

NÉ A SAINT-MALO, LE 8 SEPTEMBRE 1780

DÉCÉDÉ A PLOERMEL LE 26 DÉCEMBRE 1860.

PRIEZ DIEU POUR LUI.

Dilectus Deo et hominibus
cujus memoria in benedictione est.
(Eccles. XLV I).

A côté du « Père, » se trouve le tombeau de celui qui fut l'un de ses confidents les plus intimes : le père Ruault.

L'épitaphe du père Ruault est ainsi conçue :

ICI REPOSE

LE CORPS DE Messire ET DISCRET

P.-M. RUAULT

ANCIEN PRINCIPAL

DES COLLÈGES DE DOL ET DE VITRÉ

AMI ET COLLABORATEUR DÉVOUÉ

DE NOTRE VÉNÉRÉ PÈRE

DÉCÉDÉ A PLOERMEL, LE 23 MARS 1863

DANS SA 72e ANNÉE.

R. I. P.

Entre ces deux tombeaux, accolée au mur, se trouve une grosse pierre de granit de forme carrée, pierre à laquelle se rattache un des plus jolis et des plus aimés souvenirs concernant la vie du « Père. »

C'est sur cette pierre, en effet, pierre qui primitivement se trouvait à l'entrée du cimetière, que l'abbé de la Mennais prêchait, à chaque retraite et qu'il fit ses adieux, dans des circonstances particulièrement émouvantes, à celui-là « dont la mort même ne saurait le séparer. (1) »

J'ai nommé Gabriel Deshayes, fondateur de tant d'œuvres : le petit séminaire de Sainte-Anne, les Frères de l'Instruction chrétienne de saint Gabriel (1821), les Frères de saint François d'Assise (1839), les Sœurs de l'Instruction chrétienne de Saint-Gildas (8 novembre 1820)... œuvres complexes et admirables dont deux au moins sont bien connues de tous les touristes qui viennent prier à la basilique de Sainte-Anne-d'Auray : l'établissement des Sourds-Muets à la « Chartreuse, » et tout près, la belle chapelle commémorative élevée, au champ des Martyrs, à la mémoire des émigrés, massacrés là, à l'époque de la Révolution.

Or, voici comment un journal, de l'époque (2), relatant le récit d'un témoin oculaire, rapporte l'émouvante scène, à laquelle nous venons de faire allusion.

MONSIEUR LE RÉDACTEUR,

« J'apprends à l'instant que M. Deshayes, supérieur des Dames de la Sagesse, est mort, à Saint-Laurent,

----

(1) *Vie de Gabriel Deshayes, apôtre de la Bretagne*, par l'abbé Laveau, page 95. — Vannes imprimerie Lamarzelle.
(2) *Le Français de l'Ouest*. 9 Janvier 1842.

le 21 du mois dernier, dans les sentiments de la foi la plus vive.

« Quelques jours avant de terminer sa vie, si pleine d'œuvres apostoliques, ce vénérable vieillard fit appeler M. Guyomard, son premier assistant, et lui dit : « Quand je ne serai plus, je veux qu'on m'enlève le pouce qui a signé la règle des Frères de Ploërmel, et qu'on l'envoie à M. l'abbé de la Mennais, afin qu'une partie de mes cendres repose, un jour, avec les siennes. »

Révérend Père DESHAYES.

« Il répéta la même chose à la Supérieure des Filles de la Sagesse et ses intentions seront rigoureusement exécutées.

« Cette dernière volonté de M. Deshayes me rappelle une scène qui s'est passée à Ploërmel, dans le mois d'août dernier, et à laquelle j'assistais avec plusieurs autres prêtres et plus de quatre cents frères. Si vous en croyez le récit propre à intéresser vos lecteurs, veuillez, monsieur, le publier dans votre estimable journal.

« Tous les frères de l'Instruction chrétienne, alors en retraite à Ploërmel, étaient réunis, pour une cérémonie religieuse, dans le cimetière de la maison principale. Leur excellent « Père, » M. de la Mennais, voulut profiter de cette réunion solennelle de ses enfants, dans le champ des morts, pour leur faire entendre quelques unes de ces paroles de vie, qui, prononcées, avec la chaleureuse éloquence qu'on lui connaît, tombent toujours dans le plus intime de l'âme et n'en sortent jamais.

« On venait d'achever le chant lugubre de ce *Libera,* plus noir que l'intérieur d'un tombeau. Chacun méditait, dans un religieux silence, sur ses années éternelles.

« M. de la Mennais monte alors sur la pierre qu'il a choisie pour couvrir, un jour, ses restes, et d'un cœur profondément ému, avec une voix pleine de larmes, il nous parle, à tous, des avantages de la mort, dans la congrégation. Appelant chacun des Frères défunts, par son nom de religion, il lui fait rendre compte de sa vie passée. Sa main s'en allait fouillant dans le cœur de ces pauvres Frères, et en sortait pour nous montrer, tantôt des vertus d'anges, tantôt des imperfections et des fautes.

« L'assistance entière était pâle de saisissement. M. de la Mennais interpelle tout à coup son saint et vénérable ami, M. Deshayes, aussi présent, et lui montrant la tombe où il venait d'ordonner à ses Frères de le déposer après sa mort, il lui demanda si cette mort, trop faible pour le séparer de ses enfants, aurait pu le séparer de l'ami qu'il avait en lui? Non, non, ajouta-t-il, en terminant, la mort ne rompra pas les liens que Dieu lui-même a formés et qui ne se sont pas relâchés, depuis vingt-six ans.

« Le soir de cette journée, M. Deshayes monta en chaire et dit aux Frères : « Après avoir été, pendant cette vie, si intimement uni à votre excellent « Père, » et après avoir partagé avec lui, pendant vingt-six ans, la direction de votre Société, je ne veux pas

que la mort m'en sépare et j'ordonnerai de mêler,
un jour, aux cendres de cet ami, la partie de moi-
même qui vous a rendu le plus de services. » Il ne
s'expliqua pas davantage ; mais ses dernières dispositions disent, aujourd'hui, ce qu'il pensait alors.

« Et à la retraite annuelle de 1842, Monsieur de
la Mennais, ému au souvenir de l'ami si tendre et
si dévoué qu'il avait perdu, adressa à ses fils spirituels,
les touchantes et paternelles paroles qui suivent,
après les avoir exhortés à profiter de la Retraite pour
ressusciter en eux leur première vocation et leur
première ferveur. « Tout ici, » leur dit-il, « vous y
invite, mes chers Enfants. Voyez donc ; vous êtes
environnés de ces Frères avec qui vous passâtes si
doucement le temps trop court de votre Noviciat, et
qui vous disent bien mieux, par leurs exemples, que
je ne puis vous le dire par mes discours, qu'au lieu
de regarder en arrière, vous devez vous élancer en
avant, et toujours tendre à une perfection plus haute.
Vous retrouvez, ici, les anciens de la Congrégation,
dont vous avez reçu souvent de si sages conseils ;
les voûtes de cette chapelle ont entendu vos premiers
serments. Voilà l'autel devant lequel vous les avez
prononcés et, enfin, mes chers Enfants, il vous est
donné d'entendre encore une fois (et qui sait si ce
ne sera pas la dernière ?) la voix de votre vieux Père...»

« Pauvres enfants ! vous aviez deux pères, l'un a été
ravi à votre amour ; consolez celui qui vous reste, par
votre docilité, par votre persévérance ; et augmentez,
s'il se peut, dans le ciel, la joie de celui que vous
avez perdu, en travaillant à acquérir toutes les vertus
dont il fut, au milieu de vous, le modèle ; en mettant
en pratique les conseils qu'il vous a donnés, à chaque

Retraite, pendant vingt-deux ans, pour devenir des saints, afin que nous puissions tous un jour être réunis, dans le sein de Dieu. » (1)

N'est-ce pas, qu'elle est vraiment touchante, entre toutes, cette page intime de la vie du bon « Père » ?

N'est-ce pas, aussi, que dans le cœur des Frères de la Mennais, elle doit évoquer bien des souvenirs, cette étrange pierre de granit, précieux piédestal, du haut duquel, tant de fois, leur vénéré Fondateur leur adressa ses plus paternelles exhortations et, avant sa mort, en présence du vénéré M. Deshayes, son cher et dévoué collaborateur, leur fit de si paternels et émouvants adieux ?

Aussi, combien je comprends le respect dont tous ils entourent cette chère relique qui, maintenant, repose, couverte de mousse, au fond du cimetière de l'Institut, au milieu de leurs morts, entre la tombe du « Père » et celle de M. Ruault, cet autre ami vénéré de l'abbé Jean de la Mennais !

Pour être complet sur le rôle que joua l'abbé Jean de la Mennais, comme prédicateur et missionnaire, rappelons enfin, ici, que pour fortifier l'œuvre des missions, d'une façon encore plus durable que n'aurait su le faire sa parole enflammée, il porta ses vues, lorsqu'il était encore à Saint-Brieuc, sur le petit groupe de missionnaires que Mgr Mannay avait établis à Rennes et, malgré l'opposition de quelques-uns des professeurs du petit séminaire de Saint-Méen, se décida à réunir les deux œuvres, dans une même congrégation.

Mgr de Lesquen, qui venait de succéder à Mgr

---

(1) *L'Ami de l'enfance*, précité, pages 93 et suivantes.

Mannay, approuva hautement l'idée du vénéré « Père »
et la nouvelle Congrégation fut définitivement fondée,
le 11 septembre 1825, par ordonnance de l'évêque de
Rennes, ainsi conçue :

« Nous, Claude-Louis de Lesquen, par la miséricorde de Dieu et l'autorité du Saint-Siège, évêque
de Rennes, après avoir
lu et examiné les
Statuts et Règlements
de la congrégation des
Prêtres de Saint-Méen,
les avons approuvés et
approuvons, voulant
qu'ils soient gardés et
exécutés, suivant leur
forme et teneur. Mais,
comme la congréga-
tion n'est pas régu-
lièrement formée et
qu'elle ne peut par
conséquent faire, par

Mgr C.-L. DE LESQUEN, év. de Rennes.

elle-même, pour cette première fois, les élections
énoncées dans les articles quatre et cinq des dits
Statuts, nous avons nommé supérieur général de la
la dite congrégation, M. l'abbé Jean-Marie Robert de
la Mennais, notre vicaire général... »

La nouvelle congrégation choisit pour protectrice
et titulaire l'Immaculée Conception, en laquelle son
Supérieur général avait toujours eu une dévotion si
particulière et, pour patrons, elle prit saint Méen et
saint Vincent de Paul.

La nouvelle congrégation, se charga de l'enseignement et de la direction du petit séminaire de St-Méen

et le collège de Saint-Malo, prit l'habitude, pendant un très grand nombre d'années, d'aller y recruter plusieurs de ses directeurs ou professeurs.

Par bref du Souverain Pontife, en date du 30 avril 1826, la congrégation fut définitivement approuvée et enrichie de nombreuses indulgences. Sa prospérité allant toujours en grandissant, M. de la Mennais, durant le cours de l'année 1829, dut même transporter son noviciat à Malestroit. dans l'ancien couvent des Ursulines.

Tels sont les débuts de la congrégation « des Missionnaires de l'Immaculée Conception, » débuts durant lesquels l'abbé Jean de la Mennais joua un rôle trop actif pour que nous eussions pu, ici, le passer sous silence.

CHAPITRE IV

Quelques sermons de l'abbé Jean de la Mennais. — De l'esprit d'insubordination. — Vive la guerre! — A l'occasion de la bénédiction des drapeaux de la Légion d'Ille-et-Vilaine (26 août 1816). — Sermon prononcé à l'établisement des Quinze-Vingts, en remplacement du Grand Aumônier empêché. — Un mandement dû à la plume du vénéré « Père ».

Qu'il nous suffise, maintenant, de mettre sous les yeux, quelques-uns des sermons du vénéré « Père » : Ainsi, son talent, son génie, son style, seront encore plus parfaitement connus et appréciés, à leur véritable valeur.

DE L'ESPRIT D'INSUBORDINATION

« L'attachement, le respect, l'intimité, la confiance liaient autrefois les élèves à leurs maîtres : les souvenirs de collège se conservaient pendant la vie entière ; ils étaient si doux et si purs qu'il était comme impossible de les perdre et le vieillard aimait à raconter à ses enfants l'histoire de ses premières années, pour leur faire connaître les services qu'il avait reçus de ceux à qui le soin de son éducation fut confié.

« Aujourd'hui, c'est toute autre chose ; l'obéissance des jeunes gens n'est que de la contrainte et l'autorité leur est odieuse. Sans cesse disposés à s'en affranchir, ils s'irritent contre elle et pour prix d'un dévouement qui est pénible, puisqu'il faut, pour ainsi dire, le renouveler, à toute heure, les maîtres ne recueillent que l'ingratitude de leurs disciples.

« Aussi, qu'entend-on dans les collèges? Des plaintes, des murmures, des paroles de dénigrement et d'outrage, contre les Régents, de la part de leurs écoliers. On voit, il est vrai, l'apparence de l'ordre, parce que les uns commandent et que les autres obéissent; mais cet amour pour les Supérieurs, ce vif désir de leur plaire et de mériter leur estime, cette tendre reconnaissance de leurs bontés, cet empressement à saisir l'occasion de leur donner des marques de sentiments pleins d'affection dont on est pénétré pour eux. . . hélas! rien de tout cela n'existe plus que dans la mémoire de quelques hommes qui ont vu d'autres temps et se sont formés, sous une autre influence.

« D'où vient ce changement? L'attribuerons-nous à l'extrême sévérité de l'éducation actuelle? Non, car on est de nos jours infiniment plus indulgent dans nos écoles, qu'on ne l'était dans les anciens collèges. On exige moins de travail, les punitions sont moins rigoureuses, les récréations sont plus fréquentes et plus longues. En un mot, on jouit d'une liberté beaucoup plus grande.

« Il en est de même dans les familles; les parents sont moins durs, et ils sont moins chéris et moins vénérés. Loin de s'opposer avec force, comme ils le devraient, aux premiers écarts de leurs enfants, la plupart, caressent pour ainsi dire, leurs passions naissantes; ils s'en amusent au lieu de les réprimer. Ils ont, je ne sais quelle mollesse qu'ils appellent de la sensibilité, et qui n'est au fond qu'une coupable indifférence pour le sort de leurs enfants auxquels ils préparent un si triste avenir : mais ceux-ci, moins gênés, que nous l'avons été à leur âge, sont-ils plus attachés à leur père, à leur mère, que nous le fûmes? Au contraire, ils les insultent souvent, avec une grossièreté scandaleuse, et se moquent de leurs réprimandes comme de leurs ordres.

« Quelle est la cause de cette espèce de phénomène, qui, depuis quelque temps surtout, se manifeste dans la plupart des établissements publics d'éducation et dans le sein d'un grand nombre de familles? Ne la cherchez point ailleurs que dans les efforts extraordinaires, que font en ce moment-ci, les chefs de l'impiété, pour assurer son triomphe, en inspirant l'esprit d'indépendance, à la génération qui s'élève. A Paris, à Montpellier, à la Flèche, à Rennes, à Nantes et ailleurs encore, on a vu dernièrement des scènes de révolte, qui feraient rire de pitié, si elles ne faisaient pas frémir. Oui, frémir, car, enfin, il n'y a plus de société, il n'y a plus que l'anarchie et ses horreurs, dans un pays où l'enfance soulevée, méprise le pouvoir ou plutôt prétend se l'attribuer à elle-même, et dicter des lois à ceux qui sont au-dessus d'elle.

« Certes, un pareil désordre n'éclate pas à la fois, sur tous les points d'un vaste royaume, sans avoir été préparé, excité, encouragé. Et par qui l'est-il? Par ces hommes dont je parlais tout à l'heure. Il leur est facile d'égarer des jeunes gens sans expérience, qui, trop souvent, d'ailleurs, et dès leur berceau ont reçu de tout ce qui les environnait, les impressions du vice et de l'erreur; après s'être à moitié corrompus dans le sein même de leurs familles, ils viennent achever de perdre leur foi, leurs mœurs, dans la société de ces jeunes gens impies et débauchés, dont la révolution a peuplé nos collèges : les uns et les autres, sans principes, sans religion, sans goût pour l'étude, sans respect pour leurs maîtres, ne sont plus accessibles qu'à la haine de l'ordre et de l'autorité qui les maintient. Les vices les plus ignobles souillent leur âme, éteignent leur raison, enlaidissent même leurs yeux, et s'ils n'imaginent plus d'autre gloire que celle de briser le frein qui les arrête encore, ni d'autre bonheur que celui de jouir pleinement de la liberté, c'est-à-dire, de la licence la plus effrénée et dès lors la plus funeste.

« Que de moyens n'a-t-on pas employés pour obtenir ce résultat? Je ne vous dirai point tous ceux dont on s'est servi depuis trente ans; mais depuis un an, surtout, que de brochures obscènes, que de livres impies ont été réimprimés dans le monde, et quel renversement d'idées n'ont-ils pas produit! Les esprits agités, enflammés par ces écrits incendiaires, ne savent plus en quelque sorte où se prendre et cet état d'ébranlement est, hélas! pour notre malheureuse patrie comme le signe de calamités nouvelles, plus affreuses que toutes celles, qui lui ont déjà coûté tant de larmes. . .

« Or, les jeunes gens placés au milieu de ce mouvement général, sont plus facilement que d'autres emportés par lui, parce qu'ils ont bien moins de force pour y résister, et encore, parce qu'on s'attache particulièrement à les entraîner et à les perdre. Il faut le dire, on conspire contre leur innocence, contre leur religion, et l'impiété les enveloppe dans ses filets, les attache à son char, souvent sans qu'ils s'en doutent.

« Je le sais, il est encore des familles chrétiennes, il est des enfants pieux, nés avec les dispositions les plus heureuses, et en qui on croit n'apercevoir aucun symptôme de cette espèce de maladie dont la plupart des autres jeunes gens sont tourmentés; mais, cependant, il est rare, que ceux-mêmes à qui je rends justice, en faisant leur éloge, soient tout à fait exempts de cette contagion universelle, dont je vous ai peint les ravages; les propos qu'ils entendent, les scandales dont ils sont témoins, et les mauvais exemples qu'on leur donne, s'ils ne détruisent pas leur vertu, l'altèrent du moins, et l'affaiblissent; ils se reprocheraient, il est vrai, une résistance ouverte aux volontés de leurs parents et de leurs maîtres, mais ils ne se reprochent point de les dénigrer en secret, ils se permettent de les juger, de les censurer, avec amertume, et quelquefois, de leur parler avec hauteur.

« Qu'est-ce que tout cela, mes Enfants, sinon de l'orgueil? Et quand l'orgueil est au fond de l'âme, il y ronge en silence toutes les vertus; de sorte que souvent, parce qu'on n'y a pas pris garde, on les voit en un instant se dessécher, se flétrir et tomber comme une fleur dont un insecte a coupé, sous terre, les racines. Quoi de plus commun? Et peut-on expliquer autrement les changements subits que l'on remarque trop souvent dans la conduite de certains jeunes gens, qui après avoir montré une grande vigueur de foi et de piété, font tout à coup les plus déplorables chutes. . .

« Je borne, ici, ces réflexions, sur un sujet si important pour vous, et sur lequel je pourrai revenir plus tard; que chacun s'applique à soi-même ce qu'il vient d'entendre, soit sur ses gardes, et surtout, se rappelle à chaque instant ce mot de l'Évangile : *Vigilate et orate, ne intratis in tentationem.* »

Le sermon suivant est intitulé :

VIVE LA GUERRE !

Il fut prononcé par le « Père », à l'ouverture de l'avant-dernière retraite qu'il prêcha à l'Institut de Ploërmel.

Dans ce sermon, l'abbé de la Mennais « oubliant son génie », ainsi que le fait remarquer le Révérend Frère Cyprien (1), « y laisse déborder son cœur avec une simplicité, un abandon, un amour véritablement paternels » :

« Mes Enfants,

« Parmi les jours que le Seigneur a faits, il n'y en a pas de plus beaux pour vous, de plus consolants pour moi, que les jours de la retraite.

« La retraite est comme la grande fête de la Congrégation : à cette époque heureuse je vous revois tous.

« Nous nous retrouvons les uns et les autres dans cette Maison où vous avez été, de nouveau, enfantés en Jésus-Christ, et qui vous a servi comme de berceau. Vous y goûtez, vous y savourez avec délices, les saintes joies de la famille; vous y chantez d'une seule voix et d'un seul cœur le cantique du prophète : « Oh !
« qu'il est bon, qu'il est doux pour des Frères d'habiter
« ensemble dans une même demeure ! La paix fra-
« ternelle dont ils jouissent est comme le parfum qui,
« répandu sur la tête d'Aaron, descendit sur son visage
« et jusqu'au bord de ses vêtements; elle est comme
« la rosée d'Hermon qui descendit sur la montagne
« de Sion. »

---

(1) *Circulaire du Révéren l Frère Cyprien, Supérieur général, sur la retraite annuelle*, en la fête de la Visitation de la Sainte Vierge, 2 juillet 1896. — Ploërmel, imprimerie Saint-Yves. — 1896.

« Le saint Roi David dont j'emprunte les paroles, ajoute : « C'est à cette paix que le Seigneur attache « ses bénédictions et la vie éternelle. »

« Et, en effet, n'est-ce pas dans la retraite que le Seigneur verse sur vos âmes ses bénédictions les plus puissantes, pour affermir, dans les voies de l'éternité, ceux qui y marchent déjà, et pour y faire rentrer ceux qui auraient eu le malheur d'en sortir? Oui, la retraite a le double objet d'assurer la persévérance des justes et de produire la conversion des pécheurs.

« Mais, pour qu'il en soit ainsi, il faut que la retraite soit vraiment ce qu'elle doit être, c'est-à-dire, non seulement un temps d'exercices extérieurs, mais encore et surtout un temps de recueillement intérieur et de prières sincères. Sans cela, il n'y a pas de retraite ; et si quelques-uns n'ont pas profité de celles auxquelles ils ont déjà assisté, c'est qu'ils y sont venus uniquement pour satisfaire à l'usage, et sans prendre au fond de leur cœur la résolution de se renouveler entièrement, eux-mêmes. Et, le dirai-je? ceci arrive bien plus souvent aux anciens Frères qu'aux nouveaux.

« Les anciens savent d'avance tout ce que l'on fera à la retraite : des instructions semblables, pour le fond, à celles qu'ils ont déjà entendues leur seront données ; les mêmes cérémonies qu'ils ont vues frapperont encore une fois leurs yeux, et tout cela ne fera sur eux que peu d'impression, ou peut-être, parce qu'ils y sont déjà accoutumés, n'en produira aucune : donc, la retraite les laissera tels qu'ils étaient en la commençant : également tièdes, également lâches dans le service de Dieu! Or, il n'y a pas de spectacle plus triste que celui-là ; j'en ai été témoin, plusieurs fois, et Dieu veuille que je n'en sois pas témoin, une fois de plus! Car, quelles sont les suites de ce criminel abus de la retraite? Hélas! qui ne le sait? Pourvu qu'on ait conservé un sentiment de foi, peut-on y penser sans frémir? A peine la retraite est-elle finie que, par un juste jugement de Dieu, on tombe dans des désordres, dans des excès auxquels bientôt il n'y a plus de remèdes!

« Puisse ce qui est arrivé à tant d'autres, n'arriver à aucun de vous! Je vous en prie, ne recevez pas en vain le don de Dieu : ne foulez pas aux pieds les grâces nouvelles qui sont le prix de son sang, et qu'il vous offre avec tant d'amour! Qui vous a dit que ce ne sont pas les dernières de cette nature que vous recevrez. Mon Frère, qui t'a dit que Dieu ne se lassera pas de tes infidélités et de tes résistances?

« Mais une autre considération doit encore vous déterminer, si votre salut vous est cher, à ne pas négliger, à négliger moins que jamais, les grâces de cette retraite-ci :

« Les tentations auxquelles vous êtes exposés par la nature même des fonctions que vous avez à remplir au milieu du monde ne deviennent-elles pas chaque jour plus périlleuses?

« Les tentations d'orgueil, d'ambition, d'indépendance, tout tend à diminuer votre piété, à affaiblir même votre foi. Pauvres enfants, oh! que je m'en effraie pour vous!

« Eh bien! puisque le monde redouble d'efforts pour vous perdre, redoublez donc aussi d'efforts et de vigilance pour le combattre; écoutez avec un esprit docile les avis, les conseils qui vous seront donnés du haut de cette chaire : on s'attachera à vous faire connaître les pièges semés sous vos pas, afin qu'en vous les faisant connaître on vous les fasse éviter : on mettra, pour ainsi dire, entre vos mains les armes toutes spirituelles, avec lesquelles vous devez vous défendre, et on vous apprendra à vous en servir pour triompher des attaques sans cesse renaissantes de vos ennemis.

« Ah! je vous en prie, ne laissez pas tomber à terre une seule des paroles qui vous seront dites, et ne vous bornez pas à les entendre : méditez-les, sérieusement, et faites-vous en à vous-mêmes une application courageuse : ne craignez pas d'être trop humiliés, en comparant ce que vous devriez être à ce que vous êtes.

« Priez votre confesseur de vous aider dans cet examen que l'amour-propre rend quelquefois si difficile ; et, quelque pénibles que soient les aveux que vous aurez à faire, n'hésitez pas ; ne gardez, sur votre conscience, rien qui la gêne et qui l'inquiète.

« Mes enfants, votre salut est à ce prix ; et la prospérité, la durée de la Congrégation elle-même en dépend, car elle ne peut subsister et faire le bien qu'autant que vous serez tous d'édifiants et de fervents religieux ; son sort est donc, en quelque sorte, entre vos mains.

« Vous voyez que malgré la déplorable inconstance de quelques-uns et tous les obstacles que nous avons à vaincre, nos établissements s'augmentent et s'affermissent de plus en plus ; vous êtes plus nombreux que jamais : il faut élargir les murs de cette maison, pour y recevoir tous les jeunes gens qui se présentent pour y être admis, et qui ont le désir de partager votre bonheur : mais qu'importe le nombre des Frères si tous ne sont pas animés de l'esprit de leur saint état ! Ce ne sera pas le nombre qui fera notre force, ce sera la vertu et la sainteté de chacun des membres de notre Société ; elle ne peut périr que par le relâchement.

« Ce que je crains, pour elle, ce ne sont pas les persécutions des hommes : c'est le relâchement. Les persécutions des hommes, c'est notre gloire, c'est notre vie! Eh! que peut donc le monde contre un religieux digne de ce nom?

« Que le monde soit injuste à notre égard, tant mieux! Qu'il nous calomnie, tant mieux! Que le monde nous refuse ses perfides faveurs, qu'il nous haïsse, tant mieux! Plus il y aura d'opposition, entre lui et nous, plus nous serons séparés de lui, plus nous serons forts.

« *Vive la guerre!*

« Vive notre sainte guerre contre tous ceux qui la font à Jésus-Christ. Après tout, si nous avons à souffrir dans ces épreuves, Dieu soit béni!

« Nous sommes les disciples de ce Jésus qui vécut pauvre, qui fut humilié et condamné au supplice de la croix. Estimons-nous donc heureux, lorsque Dieu nous appelle à porter l'image de son divin Fils trahi, outragé, crucifié : ne vivons que de la plus pure foi, ne touchons à la terre que par nos pieds : que nos cœurs s'élèvent et nous élèvent jusqu'au Ciel!

« Mes Enfants, toutes les palmes des martyrs, des confesseurs de la foi, du zèle apostolique, ne sont pas encore distribuées : il en reste pour nous. Allons avec joie au-devant de celles qui nous sont offertes à conquérir; élançons-nous pour les saisir; et si nous persévérons jusqu'à la fin, elles seront à nous. »

BÉNÉDICTION

DES DRAPEAUX DE LA LÉGION D'ILLE-ET-VILAINE.

Le discours, ci-dessous, fut prononcé par M. de la Mennais, alors vicaire capitulaire à Saint-Brieuc, à l'occasion *de la bénédiction des drapeaux* de la légion d'Ille-et-Vilaine, le dimanche 26 août 1816, jour de la fête de saint Louis : (1)

MESSIEURS,

« Au jour où la religion célèbre la fête du saint Roi qu'elle a donné pour protecteur à la France, combien il est consolant et glorieux pour elle de vous voir environner ses autels, et avec quelle joie elle va remettre entre vos mains, après les avoir bénis, ces drapeaux sans tache que vous êtes si dignes de porter et de défendre !

« Ainsi, lorsque les fils de saint Louis remontent sur le trône de leur auguste aïeul, dont ils nous retracent les vertus, la religion s'associe à leur triomphe, ses prières sanctifient et consacrent les guerriers armés pour leur cause, qui est aussi la sienne ; et en même temps, elle redevient pour ceux-ci, ce qu'elle fût autrefois pour tant de héros, c'est-à-dire, l'objet d'une vénération profonde, le principe d'une fidélité à tous les devoirs et le mobile des plus belles actions.

« Grâces soient rendues à la Providence, de ce retour heureux aux antiques usages de la monarchie, aux maximes et à la foi de nos pères ! Chacun de nous, Messieurs, doit s'en réjouir, non pas seulement comme chrétien, mais encore comme Français et j'oserais le dire, par amour même de l'humanité.

« En effet, Messieurs, lorsque la religion a été exilée de nos camps, et que le Dieu des armées n'a plus été invoqué au milieu d'elles, rien n'a plus mis de bornes aux calamités et aux horreurs de la guerre ; aussitôt elle a repris cet affreux caractère d'extermination que

(1) Saint-Brieuc, imprimerie Prud'homme. 1816.

le christianisme lui avait fait perdre ; le droit des gens
a été anéanti ; les hommes ont été livrés, égorgés comme
ces animaux, dont une abjecte philosophie leur avait
appris qu'ils étaient l'image ; et tandis que les plus
farouches combattants des temps païens, après le
combat, laissaient du moins aux vaincus leur religion
et leurs lois, nous avons vu un sauvage couronné,
attaquer tout à la fois les institutions, les mœurs, les
croyances de tant de royaumes dévastés par ses armes ;
proclamer qu'il n'y avait plus d'autre droit que la force,
d'autre justice que ses convenances, d'autre raison
que son épée ; et, dans ce siècle si tristement fier de
sa philantropie et de ses idées libérales, la barbarie
renaissante a menacé tous les États de l'Europe d'une
ruine qui paraissait inévitable. C'en était fait de la
civilisation, si une noble et généreuse nation ne s'était
pas rencontrée, qui avec la foi et les mœurs de ses
ancêtres, avait conservé au milieu de la corruption
générale, l'esprit de désintéressement, de loyauté et de
sacrifice, le véritable amour de la patrie et de la gloire,
et qui, à la voix de son honneur blessé s'est levée tout
entière pour repousser loin d'elle l'affreux joug qui
pesait sur toutes les autres. . . Dieu et le Roi ! à ces
deux noms sacrés, toutes les affections, toutes les forces
de ce peuple se sont réunies et dix millions d'hommes
se sont écriés : « Mourons pour la cause juste ! »

« Après de pareils exemples, comment oserait-on
dire que la religion affaiblit le courage ou qu'elle n'est
pas nécessaire pour le régler ? Comment prétendrait-on
qu'elle ne peut s'accorder avec la profession des armes ?
Ce misérable préjugé a une origine trop récente et les
effets en ont été trop déplorables pour que je m'arrête
à le combattre devant vous, Messieurs, qui marchez sur

les traces de ces guerriers illustres, **éternel** honneur du nom Français, qui ne se sont pas moins **distingués** par leur piété que par leur bravoure.

« Cependant, je ne saurais m'empêcher de vous rappeler ici un motif bien puissant, d'imiter aujourd'hui plus fidèlement que jamais, ces beaux modèles que la religion et la gloire vous présentent ensemble. La révolution est finie dans l'ordre politique, mais, pour qu'elle le soit dans l'ordre moral, il faut que chacun de nous reprenne les anciennes mœurs ; il faut surtout que ceux qui, comme vous, sont appelés à remplir les plus hautes fonctions sociales, contribuent par leurs exemples à faire disparaître jusqu'aux derniers restes de ces doctrines d'irréligion, d'anarchie et de licence, qui ont produit tant de maux et enfanté tant de forfaits. Il ne suffit donc pas, Messieurs, que vous méritiez l'éloge que les serviteurs de Nabal faisaient de David et de sa troupe : « Cet homme, disaient-ils, et ceux « qui l'accompagnent, ne nous ont rendu que des « services ; semblables à un mur élevé autour de nous, « leur vigilance faisait notre sûreté, et jour et nuit « nos troupeaux paissaient tranquillement sous leur « garde. »

« Non, ce n'est pas seulement notre territoire, nos fortunes, nos vies que vous devez défendre, c'est encore la vie de la société, c'est la religion qui en est l'âme, et sans laquelle elle n'est plus qu'un cadavre en dissolution ; ce n'est pas seulement la personne sacrée du roi dont la conservation est confiée à votre fidélité et à votre amour, c'est encore celle des doctrines qui garantissent la stabilité et qui sont comme la base de son trône, car, ne l'oublions point, Messieurs, les factieux qui voulaient ravir leur puissance aux princes qui, pendant tant de siècles, avaient fait le bonheur de la France, ont commencé par renverser le fondement de toute autorité, en persuadant aux hommes de toutes les classes et de tous les rangs de ne plus obéir à celle de Dieu même; ils ont brisé le joug de la religion, avant de briser le sceptre des Rois, et s'ils se sont montrés si terribles au jour où il leur fut donné de remporter sur la vérité et sur la justice, l'épouvantable victoire appelée Révolution, c'est que l'impiété avait armé toutes les passions pour leur cause et qu'elle leur avait fait des alliés de tous les crimes.

« Mais écartons de si tristes souvenirs. A la vue de ces étendards que vous présentez au pied des autels et que l'Église va consacrer par des prières de paix, des pensées plus consolantes s'offrent à mon esprit; cette cérémonie même nous annonce que ces temps désastreux sont passés sans retour : la France veut sa religion et elle veut son Roi; elle veut cette religion qui, en nous apprenant que servir le prince c'est servir Dieu, fait en quelque sorte participer les royaumes de la terre à l'immutabilité et à l'éternelle paix de l'Empire du ciel; elle veut son Roi, son Roi légitime, qui seul peut réparer les malheurs et assurer le repos de la grande famille dont il est le père.

« Sans doute, Messieurs, vous n'attendez pas de moi des leçons de la fidélité que vous lui devez; l'exemple des chefs qui vous commandent est plus éloquent que mes discours, et les expressions qui sortiraient de mon cœur, quelques vives qu'elles fussent, seraient au-dessous de ce que sent le vôtre : mais du moins, qu'il me soit permis en finissant de joindre ma voix à votre voix, pour répéter ces belles paroles de nos saints livres : « J'aime le Roi comme le bien public,

« j'aime le Roi comme le salut de tout l'État ; à la vie,
« et à la mort, le nom du Roi mon maître sera dans
« ma bouche, avec celui de Jésus-Christ et de l'Église
« catholique, comme choses inséparables : Dieu est
« en ces trois noms ! . . . . » (1)

« Vive le Roi. »

SERMON
PRONONCÉ A L'ÉTABLISSEMENT DES QUINZE-VINGTS

Voici maintenant le sermon que l'abbé Jean de la
Mennais prononça à l'Établissement des *Quinze-Vingts*,
en remplacement du Grand Aumônier empêché. (2)

« Des affaires imprévues ayant empêché Mgr le
Grand Aumônier d'assister à l'auguste et sainte cérémonie qui va avoir lieu dans cette chapelle, il m'a
chargé de vous exprimer ses regrets, et, en même
temps, la vive joie qu'il a ressentie en apprenant le
succès de cette mission, votre assiduité aux exercices, votre zèle à apprendre et à chanter les cantiques, mais, surtout, votre empressement à approcher des tribunaux sacrés de la Pénitence, pour vous
préparer à recevoir dignement le corps et le sang
de Jésus-Christ.

« Quel bonheur pour vous, mes Frères ! Quels sentiments de reconnaissance ne doivent pas vous inspirer
tant de bienfaits, envers Dieu qui vous les accorde

---

1. Outre ce discours, la brochure, d'où nous l'extrayons, en contient
d'autres très courts (10 lignes chacun), l'un prononcé par M. le vicomte
Picot de Peccaduc, colonel de la Légion d'Ille-et-Vilaine ; l'autre
par M. le vicomte de Cheffontaine, ancien aide de camp de S. A. S.
Mgr le duc d'Enghien, maréchal de camp, commandant le département
des Côtes-du-Nord.

2. Discours prononcé aux *Quinze-Vingts*. Inédit. « Archives des
Frères. »

avec une si touchante bonté, et envers les zélés missionnaires qui se donnent tant de peines, de soins et de fatigues pour vous en faire jouir !

« Peut-être, lorsqu'on annonça la mission, plusieurs de ceux qui en recueillent aujourd'hui les fruits, n'étaient-ils pas bien convaincus du besoin qu'ils en avaient, et même s'affligeaient-ils, en secret, de la voir commencer. Eh bien ! quelques jours ont suffi pour les détromper, et maintenant, ils sentent toute l'importance et tout le prix de la grâce qui leur est offerte. Serait-il possible que quelqu'un en doutât encore, et ne fût pas déjà résolu à en profiter ? Ah ! s'il en restait un seul parmi vous qui fut indécis, je voudrais le connaître, pour lui montrer jusqu'à quel point il est ennemi de lui-même, et combien sont misérables les préjugés qui l'arrêtent ; mais, si, ne le connaissant pas, je ne puis ni l'entendre, ni lui parler directement, du moins, je dois, dans ce moment, l'exhorter à ne pas craindre de confier ses difficultés, ses doutes, aux missionnaires de cette maison. Et ces missionnaires, qui sont-ils ? N'y a-t-il ici de missionnaires que les deux ecclésiastiques vénérables, qui, du haut de cette chaire, vous annoncent la divine parole ? Non, mes Frères ; aujourdhui, il y a autant de missionnaires aux *Quinze-Vingts*, qu'il y a de pécheurs convertis, et ces derniers sont des plus éloquents, car, enfin, si les autres combattent, par leurs discours, votre impénitence, ceux-ci en détruisent tous les prétextes par leurs exemples. Interrogez-les donc, mes Frères, ils vous répondront mieux que nous.

« Dites-vous que vous ne pouvez croire à la religion ? Ils vous répondront : « Et nous aussi nous avons été incrédules, mais aussitôt que nous avons sincèrement voulu renoncer à d'ignobles plaisirs, aussitôt que nous nous sommes humblement prosternés devant Dieu pour lui demander la foi, nous l'avons reçue, et nos incertitudes se sont évanouies comme un vrai songe ; comme nous, approchez de Dieu et, comme nous, vous recevrez la lumière. »

« Dites-vous que vous ne sauriez vous résoudre à confesser aux pieds d'un prêtre les actions affreuses et dégoûtantes dont vous vous êtes souillés ? Ils vous répondront : « Et nous aussi, nous avons frémi d'abord de crainte et de honte, à cette pensée ; et cependant, à peine avons-nous commencé l'aveu de nos fautes, que déjà notre âme délivrée de ce dur fardeau, qu'elle s'efforçait en vain de porter, avec un calme affreux, a repris comme une existence nouvelle, il lui semble être sortie d'un infect et profond tombeau, pour entrer dans une vie toute pleine des joies de l'innocence et des saintes délices du ciel. »

« Mes Frères, voilà le langage des pécheurs convertis, puissiez-vous l'écouter, avec un cœur docile ! Puisse-t-il être aussi bientôt le vôtre !

« Quoi donc ! Tandis que tant d'autres nous consolent par leur retour à Dieu, et vous instruisent et vous encouragent par leurs exemples, voudriez-vous nous affliger en repoussant le don de Dieu, avec une obstination qui vous rendrait mille fois plus coupables que vous ne l'avez été jusqu'ici? Que faut-il donc pour vous émouvoir ? Quel moment plus favorable, quels secours plus puissants attendez-vous?

« Est-ce un parti pris de vous précipiter dans l'éternité, avec vos doutes, avec vos souillures, avec vos crimes, et d'aller au tribunal de Dieu pour lui de-

mander raison de ses lois que vous avez violées, de
ses mystères que vous avez blasphémés, de ses menaces enfin que vous avez méprisées ? Quoi, n'y a-
t-il donc plus, au fond de votre âme, rien de vivant
que le péché ? Lorsque chacun autour de vous l'a-
bandonne et le maudit, voulez-vous donc être les seuls à
lui garder une fidélité horrible ? Je le répète, ouvrez les
oreilles et entendez, sinon notre voix, du moins celle
de vos amis, de vos anciens compagnons de désordres
qui bénissent le Seigneur de les avoir retirés de
cette région de ténèbres et de mort, où ils s'enfon-
çaient avec vous. Pourquoi ne pas sortir comme eux
de ces routes âpres et désolées ? Où vous conduisent-
elles ? Où allez-vous ? Que vous le vouliez ou que
vous ne le vouliez pas, que vous y pensiez ou que
vous n'y pensiez pas, pouvez-vous échapper à la main
de Dieu, et après avoir refusé son pardon, pouvez-
vous éviter ses vengeances ?

« Mes Frères, j'espère de vous de meilleures choses,
encore que je parle ainsi : *Confidimus de vobis meliora
et viciniora saluti, tam etsi ita loquimur.* Non, non,
ce ne sera point en vain que cette mission vous aura
été donnée ; ce ne sera point en vain que la divine
bonté, sans se lasser, sans se rebuter jamais de vos
ingratitudes, vous aura poursuivis dans les contrées
lointaines où vous ont entraînés vos folles passions,
pour vous ramener dans la maison paternelle. Pauvres
prodigues, voici le moment d'y rentrer ? « Pécheur,
mon Frère, n'es-tu point las de tes égarements ? Depuis vingt, trente, quarante ans, peut-être, tu laboures
péniblement l'iniquité et tu sèmes ta damnation, à
la sueur de ton front ! Mon Frère, bien grande est
votre misère ; bien grand est votre malheur ! Pauvre

âme, que je te plains ! Pauvre âme, qu'il me serait doux de penser que tu devras ton salut à ce peu de paroles et à ces plaintes douloureuses que m'arrachent ton endurcissement, et le coupable retard que tu mets à prendre des mesures solides de pénitence !

« Mais qu'est-ce que la parole de l'homme ? Mon Dieu, parlez-leur vous-même, de cette voix forte et pénétrante qui ébranle et convertit les cœurs; faites qu'ils commencent, dès cet instant même, à se repentir et à vous aimer. Mon Dieu, ayez pitié de leur faiblesse, ne permettez pas qu'aucun d'eux périsse, ne permettez pas qu'un seul habitant de cette maison s'obstine à se perdre, malgré tout ce que nous faisons, ou plutôt, malgré tout ce que vous faites vous-même, pour les sauver. Mon Dieu, souffrez que je vous le demande : allez au devant d'eux, comme le Père de l'enfant prodigue alla au devant de son malheureux fils. Seigneur, ce sont tous vos enfants, accordez-leur avec la main de votre miséricorde, cette main puissante et douce, qui arracha saint Pierre aux flots et qui bénit la pauvre pécheresse repentante à vos pieds. Ainsi soit-il.

MANDEMENT DE Mgr L'ÉVÊQUE DE SAINT-BRIEUC. (1)

« Mandement de Mgr l'Evêque de Saint-Brieuc qui, ordonne une messe en actions de grâces de la délivrance de Notre Saint-Père le Pape, 18 juin 1814.

« Jean-Baptiste-Marie Caffarelli, par la Misericorde de Dieu....

« En fondant son Eglise, Jésus-Christ lui a promis

---

(1) Ce *Mandement* a été fait par M. de la Mennais, ainsi que l'établit sa correspondance. (Voir Ropartz, page 152.)

que les portes de l'enfer ne prévaudraient point contre elle; et, depuis dix-huit siècles, sans cesse attaquée par l'enfer, elle a toujours été victorieuse. Immobile dans la vérité, elle voit passer devant elle les générations qui l'outragent et les générations qui l'adorent; les trônes s'écroulent, les empires meurent: elle seule est inébranlable au milieu de ces ruines, et au sein de l'agitation des choses humaines. Le chrétien voit sans étonnement le triomphe de l'Eglise, et sa foi se réjouit de l'accomplissement des promesses.

« Mais comment celui qui juge de tous les événements, avec la raison seule, expliquera-t-il cette force invincible avec les apparences de la faiblesse; cette sagesse qui repousse toutes les erreurs, malgré les passions des hommes; cette immortelle durée, malgré tant de causes de destruction? Comment a-t-il pu se faire que toutes les sectes aient péri, en employant pour se conserver tous les moyens humains, tandis que l'Eglise dont on versait le sang, dont le schisme et l'hérésie déchiraient les entrailles est toujours restée ferme dans sa foi, sans que rien ait jamais pu interrompre la succession de ses Pontifes, qui heurtaient avec un courage inflexible toutes les puissances de ce monde?

« Disons-le, N. T. C. F., l'existence de l'Eglise est un miracle qui devient chaque jour de plus en plus frappant. Ainsi, lorsque l'enfer dans sa rage impuissante, fait sortir, du fond de ses abîmes, des ténèbres plus épaisses pour obscurcir la vérité, la vérité brille d'un plus vif éclat. Si un chrétien, timide en voyant les flots se soulever, pouvait encore chanceler dans sa foi, l'Eglise lui dirait : « Regarde mon antiquité, considère mes cheveux blancs : mes victoires passées sont le gage de mon triomphe futur. » (St. Augustin)

« Mais quelle est la pierre sur laquelle Jésus-Christ a élevé cet édifice indestructible ? O Eglise romaine ! C'est à toi qu'a été spécialement confiée l'inaltérable dépôt des promesses. Du fond de son tombeau, Pierre protège ce siège qu'il a béni, afin que, conformément à la Parole de Jésus-Christ, il ne soit jamais vaincu par les portes de l'Enfer, et que ceux qui sont battus par la tempête y trouvent un port assuré.

« Les prérogatives de cette Eglise principale, comme l'appelle saint Irénée, sont la force et le salut de l'Eglise entière. Tout rameau qui se détache de ce tronc sacré se flétrit et meurt, tout ruisseau qui se sépare de cette source mère se dessèche à l'instant. Elle seule, toujours vivante et toujours féconde, nourrit son enfant et le conserve dans toute sa pureté, jusqu'à la fin des siècles. Cherchez les vestiges de cette Eglise d'Asie, fondées par le disciple bien aimé du Sauveur : de cette Eglise de Jérusalem, que saint Jacques avait fondée par ses prédications et son martyre. Voyez ce que sont devenues les chaires de Thadée, de Thomas, de Mathieu, du grand Paul... L'hérésie les a couvertes de ses ténèbres glacées. Il ne reste plus d'elles que leur nom. Antioche même, ruine de l'Orient, où Pierre avait répandu sa doctrine, mais où il n'avait pas irrévocablement fixé son siège ; Antioche, Alexandrie, ont été livrées à l'erreur, tandis que Rome, établie par Pierre, maîtresse des nations, conserve son privilège divin et son indéfectible foi.

« Les Pères ont exalté à l'envi la grandeur de cette Eglise, qui fut appelée à la plénitude de la puissance, en qui réside la vraie et entière solidité de la religion chrétienne, qui porte le fardeau du monde entier et que Pierre éleva au comble de l'autorité et de la gloire. Ils n'en

parlent qu'avec une tendre effusion d'amour et dans les
termes les plus magnifiques. Quand *Rome a décidé, toute
cause est finie,* quiconque mange l'Agneau Pascal hors
de cette maison est un profane. C'est de là que part
le rayon du Gouvernement ; et en entrant dans le saint
Sacerdoce, les Evêques se hâtent d'envoyer à ce Siège sur
lequel est assis le Prince des Apôtres, pour y solliciter
ce qui doit complètement les affermir et être le fondement de leur solidité.

« Lorsque du haut de la chaire éternelle, le Souverain
Pontife répand sur les autres Eglises le droit à la
Communion ecclésiastique, elles reçoivent ce don avec
joie et bénissent celui qui leur communique ses
richesses. Lorsque l'hérésie attaque l'Eglise, Pierre
marche à la tête des Evêques, dans ce sacré combat. Les conciles n'ont pas d'autre foi que la sienne,
et, en proclamant ses décisions, ils s'écrient : Pierre est
toujours vivant dans ses successeurs ; Pierre a parlé
par la bouche de Léon, croyons ainsi, le Seigneur est
fidèle dans ses promesses, et les portes de l'Enfer n'ont
point prévalu contre cette Pierre qu'il a donnée pour
fondement à son Eglise. Pierre est donc, mes T. C. F.
ce fils chéri de Jacob, qui doit avoir une plus grande
part dans la succession de son Père. Ses frères le loueront
et il étendra sur eux sa main pour les confirmer dans la foi.

« Les Évêques de France se sont toujours empressés
de reconnaître et de célébrer ce mystère d'unité et
de paix dont Dieu a mis le centre dans le Siège
Apostolique, d'où émanent les oracles de l'Esprit-
Saint. Ils ont regardé comme la plus belle partie
de leur héritage la soumission qu'ils rendaient à
celui qui possède la plénitude de la foi et du sacerdoce. C'est sur cette montagne, s'écrient-ils, que

nous donnons la nourriture aux Agneaux qui nous sont confiés; c'est en ce lieu que le Seigneur enseigne ; c'est là aussi que nous avons résolu, suivant le langage de Tertullien, de fixer notre croyance, de finir nos recherches, sans vouloir rien trouver au-delà.

« Telle est, nos très chers Frères, la doctrine renfermée dans la tradition de nos Églises : nous ne négligerons rien pour la conserver pure, sans tache, exempte de la contagion de tout prévaricateur. Que de motifs particuliers n'avons-nous pas d'aimer l'Église romaine et de lui être attachés par le fond de nos entrailles? N'est-ce pas elle qui a envoyé les premiers prédicateurs qui répandirent dans les Gaules la doctrine de l'Evangile? Elle nous a engendrés à Jésus-Christ. Comment pourrions-nous oublier les titres de notre origine et méconnaître les droits de notre Mère ?

« Mais si saint Pierre a été revêtu d'un pouvoir si éminent, s'il a été chargé de paître les agneaux et les brebis, voyez, nos très chers Frères, à quelles conditions : « quand vous étiez plus jeune, vous vous ceigniez vous-même; vous alliez où il vous plaisait; mais lorsque vous serez devenu vieux, un autre vous ceindra, et on vous mènera où vous ne voulez point aller. » Or, Jésus dit cela pour faire connaître par quel genre de mort Pierre devait glorifier Dieu. Ainsi, au moment où Jésus-Christ l'établit son Vicaire, il lui annonce des tribulations et lui promet le martyre. Le disciple n'est pas au-dessus du maître et comme lui il devait marcher à la Croix, en chantant le cantique d'actions de grâces. La prédiction du Sauveur s'est accomplie. Les Pontifes romains ont défendu la liberté de l'Église, avec des mains chargées de fer; ils ont illustré leur trône, en l'arrosant de leurs sueurs, et l'ont consacré de leur sang. L'enfer sait que s'il pouvait briser cette Pierre, l'édifice, dont elle est le fondement, s'écroulerait aussitôt, et qu'en frappant le pasteur, il disperserait le troupeau. Aussi, dans tous les temps, est-ce contre la chaire du premier des Apôtres qu'il a particulièrement dirigé ses efforts et ses complots. Il a armé le bras des princes et leur a dit : « Renversez cette maison bâtie sur la pierre... et, ainsi que des insensés qui ne savent ce qu'ils font, ils ont arboré leurs étendards en signe de victoire, au haut des sacrés parvis, comme sur les murailles d'une ville prise d'assaut. Dieu les a entendus défier son nom, et sa main s'est arrêtée, elle a semblé demeurer immobile sur son sein; il a gardé le silence lorsqu'il les a vus se vanter d'avoir tout détruit, comme lui-même se glorifiait d'avoir tout créé, et puis, du haut des Cieux, se riant de leurs folles pensées, il a dissipé ce rêve de leur orgueil : ils ont disparu, comme la paille emportée par le vent, et nous avons dit avec le prophète :

« Où sont-ils ? *Et maintenant, O Rois ! comprenez, instruisez-vous, vous qui jugez la terre.* Un souffle ébranle vos trônes, les orages affermissent le siège du pauvre pêcheur. Et nous, N. T. C. F., reconnaissons qu'il n'y a point de sagesse contre le Seigneur et glorifions-le d'avoir fait *rentrer dans le sein des ennemis de son Eglise, l'opprobre dont ils voulaient le couvrir.* Célébrons dans les transports de la joie, la délivrance d'un Pontife auguste et saint, qui, après avoir été traîné d'exil en exil, rentre avec tant de gloire dans la Ville Eternelle. *Toutes les églises étaient ébranlées dans leur chef ;* elles se raffermissent aujourd'hui par la force de *cette Pierre, laquelle emprunte de cette pierre princi-*

pale qui est le Christ, et son nom et sa solidité. — Pontife vénérable, *qui avez été jugé digne de souffrir pour le nom de Jésus-Christ* et de porter les liens glorieux promis à Pierre, on a pu vous persécuter, mais on n'a pu vous vaincre ! Votre courage héroïque, votre patience céleste vous ont élevé au dessus de toutes les craintes et de toutes les menaces, et l'enfer frémissant n'a pu arracher de vos mains les clefs qui ouvrent le ciel. Oh ! daignez lever sur nous ces mains si longtemps chargées de chaînes et bénir la France, bénir ses nouvelles destinées ! Puissiez-vous *après avoir semé dans les larmes, recueillir, dans l'allégresse* les fruits de votre constance et de vos travaux ! Pour nous, nous nous attacherons, plus que jamais, à cette barque mystérieuse qui peut être agitée par la tempête, mais que les flots ne peuvent engloutir ; nous mettrons notre joie, comme notre gloire, à célébrer votre puissance et vos vertus et à vous donner chaque jour des preuves plus éclatantes de notre amour.

« A ces causes...

« Donné à Saint-Brieuc, sous notre seing et le contre-seing de notre Secrétaire, le vendredi 18 juin 1814.

† JEAN CAFFARELLI,
Évêque de Saint-Brieuc.

Par mandement de Mgr l'Évêque de St.-Brieuc.

LE BRETON *PRO-S^{re}*

CHAPITRE V

On n'apprend pas seulement à connaître un homme en l'étudiant dans ses œuvres; on apprend surtout à le connaître, en essayant d'analyser son âme, en mettant en relief son caractère, ses idées, ses impressions, sa manière de penser et de sentir.

Voilà pourquoi, avant de clore cette étude, sur le vénéré « Père », nous avons cru devoir, ici, dire quelques mots de l'homme privé.

L'abbé Jean de la Mennais « était d'une petite taille, avec de grands yeux bleus, un front vaste et prédominant, une contenance ferme s'alliant avec une expression de douceur admirable. (1) »

Une douceur ! — Oui, voilà bien un des traits les plus marquants de l'âme si belle de notre saint compatriote.

Et cette douceur admirable, quel irrésistible attrait, elle exerçait vraiment sur tout le monde et surtout sur les petits enfants pour lesquels, il fut bien toujours le « Père » — le « Père » qui avait écrit sur la porte de sa Maison : « *Sinite parvulos venire ad me* » !

Et, à ce propos, quelles charmantes anecdotes, quels souvenirs émus, je pourrais rappeler ici !

« Les petits enfants, » me racontait, il y a quelque temps, un de ses anciens élèves, M. Zudaire, avoué à Ploërmel, « se plaisaient à courir sur ses pas, à lui monter, familièrement, sur les genoux ».

Quand le « Père » dans les derniers temps de sa vie, avait pu descendre au salon, le bruit s'en répandait bientôt parmi ses élèves, et ceux-ci aussitôt n'avaient d'autre objectif que de chercher à voir leur « Père ».

Et pour voir le « Père » on ouvrait, tout à coup, la porte du salon et, au premier rang, on poussait alors tous les petits qui avaient la croix.

Et le « Père » leur souriant de son sourire d'une inaltérable douceur : « Eh bien ! mes enfants » leur disait-il, que voulez-vous donc ? »

— Une promenade !

— Une promenade ! je veux bien, moi, mais c'est M. Guilloux (2) qui ne veut pas.

(1) Discours prononcé par M. Bouché, député du Finistère, distribution des prix à Landerneau. Août 1883 — *Chronique des Frères*, tome VI, année 1889 1890.

(2) M. l'abbé Guilloux, alors professeur à l'Institut de Ploërmel, plus tard archevêque de Port-au-Prince.

— En effet, disait alors M. l'abbé Guilloux, directement pris à partie, une promenade, c'est impossible ! Ils en auront une demain.

— Oh ! demain, riposta une fois, le plus hardi de la bande, demain, il fera mauvais temps ! C'est marqué sur l'almanach.

— Oh ! si c'est marqué sur l'almanach, il n'y a plus rien à dire ! Allez donc en promenade, mes enfants. »

C'est par ces petites « gâteries » qu'il accordait fort à propos, de temps en temps à ses chers enfants, qu'il savait se les attirer d'une façon si complète, si irrésistible... Oui, « à Jean de la Mennais », comme le disait, d'ailleurs, si bien Mgr Hillion (2) « Dieu avait largement départi l'un des dons les plus nécessaires

Mgr Hillion,
archevêque de Port-au-Prince.

aux fondateurs des familles religieuses : une puissance d'attraction considérable. » Et cette puissance d'attraction était telle qu'elle lui survécut même, ainsi que nous le verrons plus loin, en racontant comment, après son décès, les petits enfants s'empressaient autour de son lit funèbre, lui faisant toucher des médailles, des

(2) Éloge funèbre de Mgr Hillion, archevêque de Port-au-Prince, par Mgr Belouino évêque d'Hieropolis.

images et des chapelets et ne paraissant nullement effrayés par la majesté de la mort.

L'irrésistible sympathie que savait s'attirer l'abbé Jean de la Mennais provenait aussi de sa bonhomie pleine de finesse, de son excessive amabilité, de sa politesse, sa bonne humeur et son urbanité vraiment exquises.

Son urbanité était telle que malgré le nombre vraiment effrayant de ses occupations si diverses, il avait toujours à cœur, de ne jamais laisser une lettre sans réponse (1) : « Le bon « Père » est, toujours, tout entier, à ses affaires ou aux vôtres, plutôt, » ainsi que l'écrivait, le P. Ruault, au frère Ambroise : « Il fait tout ce que ses forces lui permettent et au delà ; mais impossible à lui de tout faire, *de vider ses écuries d'Augias* comme il disait autrefois, lorsqu'avant de commencer une tournée, il ne laissait derrière lui, aucune lettre sans réponse. »

Pour bien montrer son caractère toujours égal, citons seulement cette plaisante anecdocte : (2)

« Ce qui amusait beaucoup le « Père », c'était la pêche sur l'étang. (3) Un jour M. l'abbé Gerbet (devenu plus tard évêque de Perpignan) tenait la barre du bateau ; et, soit plaisanterie — l'étang n'était pas du tout profond en cet endroit, — soit fausse manœuvre, il fit pencher tout à coup notre embarcation et,... nous voilà tous à l'eau ! — Le « Père » fut le premier à rire aux éclats de la mésaventure qu'il avait partagée avec nous... »

(1) Lettre inédite du P. Ruault au frère Ambroise, 5 mai 1851

(2) Mémoires d'un Ancien, *Chronique des Frères*, octobre 1874, page 11

(3) L'étang au Duc, à Ploërmel. Cet étang appartient au marquis de la Boëssière-Thiennes.

Quant à l'esprit du « Père », quant à ses joyeuses reparties, ses plaisantes boutades, ses saillies heureuses et pleines d'à-propos, elles émaillent, en réalité, sa vie tout entière.

« Tenez-vous en garde contre la vaine gloire » écrivait-il un jour (1). « Rapportez tout à *Dieu seul* et n'oubliez pas qu'un *grain* d'humilité vaut mieux qu'un *quintal* de talent, ce *quintal* fut-il *métrique* ! »

Et ce fin portrait, n'est-il pas vraiment tracé de main de maître ? C'est le portrait d'un personnage souvent cité comme modèle aux écoliers : Il s'agit du « sieur Travail. »

« Messieurs, l'artiste dont vous me demandez l'adresse, qui fait des bottes enchantées, avec lesquelles on avance, à chaque pas, de sept lieues sur le chemin si difficile des sciences et des lettres, demeure dans le royaume des Bonnes-Études, département des Bibliothèques, canton de la Mémoire, commune de l'Application, rue de la Diligence, hôtel de la Sagesse, n° 1 ; son prénom, Esprit ; son nom, Travail.

« Puisque vous désirez avoir avec lui des relations particulières, vous serez bien aises, sans doute, qu'après vous avoir donné son adresse, je vous donne son signalement.

« Messieurs, le voici : le sieur Travail est noble, incontestablement. Tout le monde sait qu'il est issu d'une famille fort ancienne, dont on ne peut retrouver l'origine, sans remonter jusqu'au jour où, pour la première fois, Adam bêcha la terre ; où pour la première fois, Eve fila. Quoique vieux, son tempérament est robuste, et rien ne le fatigue. Cependant il mange peu, et dort encore

_____

(1) Lettre inédite, 437 — 30 novembre 1845.

moins, car il aime beaucoup les longues veilles. Il est habituellement sérieux ; toutefois, lorsqu'il prend quelques courtes récréations pour réparer ses forces, il saute, il est joyeux...

« Le sieur Travail a plusieurs genres de mérite, que je dois vous faire connaître, Messieurs : souvent il se fait médecin, et je puis vous assurer qu'il guérit les jeunes gens, avec une merveilleuse facilité, de toutes les maladies de leur âge ; souvent aussi, il se fait avocat, et d'une seule parole, il gagne la cause des écoliers accusés devant leurs Maîtres : « Messieurs, dit-il à ceux-ci, Messieurs, ne grondez pas ces enfants ; ils ont droit à votre indulgence ; car depuis longtemps ils me sont fidèles. » Enfin, il se fait le protecteur d'une foule de jeunes gens qui n'en ont pas d'autres que lui sur la terre ; il leur procure des emplois, il leur ouvre les trésors de la fortune et de la gloire. A plusieurs même il a donné des couronnes, il jouit d'un pouvoir immense.

« Pour que tout aille bien dans une famille, il suffit qu'il s'en mêle, ou qu'on ne le dérange pas. Pour que tout aille bien dans l'État, il faudrait le nommer premier ministre...

« Néanmoins le sieur Travail a un grand nombre d'ennemis : je dois vous en prévenir, Messieurs ; il court mille bruits calomnieux sur son compte dans les Ecoles.

« On le représente sous les traits d'un pédant bien ennuyeux, bien lourd, et d'une sévérité odieuse... Mais n'ajoutez foi à rien de tout cela, Messieurs, ce sont là des comptes de gazette ; et, si celle de votre Académie rapportait jamais des nouvelles semblables, n'hésitez pas de lui donner, en mon nom, un démenti officiel dans le *Moniteur*.

« Je suis avec un respect qu'il m'est impossible d'exprimer, Messieurs,

Votre très humble serviteur,

J.-M. de la MENNAIS. »

Citons, encore, dans le même ordre d'idées, cette affectueuse et plaisante lettre qu'il adressait à l'abbé Langrez, le 13 Février 1852.

« Est-ce que vous ne viendrez plus me voir ? Je vous promets de faire sonner mes cinq cloches pour annoncer urbi et orbi votre arrivée, dans notre couvent, lequel (soit dit en passant), ne compte pas moins de 337 habitants, sans parler des souris et des puces. Apportez-moi, je vous prie ces vieux livres dont vous m'avez plusieurs fois vanté les charmes et que j'ai tant envie de connaître. J'ai trop d'affaires pour lire, le jour ; mais je lis la nuit, car, enfin, il est temps que le bonhomme fasse ses études.

« M. Ruault vous écrit-il ? Il se l'est promis lui-même plus d'une fois en ma présence, mais quand vous écrira-t-il ? Je ne puis vous le dire, car il est devenu extrêmement paresseux. Il ne faut pas répéter cela ; il jouit d'une certaine réputation qu'il ne faut pas lui faire perdre.

« Dites mille choses aimables de ma part à notre cher Binard, il a tort de vieillir de 12 mois, chaque année. Malheureusement, je l'imite, quoique je le blâme. Voyez le danger du mauvais exemple. »

Sur l'esprit d'à-propos, la finesse des reparties, sur la fermeté, aussi, de son caractère qui s'alliait, comme nous l'avons dit, à une admirable douceur, il y aurait certes de bien curieuses et bien plaisantes anecdotes à citer.

« Pour bien faire comprendre à quel point il possédait ces qualités, permettez-moi de citer un trait.

M. le Sous-Préfet de Savenay lui dit un jour brutalement :

— Je ne veux, sous aucun prétexte, de vos Frères.

— Avez-vous quelque chose à leur reprocher? demanda l'abbé.

— Oui, leur costume ne me va pas; ce feutre à larges bords, cette robe lugubre, je trouve cela ridicule; ils ont l'air de Jésuites !

— Est-ce tout, Monsieur le Sous-Préfet, répliqua l'abbé?

— Oui, répondit-il.

— Eh bien ! puisque vous n'avez aucun motif sérieux à faire valoir, je vais installer mes Jésuites dans toutes les écoles de votre arrondissement qui sont dépourvues de maîtres.

— Ah ! par exemple, c'est ce qu'il faudra voir, M. l'abbé !

—C'est ce que vous verrez avant peu, M. le Sous-Préfet.

La voiture du Supérieur était à la porte, il partit pour Nantes à l'instant même, s'assura du concours de la Préfecture, et revint s'entendre avec les chefs des municipalités qui manquaient d'instituteurs. Toutes, sans en excepter une seule, consentirent à prendre ce qu'on appelait un petit Frère.

La victoire était complète.

Quand l'énergie et son talent de persuasion ne triomphaient pas, il avait recours parfois à des procédés bien originaux. Comme exemple voici encore le tour du chapeau. Un maire de campagne auquel il demandait, pour l'école du lieu, des réparations urgentes, le conduisit au conseil, qui venait justement de se réunir et qui refusait, depuis 6 mois, de les faire exécuter.

Le chef de l'Institut formule sa requête et la développe.

Il a un contradicteur acharné dans un gros conseiller, d'une laideur extrême ; mais qui néanmoins menace d'entraîner ses collègues.

« L'abbé de la Mennais, hausse les épaules, se lève et paraît se disposer à quitter la salle. Mais, en passant près du conseiller revêche, il contemple une dernière fois cette figure grotesque, et ne résiste pas au désir de le coiffer de son chapeau.

« D'ici, chacun voit la scène ; un fou rire éclate, on claque des mains de tous côtés. Le paysan grogne et se fâche, on rit plus fort et les applaudissements redoublent. Mais le plus beau de l'aventure c'est que la question des réparations, mise une deuxième fois sur le tapis, ne rencontre plus un seul opposant... »

Toujours, d'ailleurs, M. de la Mennais savait conserver sa parole franche, son caractère ouvert et droit, ne voulant ni biaiser ni dissimuler.

« Sous le règne de Louis Philippe, (1) M. de Salvandy, ministre de l'Instruction publique, lui dit à la fin d'une audience :

— A propos, voici un ouvrage que je viens d'approuver comme livre de lecture, pour les écoles de petits enfants; vous seriez bien aimable de l'adopter dans celles de vos Frères.

« M. de la Mennais feuilleta le volume et ne tarda pas

_____

(1) *L'abbé Jean-Marie de la Mennais,* par l'auteur des Contemporains précité, page 171.

à se convaincre, que le livre en question n'était qu'un recueil de fadaises, vraisemblablement composé par quelque littérateur incolore... sauf en matière politique. D'autre part, et c'est ce qui, surtout, attira l'attention du « Père, » le livre ne disait pas un mot de la religion. Il était de l'école neutre, l'école sans Dieu.

— N'est-il pas vrai que vous me ferez ce plaisir, ajouta bientôt le Ministre de l'Instruction publique, ne s'apercevant pas que le « Père » fronçait le sourcil.

— Désolé de vous refuser, Monsieur le Ministre, je ne peux pas, je ne peux vraiment pas !... Mes écoles sont instituées, pour faire connaître Jésus-Christ et le livre que vous me présentez n'en dit pas un mot. »

« Et l'abbé Jean prit congé de son Excellence qui ne trouvait rien à répondre. »

Ce fut encore un Ministre... Guizot, cette fois, qui lui inspira cette pittoresque boutade que je retrouve dans une lettre qu'il adressait, en 1836, à l'abbé Rohrbacher, alors professeur de théologie au Grand Séminaire de Nancy : « Guizot, avant de quitter le ministère, » écrivait-il, à ce dernier « m'a accordé un secours de trois mille francs. Les années précédentes, je n'en avais obtenu que deux mille. C'est ainsi qu'en partant il me fait ses adieux. Vive les Ministres... qui s'en vont ! » (1)

N'est-ce pas que, dans toutes ces fines reparties, on retrouve l'image bien fidèle du caractère si fortement trempé de ce saint prêtre qui sut, toujours, si noblement, garder son indépendance, vis à vis des pouvoirs publics : indépendance dont il se montra toujours jaloux, au point qu'à *dix sept* reprises successives, il refusa la mitre d'évêque ?

____

(1) Mirecourt, précité, p. 170.

Du reste, avec les jolies boutades de l'abbé de la Mennais, c'est un livre entier qu'on pourrait écrire.

« Un jour, M. de Kercaradec, Recteur de l'Académie de Rennes, faisant remarquer à l'abbé Jean, que ses meilleurs instituteurs étaient encore ceux qui, renvoyés de l'Institut de Ploërmel, était entrés dans l'Université : »

« Savez vous, mon Révérend « Père, » lui disait-il, que dans tout le ressort de mon administration, les meilleurs sujets sont encore ceux qui sortent de chez vous ?

— C'est comme cela, Monsieur le Recteur, lui répondit l'abbé Jean, que vous faites votre dimanche, avec mes guenilles ! »

Et à l'époque où il était Grand-Aumonier de France et que les dames de la Cour le taquinaient sur sa mise :

« Eh ! mesdames » leur répliqua-t-il, avec une exquise finesse, « ne voyez-vous pas que ma toilette fait pénitence pour les excès de la vôtre !

— Bravo ; voilà ce qui s'appelle répondre, répliqua Louis XVIII, charmé de la spirituelle boutade, le beau sexe a trop de coquetterie : nous n'en avons pas du tout. Cela fait compensation, Monsieur le Grand Vicaire. (1)»

Esprit, fermeté et douceur, voilà donc bien quelques-unes des qualités saillantes qui doivent nous servir à caractériser, aujourd'hui, notre saint et éminent compatriote.

Douceur inaltérable dont ses grands yeux bleus étaient comme le pur reflet ! Douceur inaltérable, sur laquelle ni ses fatigues, ni ses travaux, ni ses préoccupations si variées ne purent jamais jeter l'ombre la plus passagère.

---

(1) *L'abbé Jean-Marie de la Mennais*, page 117. par l'auteur des Contemporains, précité.

« Passé Maître en équitation » disait, à ce sujet, Monseigneur Ricard, (1) « on l'a vu faire trente lieues à cheval, dans la même journée, pour aller à l'autre bout du diocèse, et, le lendemain, on le retrouvait tranquille et doux, dans son cabinet de Saint-Brieuc. Le plus souvent, on ne s'était même pas aperçu qu'il eut quitté la ville »

« Si gai, » ajoute le même auteur, « si spirituel et en même temps si bon, si pieux et si humble tel était bien le saint Jean de la Mennais, et voilà pourquoi : cette nature aimable de Breton gagnait tous les cœurs. Les enfants l'adoraient. Les religieux l'idolâtraient. Le clergé ne songea pas une fois à contester son mérite, ni critiquer ses œuvres. »

Douceur et fermeté ! quel rare et merveilleux alliage !

La fermeté du bon « Père » était, cependant, aussi une de ses principales qualités.

« La fermeté du prêtre, disait-il, doit être comme le fond de son âme. »

Et c'est, grâce à cette fermeté, à ce calme, à cette tranquille confiance, dans les desseins de la Providence, qu'il savait regarder l'avenir en face et mener, à bonne fin, les entreprises les plus ardues.

« Ah ! mon ami, nous sommes désolés ! Il ne faut pas précipiter l'avenir, dans le présent, ou nous serons écrasés. Cesser de faire le bien est un étrange moyen d'empêcher le mal. Ne prévoyons pas trop; c'est le Saint-Esprit qui nous le conseille : « *Cogitatus prescentiæ avertit sensum.* »

Ainsi, disait-il, plein de confiance, en l'avenir, au moment où les tracasseries universitaires, arrivées à

(1) Mgr Ricard. *École Mennaisienne* p. 78.

l'état éminemment aigu, allaient l'obliger à quitter son cher petit séminaire de Saint-Malo.

Cependant, au-dessus de toutes ces qualités, ce qui dominait encore, s'il est possible, c'était sa foi ardente, sa soif du bien, son amour de la religion et, pour tout dire, dans une formule, à lui, c'était *« son zèle de feu, son courage de fer. »*

« L'amour de l'Église » dit, à ce sujet, Mgr de Lézéleuc, (1) « devenait plus actif et plus fécond dans le cœur de l'homme apostolique, à mesure qu'il voyait, de plus près, combien elle avait besoin d'intrépides serviteurs. On le voyait apparaître, à quelques heures de distance, sur les points les plus éloignés de cet immense diocèse. Fallait-il exercer, quelque part, un de ces actes énergiques, devant lesquels, les volontés les mieux trempées reculent quelquefois, il n'en rejetait jamais le fardeau, sur un autre. Lui-même, allait aborder, de front, les difficultés jugées les plus insurmontables ; fortifier un de ses prêtres, menacé dans son repos ou paralysé dans son action ; prononcer en personne et faire exécuter, sur l'heure, la sentence qui sauve ; porter son fer et son feu partout où un mal invétéré appelait le remède suprême. Et puis, avant que l'on eut même soupçonné son départ, on le voyait rentrer, à cheval, dans la ville épiscopale et reprendre dans son cabinet, comme s'il n'avait pas fait trente lieues, sa place de conseiller de tous. Le centre et la circonférence ne se le disputaient pas ; ils le possédaient, ensemble.

« Qu'on ne s'imagine pas, surtout, que cette activité, dans le gouvernement de près de sept cent mille âmes, fût le résultat d'un besoin fiévreux de se dépenser au

____

(1) Mgr de Lézéleuc précité, pages 25 et suivantes

dehors. S'il ne perdait jamais le sourire, la gaîté de parole et de regard qui distinguent, souvent, les plus viriles natures, jamais non plus on ne trouvait en défaut la lucidité de son jugement ou le recueillement de sa pensée. L'avis qu'on lui demandait se produisait net, complet, affirmatif; on sentait, près de lui, la lumière de l'Eglise ; comme on sentait que l'unique ressort qui donnait tant d'expansion à sa vie, était bien celui qui fait agir les Saints ; le sentiment de l'honneur de Dieu et du salut des âmes. . . »

Combien, d'ailleurs, pénétrant, plus intimement, dans l'âme de notre saint compatriote et élargissant le cadre de nos études, il nous serait doux, à cet endroit, de parler spécialement de ses hautes vertus

Sa foi (1) — Mais c'est dès son enfance prédestinée qu'elle éclate, magnifiquement. Qu'on se souvienne seulement du rôle véritable qu'il joue, alors, à Saint-Malo, durant l'ère de la Révolution ! Qu'on se rappelle le petit enfant de chœur qui s'en va au péril de sa vie, répondre la messe aux prêtres cachés dans les greniers !

Qu'on se rappelle les circonstances si émouvantes durant lesquelles il fit sa première communion !...

Oui, avant même d'entrer dans les Ordres, il ne vivait que de la foi. « Il ne voyait que Dieu, il ne travaillait que pour Dieu. »

Et plus tard sa Foi, qui illumine merveilleusement son âme, lui inspire les magnifiques ouvrages, dont nous avons parlé dans la première partie de cette étude et, spécialement, ce chef-d'œuvre apologétique : *La tradition de l'Église sur l'Institution des Évêques.*

---

(1) Sur les vertus de l'abbé Jean de la Mennais voir *l'Ami de l'enfance,* ouvrage précité, pages 129 et suivantes.

— *Sa confiance en Dieu ; sa charité et son zèle ; son humilité.* — Voilà encore des vertus qui, au premier rang, auréolent la pure mémoire du saint abbé Jean de la Mennais.

Sa confiance en Dieu ; sa charité et *son zèle,* nous en avons déjà dit un mot; quant à son *humilité,* est-ce que nous n'en avons pas au moins donné une preuve bien éclatante en essayant de remettre au point cette curieuse collaboration littéraire de Féli et de Jean, que la modestie de ce dernier à voulu voiler de brumes qu'il est déjà, à l'heure actuelle, si difficile de percer ?

Sa mortification, son dévouement à l'Église et *au Souverain pontife.* — Mais sa vie est pleine, à ce sujet, d'actes admirables et en ce qui concerne son dévouement à l'Église et au Souverain Pontife, qu'il nous suffise de rappeler seulement, que ce fut lui, en réalité, le promoteur, en France, au commencement de ce siècle, de l'admirable dogme de l'Infaillibilité.

Son culte tout spécial pour la Sainte Vierge. Voilà bien encore un des traits particuliers qui caractérisent la piété de notre saint compatriote.

Est-ce que toutes les congrégations, en l'honneur de Marie, qu'il se plaît à multiplier dans tous ses collèges et ses petits séminaires; est-ce que ses sermons dans lesquels du haut de la chaire, il proclame, avec une véritable divination de l'avenir, l'Immaculée Conception de Marie, ne sont pas, d'ailleurs, les preuves bien éclatantes de sa remarquable piété, envers la Mère de Dieu ?

Oui, je ne saurais trop le répéter, l'abbé Jean de la Mennais, était un saint — un vrai saint !

CONCLUSION

L'abbé Jean de la Mennais vient d'atteindre l'âge de
soixante-sept ans.

Hélas! cet âge va être, pour lui, le premier déclin de
cette existence si magnifiquement ornée de toutes les
exquises vertus et de toutes les œuvres admirables, que
nous avons voulu retracer, au cours de cette étude, trop
incomplète à notre gré!..

On est dans la nuit du 14 au 15 décembre 1847.

L'abbé Jean quitte la Maison-Mère de Ploërmel, pour
aller prêcher une mission à Guingamp. Il arrive dans
cette ville, après deux jours de voyage, tout transi de
froid et harassé de fatigue; le lendemain, au pied de
l'autel, au moment où il va commencer le Saint Sacrifice
de la Messe, il tombe frappé d'une attaque de paralysie.

Cependant, des soins immédiats et dévoués le ra-
mènent à la vie; et, à ceux-là qui lui demandent alors,
s'il a eu grand peur de mourir, en vrai soldat du Christ,
frappé au pied de l'autel, il répond, en souriant : « Je
« n'ai pas eu plus peur que le jour, où je me présentai,
« pour la prêtrise. Quand Dieu me dira : « Jean-Marie » !
« — *Adsum!* » lui répondrai-je, sans aucune crainte. »

Le 30 novembre 1860, une seconde attaque de paralysie vient frapper le bon « Père ».

Alors, définitivement, il doit s'aliter; mais aidé du Frère Philéas, de pieuse mémoire, il continue encore à de réciter le *Bréviaire*.

Définitivement enfin, il doit songer à l'éternel adieu dans le suprême recueillement de sa vie qui s'éteint. voulant surtout, désormais, converser avec Dieu, il fait enlever de son chevet tous les livres qui l'encombrent. pour n'y plus conserver que son chapelet, son Catéchisme et son Imitation.

Son *chapelet!* — l'arme sainte et invincible du populaire missionnaire, qu'il appelait lui-même « la « livrée des Serviteurs de Marie et la marque de ses « enfants. (1)

Son cher *Catéchisme* de l'ancien diocèse de Saint-Malo! — Aimable et pieux souvenir de sa foi de petit enfant, chère relique du vieux temps d'autrefois, joyeusement vécu sous les frais ombrages de la Chesnaie ou dans l'ancestral hôtel de la rue Saint-Vincent!

Son *Imitation de Jésus-Christ* — ce mystérieux souvenir d'une chère et précieuse collaboration littéraire que sa modestie s'est complue à voiler de brumes si difficiles à dissiper!

Oh! son Imitation de Jésus-Christ toute vibrante de la foi envolée du si malheureux Féli!

Oh! les belles prières de Féli récitées par Jean, sur son lit de mort, combien elles ont dû être, pour l'âme de Féli, une bienfaisante et merveilleuse rosée!...

Cependant, dans la nuit du 21 au 22 décembre, voilà rapidement la vie qui achève de s'envoler. Quel solennel

(1) Directoire des Frères, p. 51

et douloureux moment!... On va administrer le
« Père ».

« Croyez-vous », lui dit le prêtre; « croyez-vous
« toutes les vérités que l'Église catholique nous
« ordonne de croire »? — Lors, le « Père » joint les
mains. Des larmes tombent de ses yeux et avec un
accent indéfinissable : « Oh! oui, certainement, dit-il, j'y
crois, j'y crois!... »

Et ce cri qui résume son admirable vie — cette
admirable vie, qui n'est, elle-même, qu'un acte de
foi — ce cri sort de ses lèvres, comme une suprême
prière, un suprême acte de foi, pour Féli, le frère
bien-aimé.

« Oh! oui certainement, j'y crois, j'y crois!!! »

Et le soir tombe. Et voilà ses chers enfants qui
viennent s'agenouiller, en silence, autour du lit où
agonise leur « Père ».

Et l'un d'eux — devenu le Révérend Frère Cyprien —
lui demande une suprême bénédiction, pour tous ses
fils. Et soulevant sa main déjà glacée par la mort, le
« Père » les bénit.

Et, dans les longs corridors de la communauté, tinte,
tout à coup, une petite clochette.

C'est le bon Dieu qui vient, à son tour, visiter son
Jean bien aimé; c'est le saint viatique que lui ap-
porte, solennellement, M. Lagrée, curé-archiprêtre de
Ploërmel.

Et ayant reçu le Pain des Forts, la manne céleste qui
nourrit pour le dernier voyage, le « Père » se ranime
encore, quelque temps. Et, suprême merveille de sa
lumineuse intelligence! le voilà qui adresse, à tous ses
fils, la circulaire suivante :

MES TRÈS CHERS FRÈRES,

« Il est peu d'enseignement aussi profitable à l'œuvre
« du salut que celui que nous donne le *temps*, lorsque
« nous venons à considérer la rapidité avec laquelle il
« s'écoule : sachons en profiter. Chaque année qui finit
« est un grand pas vers notre éternité; et, sans aucun
« doute, celle qui va commencer sera la dernière pour
« plusieurs d'entre nous.... Qui est prêt? où en est
« l'affaire de notre salut? Quel amendement les années
« passées ont-elles apporté à notre conduite? Sommes-
« nous plus obéissants, plus mortifiés, plus à Dieu,
« moins à nous-mêmes et à notre amour-propre? Quel
« est notre zèle et notre dévouement, pour le salut des
« âmes? En un mot, quel profit avons-nous tiré de nos
« exercices de piété, de la fréquente réception des
« sacrements, et des grâces sans nombre dont Dieu ne
« cesse de nous favoriser?

« A des questions si graves, que répond notre cons-
« cience? Hélas! tout ou presque tout est à faire, pour
« l'éternité! Cependant nous touchons au terme, et
« nous dormons peut-être tranquilles (ce qui serait le
« comble du malheur), dans l'état déplorable de la
« tiédeur.... Je vous dirai, M. T. C. F., en empruntant
« les paroles de l'Apôtre : *Il est temps de vous réveiller*
« *de votre sommeil.... Le Seigneur est proche.*

« J'ai la douce confiance que, dociles à la voix de ma
« paternelle sollicitude, qui, peut-être, se fait entendre
« pour la dernière fois, vous allez vous lever et marcher
« avec une nouvelle ardeur, dans les sentiers bénis de
« la ferveur et de la régularité, en vous adonnant avec
« plus de courage que jamais à la pratique constante de

« vos Règles et des vertus propres à votre sainte
« profession.

« Les temps sont mauvais : priez, et consolez l'Église
« par la bonne odeur de toutes les vertus. Excitez-vous
« mutuellement à employer désormais les jours qui
« vous restent à passer sur la terre, à *semer beaucoup,*
« *afin de recueillir abondamment dans le ciel.* Pour
« atteindre ce terme de notre espérance commune, et
« qui est le but de vos pénibles travaux, affermissez-
« vous de plus en plus dans la grâce, dans la paix, dans
« la charité et dans l'humilité de N.-S.

« L'objet des vœux que je fais pour vous, M. T. C. F.,
« et pour répondre à ceux que vous m'adressez, c'est
« que chacun de vous jouisse avec abondance de ces
« dons excellents : je prie Dieu de vouloir bien les
« exaucer, et de ratifier la bénédiction paternelle que
« je vous donne, comme gage de ma plus tendre et de
« ma plus cordiale affection.

« Je ne veux pas vous le dissimuler, M. T. C. F.,
« mes forces baissent sensiblement; continuez à prier
« pour moi; après Dieu et la Bienheureuse Vierge
« Marie, ma pensée la plus chère est pour vous.
« Soyez attachés de cœur et d'âme à la sainte Église et
« à votre Institut.

« Bénis soient à jamais Jésus et Marie Immaculée ! —
« Amen.

« L'abbé J.-M. de la MENNAIS,

« *Supérieur général.*

« Ploërmel, la veille de Noël 1860. »

Cependant, dans la nuit du 26 décembre, entre dix
et onze heures, à un moment où les Frères viennent
de l'aider à se remuer; «Oh! merci, mes enfants, leur

dit-il, merci ! Combien je vous donne de peine et vous dois de reconnaissance à tous ! » Et un instant après, il dit encore : « Priez, mes enfants, priez. » Ce sont là ses dernières paroles, ici-bas....

Lors, doucement ses yeux se closent. Son souffle s'affaiblit, puis s'éteint. Son visage s'immobilise. Le « Père » s'endort, dans la paix du Seigneur, pour l'éternité.

Le « Père » est mort ! — Le « saint » est mort !...

« On raconte (1) que durant les cinq jours qu'il resta, « après l'embaumement, exposé dans la grande salle « de la communauté transformée en chapelle ardente, « une affluence considérable ne cessa de venir vénérer « son cercueil. C'était une procession continuelle. « Toute la ville de Ploërmel et les campagnes voisines « y étaient accourues, et c'était vraiment bien digne « d'être noté ! on y remarquait, surtout, une foule con- « sidérable de petits enfants. Et c'était bien là, certes, « comme le suprême cachet de sa vie ; comme la mer- « veilleuse et définitive consécration de la touchante « parole du Christ, écrite au dessus de la porte de son « cher Institut : « *Sinite parvulos, venire ad me.* »

« *Sinite parvulos, venire ad me* »*!* sans être, en aucune façon, effrayés par la majesté de la mort, les petits enfants, accompagnés de leurs parents, venaient, en foule, lui faire toucher des médailles, des statuettes, des chapelets, tout comme s'il s'était agi des reliques d'un saint.

C'est que, pour eux tous, celui qu'on appelait, popu- lairement, le « Père » ; c'est que, pour eux, petits enfants, qu'il avait tant aimés et pieux parents qu'il avait

(1) Voir Ropartz, page 481.

si souvent évangélisés «avec son zèle de feu, son courage de fer»; c'est que, pour eux tous, comme pour ses chers Enfants de l'Institut, le « Père » était un vrai saint!

Et qui sait?

Vox populi, vox Dei!

Espérons qu'un jour — nos vœux et nos prières l'appellent avec ardeur — ratifiant l'opinion unanime de ceux qui ont connu et aimé le « Père », la sainte Église dira que le « Père » était vraiment un « saint. »

TABLE DES MATIÈRES

PREMIÈRE PARTIE

L'ABBÉ JEAN DE LA MENNAIS APOLOGISTE ET LITTÉRATEUR

DEUXIÈME PARTIE

L'ABBÉ JEAN DE LA MENNAIS
ÉDUCATEUR DE L'ENFANCE ET DE LA JEUNESSE

TROISIÈME PARTIE

L'ABBÉ JEAN DE LA MENNAIS PRÉDICATEUR ET MISSIONNAIRE

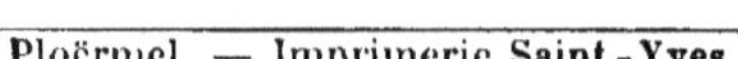

Ploërmel. — Imprimerie Saint-Yves.